本书出版获教育部人文社会科学研究规划基金项目《地方政府债务预算管理理论框架与制度完善研究》（项目批准号：17YJA790074）资助

U0740557

财政政策与经济增长

Fiscal Policies and Economic Growth

王志扬　著

中国财经出版传媒集团

经济科学出版社
Economic Science Press

图书在版编目（CIP）数据

财政政策与经济增长/王志扬著 . —北京：经济科学出版社，
2017.12

ISBN 978 - 7 - 5141 - 8814 - 1

Ⅰ. ①财…　Ⅱ. ①王…　Ⅲ. ①财政政策 - 影响 - 经济 -
增长 - 研究 - 中国　Ⅳ. ①F812.0②F124

中国版本图书馆 CIP 数据核字（2017）第 312636 号

责任编辑：顾瑞兰
责任校对：郑淑艳
责任印制：邱　天

财政政策与经济增长

王志扬　著

经济科学出版社出版、发行　新华书店经销
社址：北京市海淀区阜成路甲 28 号　邮编：100142
总编部电话：010 - 88191217　发行部电话：010 - 88191522
网址：www. esp. com. cn
电子邮件：esp@ esp. com. cn
天猫网店：经济科学出版社旗舰店
网址：http://jjkxcbs. tmall. com
固安华明印业有限公司印装
710 × 1000　16 开　20.5 印张　300000 字
2017 年 12 月第 1 版　2017 年 12 月第 1 次印刷
ISBN 978 - 7 - 5141 - 8814 - 1　定价：66.00 元
（图书出现印装问题，本社负责调换。电话：010 - 88191510）
（版权所有　侵权必究　举报电话：010 - 88191586
电子邮箱：dbts@ esp. com. cn）

前　　言

　　财政政策的实施同时影响宏观经济运行和微观经济主体的各项选择。经济增长是现代经济学领域最重要最有挑战的领域之一，经济增长直接关系一国经济实力增长、影响人民的收入及生活水平。正因为经济增长直接关系到各国居民福利水平，一直以来广受关注。国家之间单一年份的微小经济增长率差别在长时间的积累里，会使它们之间的经济总量、人们生活水平产生巨大差距。对一个国家而言，长期经济增长问题要远比短期的经济波动重要得多，毕竟在长期中，经济增长率的微小变动都会在长期的积累中对一国居民的生活水平产生巨大影响。财政政策可以在资源配置、收入分配和稳定宏观经济等方面发挥作用，并且影响一国短期经济波动和长期经济增长。本书研究持续经济增长的动力来源及财政政策在长期经济增长中的作用，即研究作为财政政策重要工具的税收政策、政府债务、财政支出政策及预算管理等在经济增长中的作用，既分析两者之间的关系，又为决策者制定正确的应对经济波动的财政政策以及制定促进长期经济增长的财政政策提供理论依据和政策建议。鉴于财政政策的收入分配功能在越来越多的国家得到更大的重视，一国的收入分配状况本身也影响收入增长，并且从世界经济组织到各个不同经济体，大多强调经济增长的成果应该为一个经济体内的最大多数人所共享，因此，本书也探讨旨在促进经济增长并能兼顾收入分配公平的财政政策如何实现包容性经济增长。技术进步是长期经济增长的最重要推动力量，为此本书专门探讨如何有效实施激励创新的财政政策，从而促进长期经济增长。在各项财政政策工具之间，如何正确实施才能更有效地推动经济增长，也是本书的一个研究重点，因此，本书也关注财政改革与经济增长之间的关系。本书运用内生经济增长模型和外生经济增长模型，分析财政政策促进长期经济增长的机理；借助 IS – LM 模型和 AD – AS 模型，分析短期财政刺激计划的作用。本书还对财政政策在经济增长中的作用进行实证分析，比如基础教育财政支出对经济增长的作用。

更具体地看，财政政策是政府运用税收等财政收入政策、财政支出政策和财政转移支付等政策以达到一定的政策目标，而作为宏观经济政策的重要部分，财政政策的宏观经济目标与其他宏观经济政策一样，主要是经济增长、物价稳定、充分就业和国际收支平衡，本书则主要探讨经济增长目标的实现。政府运用财政政策主要是为了实现其经济职能，包括资源配置职能、收入分配职能和稳定经济职能，从这三个职能的实施看，既有微观经济学范畴的内容（主要是前二者），也有宏观经济学范畴的内容（主要是稳定经济职能）。本书的研究主要结合微观经济学的分析和宏观经济分析，比如在借助真实商业周期理论探讨减税的经济增长效应时，就在宏观分析中引入微观经济学基础。经济学家对财政政策的研究常常考察其政策工具对短期经济波动的影响，特别是当短期中经济出现不景气时。当经济出现波动时，财政政策的自动稳定器（automatic stabilizer）功能就会发挥逆周期的作用，同时，政府还可以实施相机抉择的财政政策（discretionary fiscal policy)，主要是影响总需求的需求管理政策。另外，经济学家还考察长期中财政政策是如何影响经济增长的，这主要是从对国民收入恒等式供给侧的产出影响角度进行研究。经济增长多年来一直是宏观经济研究的重点，虽然经济增长本身是一个关于总体经济的宏观经济变量，但是财政政策的实施对经济增长的影响，既可以从宏观经济变量之间的相互作用进行诠释，也可以从其对微观经济主体行为的影响进行探讨，本书的研究将结合这两者。本书所研究的财政政策经济增长效应，主要是一个长期视角的问题，但是经济学研究表明，短期应对经济波动的财政政策也对长期经济增长产生影响，比如一些短期的反周期财政政策和政策微调能起到促进经济增长的作用，因此，本书将从长期和短期两方面探讨财政政策对一国经济增长的影响。

王志扬

2017 年 11 月

目　　录

第 1 章　综述 ……………………………………………………… 1

1.1　本书框架结构 …………………………………………………… 5

1.2　经济增长的度量与影响因素 …………………………………… 7

1.3　促进长期经济增长的财政政策简析 …………………………… 28

1.4　财政政策目标、工具和类型 …………………………………… 31

1.5　财政可持续与经济增长 ………………………………………… 40

1.6　短期中刺激经济增长的财政政策 ……………………………… 46

第 2 章　经济增长理论 …………………………………………… 59

2.1　经济增长的基本事实与原因 …………………………………… 61

2.2　经济增长理论简述 ……………………………………………… 66

2.3　新古典经济增长模型 …………………………………………… 75

2.4　内生经济增长模型 ……………………………………………… 87

第 3 章　经济周期中的财政政策及其长期经济增长效应 ……… 97

3.1　经济周期理论 …………………………………………………… 99

3.2　古典主义应对经济周期的财政政策 …………………………… 102

3.3　凯恩斯主义应对经济周期的财政政策 ………………………… 105

3.4　AD – AS 模型中的短期促进经济增长的财政政策 …………… 108

　　3.5　短期中反周期财政刺激政策的长期经济增长效应 ············ 110

第4章　促进长期经济增长的财政政策 ················· 114
　　4.1　公共产品供给条件分析 ················· 115
　　4.2　内生经济增长模型框架下政府支出对经济增长的影响 ····· 119
　　4.3　基于拉姆齐经济增长模型的最优税收分析 ········· 125

第5章　基于真实商业周期模型的消费、劳动及资本收入征税的
　　　　经济增长影响 ···························· 135
　　5.1　均衡商业周期模型框架下消费型税种减税的
　　　　经济增长影响 ····························· 135
　　5.2　对劳动所得征税的经济增长影响 ············· 143
　　5.3　对家庭资产收入征税的经济增长影响 ··········· 146

第6章　基础教育财政投入的经济增长影响：理论模型和
　　　　实证研究 ····························· 150
　　6.1　基础教育财政投入影响经济增长的理论模型分析 ······ 151
　　6.2　基础教育财政投入影响经济增长的实证研究 ········ 156

第7章　激励创新推动经济增长的税收政策 ············· 168
　　7.1　技术进步驱动的内生经济增长模型 ············· 168
　　7.2　激励创新、推动经济增长的税收政策 ············ 178
　　7.3　结论 ······························· 186

第8章　收入分配与包容性经济增长 ··············· 187
　　8.1　收入分配不均与经济增长相互影响分析 ·········· 187
　　8.2　收入分配不均来源及其经济增长影响分析 ········· 195

8.3 促进包容性经济增长的财政政策 ……………………… 201

8.4 经济增长下人们依然有较多不满的原因及政策选择 …… 204

8.5 结论 …………………………………………………… 208

第9章 财政改革促进长期经济增长的作用机制和政策 ……… 210

9.1 财政改革促进长期经济增长的作用机制 …………… 210

9.2 财政改革促进经济增长的各项主要措施 …………… 212

9.3 有利于促进经济增长财政政策改革的财政空间 …… 223

9.4 财政政策改革需考虑经济增长与收入公平之间的权衡 …… 227

9.5 如何设计和执行财政改革 …………………………… 229

第10章 政府债务与经济增长 ……………………………… 232

10.1 政府财政赤字与债务 ……………………………… 233

10.2 政府债务水平和经济增长之间关系的实证经验证据 …… 239

10.3 政府债务与财政可持续性和经济增长 …………… 242

10.4 政府举债应该考虑的三个影响因素 ……………… 250

第11章 预算约束与财政政策 ……………………………… 252

11.1 预算规则对财政政策的影响 ……………………… 253

11.2 预算规则约束下的财政状况和经济产出演变 …… 257

11.3 中期预算框架及其设计 …………………………… 259

11.4 长期中财政缺口不确定性及其对经济增长的影响 …… 261

11.5 财政刺激政策与财政可持续性 …………………… 264

第12章 促进经济增长财政政策选择的制度分析 …………… 267

12.1 制度对经济增长的作用分析 ……………………… 268

12.2 制度决定的分配冲突对经济增长的影响模型 …… 273

12.3 精英控制之下的财政政策选择 ……………………… 280

12.4 精英选择的低效率扭曲性财政政策如何影响经济增长 …… 283

12.5 精英为什么选择扭曲性财政政策 …………………… 286

12.6 分配冲突竞争下的财政政策与经济增长 ……………… 288

第13章 结语 ………………………………………… 293

参考文献 ………………………………………………… 298

第1章　综　　述

达龙·阿西莫格鲁（Daron Acemoglu，2008）在其《现代经济增长导论》一书中，在分析了关于经济增长的模型和思想之后，对这些经济增长模型给出的关于经济增长的经验及关于世界经济增长、国家间收入差距的有益观点进行总结，这些总结对于本书研究经济增长和财政政策在经济增长中的作用有较大帮助。达龙·阿西莫格鲁认为，其分析研究得出的最重要的结论包括：（1）增长是当前各国收入差异的来源。从经验分析看，探讨经济增长不仅对于理解经济增长过程很重要，而且因为分析当前各国收入差异的原因也要求我们理解为什么过去的200年里有些国家经济快速增长，而另一些国家则没有。（2）实物资本、人力资本和技术的作用。各国随着时间推移，表现的经济状况及增长情况的国别差异与实物资本、人力资本和技术相关。并且，其部分分析主要着重于这些要素对生产和增长的影响，这里的技术指的是生产工艺、知识和组织生产的效率方面的进步。（3）内生的投资决策。在经验研究中，可以把国家之间的实物和人力资本差异去除，但是需要对投资决策进行内生化，来获得对国家之间的收入和增长差异机制和原因更好的理解。达龙·阿西莫格鲁主要关注实物和人力资本的积累，实物和人力资本的投资是前瞻性的，并且决定于投资者预期的投资未来回报情况。投资与其回报的构成情况紧密相关，也就是投资在金钱和非金钱上的回报，以及不同社会下投资对不同行为产生的激励，并且投资还与人们对这些回报构成情况的反应有关。（4）内生的技术进步。这里认为技术进步应该被视为内生的，而不是天赐之物。大量的经验和理论研究表明，新技术是逐利的个人和企业通过研发及改进技术而产生的，而且采用新技术的决策也可能是逐利动机的结果。既然技术进步表现为长期以来经济增长的主要驱动因素及经济表现上各国间差异的主要影响因素，那么就有必要了解技术进步是如何受到要素禀赋、市场结构和回报的影响的。而后其研究还着重发展了一个强调技术进步内生性的概念框架。而内生技术进步的建模使得相关思想和工具必不可少，并且是不同于实物和人力资本投资建模中的思想和工具的。其中，有三个要素显得特别重要：一是创造新技术进步的成本以及技术进步的非竞争性，要求模型研究假定创新者在创新之后拥有技术垄断权；二是创新的出现毫无疑问是一个竞争和创造性破坏过程，并且内生技术的建模会涉及更多的关于产业组织的详细模型，这些模型解释市场结构、竞争、管制和知识产权保护对创新和技术应用的影响；三是技术的内生性表明，不仅技术转变的总体速度，而且创新出来的技术类型，都是对回报的反应，而影响一个社会技术创新类型的主要是回报形式和要素禀赋，比如不同要素供给的相对变化就会影响到哪种类型的技术会被开发和应用。（5）各国之间的联系和世界层面的各国均衡增长。虽然内生技术是一般意义上经济增长过程及世界经济增长历史的主要影响因素，但是也需要看到，大多数经济体自己并不发明新技术，而是采用世界前沿技术或者改进现有技术。实际上，技术进步的过程可以解释为什么在工业化的初始阶段之后，融入全球经济的国家大多以相近的增长率增长。因此，研究各国的经济增长过程及收入差异需要详细分析技术如何扩散和国际间的经济联系。这又要求研究两个重要问题：一是契约制度。契约制度用于保障上下游企业之间、企业和工人之间、企业和金融机构之间的合约。契约制度的安全与否影响投资的数量、企业家和企业的选择以及不同任务选择什么样的企业和工人来完成。各国之间的契约制度有着显著差异，而这些差异是影响世界经济中技术应用和扩散的主要因素。契约制度不仅对技术进步和经济繁荣有直接影响，而且可以形成有助于提高生产效率并能影响创新型企业产生的企业内部组织。二是国际贸易关系。国际贸易不仅产生静态稳定收益，而且有利于创新和经济增长。

劳动和生产周期的国际分工就是一个例子，说明了国际贸易关系如何有助于促进技术扩散和加强生产的专业化程度。（6）经济腾飞与失败。过去200 年的世界经济增长与之前数千年的经济增长情况截然不同。尽管在某些特定的时期，断断续续有所增长，世界经济总体上基本是停滞不前的，直到 18 世纪末期才开始发生变化。世界经济停滞不前表现在多个方面，包括低劳动生产率、总收入和个人收入的高度波动性、大部分是农村和农业经济及处于马尔萨斯状态下。马尔萨斯状态指的是产出的增加常伴随着人口的增加，因此，对人均收入仅具有很有限的影响。经济停滞不前另一方面表现是失败的促进经济增长努力，许多国家都在一段时间的增长后退回萧条或者增长停滞。但这种情况在 18 世纪末发生了改变。世界经济今天的繁荣可归因于经济活动的起飞，特别是工业方面的经济活动，这些工业活动开始于英国和西欧，并且发展到世界的其他地方，主要是那些西欧旁系的区域，如美国和加拿大。当今，富有的国家主要是最早这些经济活动起飞的发源地国家，或者是那些能够采用或者建立起这些经济起飞活动相关技术的国家。理解为什么有些国家不能很好地利用新技术和生产机会，有助于理解当前各国的经济增长差异和收入差异。（7）结构改变与转型。现代经济增长与发展伴随着一系列深刻的结构改变和转型。这些变化包括生产和消费结构的改变（从农业到工业和从工业到服务业）、城市化、金融发展、收入不公平及机会不均等的改变、企业内部组织的改变和人口结构变化。虽然经济发展进程包含多个方面，但一般说来，本质上在于社会和经济的结构转型。这些转型本身就很值得研究，并且这些转型也是支撑持续经济增长的重要元素。缺乏结构转型不仅是经济停滞的一个特征，而且也是其原因之一。一些国家可能不能实现经济起飞或者受益于可获得的技术进步及投资机会，部分原因就是它们没有设法经历必要的结构转型，从而缺乏有助于采纳新技术的那种金融联系、合适的劳动技能和企业形式。（8）政策、制度和政治经济。在决定是否投资于经济起飞、工业化和经济增长所必需的新技术和人力资本时，企业和个人面对的报酬结构扮演着核心角色。而这些报酬结构是由政策和制度决定的。众多相互关联的原因决定了政策和制度也会直接影响是否一国可以开始实现现代经济增长。首先，政策和制度直接决定社会报酬结构，因而决定投资在实物与人力资本及技术创新上是否有利可图。其次，政策和制度决定社会是否具有现代经济关系必需的基础设施和契约制度安排。比如说，如果没有一定程度的合同强制执行要求、法律和秩序保障、至少最低数量的公共基础设施投资，现代经济增长是不可能的。再次，政策和制度影响监管市场的结构，因而决定创造性破坏力量是否可实施，以使得新的更有效率企业能够取代相对低效率的现有企业。最后，制度和政策有时候（或者经常）通过新技术的采纳和使用以保护政治上强大的现有生产者，或者稳定现有的政治制度。因此，要理解现代经济增长进程，还需要研究社会做出的各种制度和政策选择及其原因。并且，需要研究经济增长中的政治经济问题，关注哪些个人和群体是经济增长中的胜利者，哪些是失败者。当这些失败者可以得到补偿并且有足够的政治权力，我们可以预料政治经济方面的均衡将产生不能促进经济最佳增长的政策和制度。经济增长方面的政治经济学分析可以得出一些认识，即哪些类型的扭曲性政策会阻碍经济增长；这些扭曲性政策何种情况下会被采用；技术、市场结构和要素禀赋是如何与对掌权社会集团的激励进行互动的，从而促进或者抑制经济增长。(9) 内生的政治制度。政策和制度是理解长期以来经济增长进程及国家间在经济表现上差异的核心。而这些社会选择反过来又是在一定的社会政治制度背景下决定的。民主政体和独裁政体可能做出不同的政策选择而形成不同类型的回报结构。但是，政治制度本身并不是外生的，他们可能沿着均衡路径变化，而这个均衡路径是他们自身运动的结果，也是技术、贸易机会和要素禀赋变化产生的激发因素的结果。要更全面地理解世界经济增长和今天的各国收入差异，还需要进行这些研究：一是政治制度如何影响政策和经济制度，从而形成对企业和工人的激励机制；二是政治制度本身如何演变，特别是在和经济产出及技术互相影响情况下是如何演变的；三是为什么政治制度及与之关联的经济制度并没有带来贯穿整个历史的持续经济增长，而为什么它们能够使得 200 年前的经济起飞成为可能，为什么在有些国家它们阻碍前沿先进技术的接受和使用，从而阻挠经济增长进程。

达龙·阿西莫格鲁研究提出的上述9个方面的经济增长相关问题和结论，其研究不仅重点关注关于世界经济增长进程及国家间收入差异的相关思想，而且对这些思想进行数学建模从而提供一个明晰而严密的理论分析框架，全面地揭示了世界经济增长的原因。这为本书研究促进经济增长的财政政策提供依据，并给予重要启发。

本书试图将财政政策引入经济增长模型，解释财政政策在经济增长中的作用。归结起来，本书所研究财政政策对经济增长的影响，包括两个方面：一方面是财政政策如何影响长期中的经济增长，这其中还包括探讨收入分配与经济增长的关系，以及如何实现包容性经济增长；另一方面则是研究当短期中出现总需求低于总供给，经济处于衰退或者萧条时，财政政策是如何促进短期总需求提高，实现总供需的平衡，避免过大的经济下滑导致未来的潜在经济产出水平下降，进而影响长期经济增长。

1.1　本书框架结构

本书包括13章内容。第1章综述，说明长期经济增长的衡量，对影响长期经济增长及应对经济周期的财政政策的相关研究进行评述，考虑到财政政策的使用在长期中会对财政健康有所影响，因而对此进行简要分析。第2章主要梳理经济增长理论，评述古典增长理论、新古典增长模型和内生经济增长理论。第3章经济周期中的财政政策及其长期经济增长效应，分析经济周期及财政政策在应对经济波动中的作用，同时，关注这种短期应对政策对长期经济增长的影响。第4章为经济增长中的财政政策，首先从萨缪尔森关于公共产品供给的有效条件入手分析财政政策最优，然后从财政政策的税收和公共支出两个方面分析财政政策在经济增长中的角色，分别运用内生经济增长模型框架和拓展的拉姆齐模型框架进行分析。第5章基于均衡商业周期模型具体分析消费型税种减税的经济增长影响，分析对劳动所得征税和对家庭资产收入征税的经济增长影响。第6章借助卢卡斯的理论模型框架分析基础教育财政投入对经济增长的影响，并对我国进行分地区实证研究。第7章鉴于技术进步在长期经济增长中起到的重要作用，探讨激励创新、提高技术进步，进而促进经济增长的税收政策，本章首先诠释技术驱动的内生经济增长模型，把技术改进的过程内生化，从而有效地解释技术进步因素的来源，进而可以解释政府的政策和各种要素如何影响一个经济体的长期人均增长率，在模型基础上，本章分析如何有针对性地实施激励创新、促进经济增长的税收政策。第8章分析收入分配与经济增长之间的相互作用，并提出促进收入分配公平，实现一个经济体更多的人群共享经济产出益处的包容性经济增长的各项措施，本章主要内容包括收入分配不均与经济增长关系、收入分配不均来源及其经济增长影响分析、促进包容性经济增长的财政政策、经济增长下人们依然较多不满的原因和政策选择。第9章说明如何进行财政改革，即在微观层面进行财政收入和支出政策的改革，以及财政促进经济增长的作用机制及相关政策，财政改革促进经济增长通过四个主要传导途径，包括劳动供给、人力资本投资、实物投资和全要素生产率，而财政改革促进经济增长的政策正是通过影响这四个变量的发展来实现的，同时，财政改革还应该考虑改革所需的财政空间、经济增长与收入分配公平之间的合理权衡、如何设计和执行财政改革。第10章分析政府债务与经济增长的关系，预算赤字和政府债务是短期中应对经济衰退的重要工具，但是这样累积的债务对于财政可持续性进而对经济增长将产生什么影响，本章从政府债务的演进、成本、收益，政府债务与经济增长关系，政府债务与财政可持续性和经济增长，政府债务的影响等视角探讨政府债务与经济增长的关系。第11章探讨预算约束与财政政策，因为考虑到促进经济增长的财政政策必须在一个合理的宏观经济框架下，所以本章研究预算约束与财政政策之间的关系，从预算规则对财政政策的影响、预算规则下财政状况和经济产出演变、中期预算框架、长期预算缺口的不确定性及其对经济增长的影响等角度，探讨预算约束与财政政策及经济增长的关系。第12章为促进经济增长财政

政策的制度选择，在财政政策实施的实践中，我们会发现，有的国家选择
促进经济增长的财政政策，有些国家却选择了不利于经济增长的财政政
策，并且相似的社会可能选择完全不同的制度和政策，从而导致截然不同
的经济增长结果，本章说明为什么不同社会选择不同的财政政策，并且有
着不同的经济增长效应，从制度层面分析财政政策的选择。第 13 章为本
书结语，总结财政政策在经济增长中的作用并提出促进经济增长的财政政
策组合及主要的政策影响变量。

1.2　经济增长的度量与影响因素

财政政策影响经济增长研究中所关注的经济增长，实际上更多的是从
长期的视角考察财政政策对经济增长的效应，区别于财政政策对短期中经
济波动的影响，即在长期中，财政政策的实施如何影响经济产出。在这
里，我们有必要区分短期、中期、长期中的经济产出。在短期中，如果消
费者信心提升，或者如果利率下降，显然导致需求增加，从而总产出增
加。但是，我们也发现，有些国家消费者信心再高、需求再旺盛，比如越
南，其产出水平还是跟美国有很大的差距。因此更推进一步看，在一个相
对更长的时期里，或者说一二十年的中期里，决定总产出的不再是需求
方，而是供给方的技术水平、资本供给、劳动力规模及其技能。但是从更
长期看，技术、资本和劳动力又是分别取决于创新和引进技术的学习能
力、一国的储蓄率情况和教育体系。而决定长期经济增长的创新、教育体
系、储蓄率等常常跟政府的税收政策、社会保险政策等紧密相关，因此，
以下将研究政府财政政策如何影响长期中的经济增长。虽然在相对短的时
间里，产出的波动常常是经济学家关注的问题，但是在更长时间的经济活
动中，人们会观察到总产出的增长是随着时间的推进稳定进行，特别是美
国，但是如果从高速增长的情况看，却是过去几十年才有的（Blanchard，
2017）。

1.2.1　经济产出的度量

经济学家衡量一个国家总体经济活动，通常是通过国民收入和生产账户（national income and product accounts）进行汇总的，剑桥大学的理查德·斯通（Richard Stone）教授和哈佛大学的西蒙·库兹涅茨（Simon Kuznets）教授因为在国民收入和生产账户研究中的贡献，分别获得了诺贝尔经济学奖。而在国民收入与生产账户中，度量总产出的常常是国内生产总值（GDP）这一指标。国内生产总值是在某一既定时期一个国家内生产的所有最终物品和劳务的市场价值。

1. 支出法度量 GDP

GDP 包括用于国内生产的物品和劳务的所有支出形式，即消费（C）、投资（I）、政府购买（G）和净出口（NX），如果用 Y 来代表 GDP，可以获得如下恒等式：

$$Y = C + I + G + NX \tag{1-1}$$

2. 生产法和收入法度量 GDP

生产法度量 GDP 可以分为两种方法：一是把生产的所有最终产品进行加总，但必须注意不能把用于生产最终产品的中间产品也计算进来。二是把生产过程中的增加值进行汇总，这个概念实际来源于生产视角的第一种度量，即生产的最终产品的价值是生产中的增加值之和，从所有企业的角度看，企业生产增加的价值等于其所生产产品的价值减去生产中使用的中间产品的价值。

当以收入法度量 GDP 时，从企业的角度看，可以对企业支付中间品之后的收入进行分解，其中一部分收入支付给工人，这部分称为劳动收入；余下的部分支付给企业，这部分称为资本收入或者利润（之所以被称为资本收入，是可以把它看作是生产中使用的资本的所有者的回报）。这样，收入法计算的 GDP 就等于生产法计算的 GDP。

因此，从生产和收入方面看，GDP 的具体度量，可以有三种方式：一是一个经济体一定时期内所生产的最终产品和服务的价值之和，即通过记录并汇总最终产品的价值来计算 GDP，这是从生产视角度量；二是所有企业的增加值之和，这也是生产视角的度量；三是收入法度量，企业的增加值就是资本收入和劳动力之和，把这二者加总就是一个经济体一定时期的收入之和，这是收入视角度量的 GDP。但是，GDP 并不是一个完美的指标，比如它不能反映闲暇的价值和环境质量等。世界各国的生活水平差异主要在于人均收入水平的不同，因此，GDP 水平或者说规模很重要，从上述的三种度量方式看，规模越大，说明一个经济体一定时期内的增加值或者最终产品越多，同时也说明收入越多。真实 GDP 是判断一个国家经济进步的重要指标。我们这里说的经济增长主要是指真实 GDP 的增长，在本书，我们研究财政政策如何影响真实 GDP 的长期增长，以及财政政策如何影响围绕真实 GDP 长期趋势的短期波动。

3. 名义 GDP 和实际 GDP

上述方法衡量不同年份的 GDP 时，影响 GDP 的可能是因为生产的物品和劳务的量发生变化，也可能是因为价格水平发生变化，为此经济学家一般采用真实 GDP，也被称为实际 GDP，作为衡量经济产出的指标，真实 GDP 是按照不变的价格评价物品和劳务的生产。名义 GDP 是生产的各种最终产品数量乘以他们各自当前价格之和。名义 GDP 的概念告诉我们，随着时间的推移，它将不断上升，因为大多数产品的生产越来越多，并且大多数产品的价格也不断上涨。但是衡量生产及其随着时间而发生的变化时，必须去除价格上升对 GDP 度量的影响，因此，构造各种最终产品数量乘以其各自不变价格之和这一真实 GDP 概念。如果经济体只生产一种最终产品，只要把每年生产的该种产品的数量乘以给定年份的价格，就可以得到各年的真实 GDP。而当使用不同年份的价格作为基准价格时，显然得到的各年真实 GDP 的值是不同的，但是年度间的 GDP 变化率则是一致的。但当经济体有不止一种最终产品时，构造真实 GDP 实际上有一定难度，因为这时必须对所有的最终产品的产出计算加权平均值。这涉及一个问题，即如何确定各种产品的权重。产品的相对价格就是天然权重，如果一个产品的单位价格是另一个产品单位价格的两倍，那么在计算真实产出时，这个产品就应该按照另一个产品的两倍进行计算。但是，这两种产品的相对价格在不同年度可能发生变化，那么应该选择特定年度的相对价格作为权重，还是随着时间的变化而改变权重？美国国民收入账户（national income account）对真实 GDP 的计算使用的是既反映相对价格又随着时间发生变化的权重。

GDP 可以同时衡量经济的总收入和总支出，因此，人均 GDP 能够指明经济中的人均收入和支出。确定一国 GDP 的长期和短期决定因素是经济增长研究领域的重要目标对象。GDP 是衡量经济福利的一个很好的指标，因为它能够反映人们的收入水平。

1.2.2 经济增长领域的几个重要基本概念

发展经济学上的经济发展概念常常与经济增长同时出现，但是二者显然是不同的，经济增长一般指实际总产出或者人均实际产出的量的增长，而经济发展指的是一个经济体的综合进步，包括经济增长、产业结构的改善等多方面的经济向好。本书我们主要研究一般意义的经济增长，但也涉及一些经济发展从而推动经济增长的内容，比如收入分配及包容性经济增长等。

1. 总产出与人均产出

从前述 GDP 的定义看，经济增长指的是一个区域生产的产品和劳务在某一时间区间的增长情况，即实际总产出的增长。但是，随着时间的推移，特定区域的人口也将发生变化，按人口平均进行计算的产出的增长情况，就是人均实际产出的增长。那么究竟是哪一个能够更好地揭示经济增长的本质呢？实际总产出的增长说明了一个区域经济实力的变化，即产出的能力的提升；而人均实际产出的增长还受人口增长的影响，人口增长可能是正的也可能是负，也就是说，如果人口增长为负，可能在实际总产出增长为负的情况下，人均实际总产出增长为正，但无论如何，人均总产出的增长说明人们生活水平的提升情况。实际总产出和人均实际总产出之间存在着一个数量关系，一个经济体的人均实际产出的增长率等于实际总产出增长率减去该经济体的人口增长率。一般说来，经济增长理论，包括本书考察的财政政策，更多地关注人们生活水平的提升，因此，本书所研究的经济增长通常情况下指的是人均经济增长。

2. 稳定状态与稳定增长

在索洛经济增长模型里，最后会提到一种收敛状态，就是经济处于稳态增长。那么，我们首先要理解什么是稳定状态（steady-state）。索洛对稳定状态进行了界定，他主要提出稳定状态需要满足几个条件，这里我们简单加以部分描述，一是人均实际产出的增长具有稳定性；二是实际资本存量的增长率是稳定的；三是实际产出增长率与实际资本存量增长率趋同，资本产出比保持不变，这三者是对经济增长稳定状态的最主要描述。另外，稳定增长（steady growth）包含两个层面的意思，一是稳定状态增长（steady-state growth），如上述的几个变量以固定不变的增长率或者零增长率增长；二是总量指标，如实际总产出、实际总资本存量等，相互之间保持着一种不变的比例，在大多数经济增长模型里，稳定状态增长一般也是平衡增长，所以人们常常直接以稳态增长表示稳定增长。而在新古典经济增长模型中，技术不变时，储蓄率的改变不能影响稳定状态下的人均实际产出、人均资本和人均消费的增长率，因为在稳定状态下它们的增长率均为 0。实际总产出的增长率等于人口增长率。而如果考虑技术进步因素，则人均产出增长率、人均资本增长率和实际产出增长率均要在原有的基础上加上技术增长率。

3. 外生与内生经济增长

内生经济增长指不取决于外部力量，也即外生变量，比如外生技术进步和外部资本等，而由经济体的内在力量，如内生的技术进步和资本积累所决定的长期经济增长。这一概念是随经济增长模型的逐步发展而提出的，主要是相对于早期的如新古典模型的由外生变量决定人均产出增长的外生经济增长而言的。

（1）外生经济增长。新古典的索洛－斯旺经济增长模型下，当增长达到稳定状态，由于假设边际资本产出服从稻田条件（inada condition），从而在长期中人均资本和人均产出均保持不变，资本存量和总产出则以外生的人口增长率增长，也就是自然增长率。这表明，长期中内生力量推动的人均产出和人均资本达到稳定状态后即停止增长，除非有外生变量比如技术的推动。并且这一模型的稳定状态水平也是取决于外生的生产函数各项参数、储蓄率、资本折旧率和人口增长率。因此，这个模型不能实现内部机制推动的长期经济增长，而是需要外生因素来实现长期经济增长，故而可视为外生经济增长。

（2）内生经济增长。保罗·罗默（Paul M. Romer，1986）的研究说明，在长期中，经济增长是可以大于0的，他用内生的知识积累的外溢的正的外部性来解释长期中经济的持续增长。因为用新古典的外生因素驱动经济增长的模型不能很好地解释现实中的很多经济体依靠内生力量就可以实现持续经济增长的现象。因此，各种内生经济增长模型用内生的技术进步和内生的要素投入来说明经济增长。内生的要素投入的增加主要从内生储蓄率和内生的人口出生率等变量的角度进行研究，内生技术进步的解释则主要有干中学（learing by doing）、知识外溢（knowledge spillover）、人力资本积累（human capital accumulation）和研究与开发（research and development）。

（3）决定经济增长的各项内生要素。从生产函数的组成参数看，决定产出的是生产要素的投入，而生产要素是内生决定还是外生决定的，是区分内生经济增长和外生经济增长的根据。同时，技术进步也是影响产出的重要因素，既可以是内生的也可以是外生的。内生的资本要素投入取决于资本积累，而资本积累又取决于储蓄率，内生经济增长和外生经济增长在资本要素投入这一点的不同在于储蓄率分别是内生的和外生的。内生的劳动要素投入则主要取决于人口增长率和人们的劳动意愿。

（4）内生的技术进步。内生的技术进步指的是一个经济体的生产技术的提高，生产工艺的改善，从而劳动生产率或者全要素生产率的提升，是经济体内的厂商和家庭等微观经济主体的行为所决定的，而不是作为外生变量的常数存在的。除了要素投资的增加，内生的技术进步也是内生经济增长的一个重要源泉。技术进步在内生经济增长模型里，可能来源于多个原因。

①规模报酬不变（constant returns to scale）与规模报酬递增（increasing returns to scale）。生产函数的要素投入增加一倍时，如果边际产出以同样倍数增加，则为规模报酬不变，如果边际产出以更高的倍数增加，则为边际产出递增。内生经济增长模型之前的各种经济增长模型之所以会出现稳定状态，根本原因在于要素投入的边际报酬递减假设。而在内生经济增长模型下，规模报酬不变或者递增的假设是经济能够长期持续增长的重要原因。阿罗在其增长模型中假设社会的每个企业均按规模报酬不变原则进行生产，则既定知识水平之下，劳动和资本要素投入的倍增将带来产出同样的倍增。但是，资本要素投入的增加使得资本存量增加，资本存量的增加则提升社会整体的知识水平，由于资本投入过程的干中学，提高了知识水平，知识的外部性，即溢出效应导致生产效率的提高，因而整体经济的增长又是规模报酬递增的。保罗·罗默则用知识的正外部性来解释资本积累过程中资本要素投入的规模报酬递增及劳动要素投入的规模报酬递增。正是这种知识正外部性引起的规模报酬递增使得经济长期持续增长成为可能。

②研究与开发。研究与开发是一种创新过程，主要包括产品的创新和生产工艺的创新。研发是厂商本身可以选择的行为，很多厂商为了获得创

新优势，提高产品竞争力和利润，投入大量资金从事研发活动。研发成功的厂商通常可以获得排他的市场势力的优势，从而获得超额利润。研发人员生产出新思想，然后新思想结合原有的知识存量，产生新知识，新知识应用于生产则提高劳动生产率。同时，有些研发成果有正的外部性且具有非排他性时，对全社会劳动生产率的提高有较大帮助，一般由政府资助，比如基础科学技术的研究。

③人力资本。罗伯特·卢卡斯（Robert Lucas，1988）用人力资本的形成来解释经济增长，卢卡斯分析教育（learning by schooling）和干中学（learning by doing），其中，前者得到较多的关注，他分析个体如何花费一定的时间在教育上以获得人力资本。在这里，人力资本指的是劳动者通过教育和培训等投入获得的一种特定知识。人力资本本身是进入生产的一种要素，在生产中，它与物质资本之间相互作用，作为研究角色的人力资本，可以生产关于新的技术产品的蓝图，作为管理者角色的人力资本，则指导新产品的生产。人力资本的作用主要是两方面：一方面是内在的效应，人力资本的投资可以直接提高生产者的产出；另一方面则是外部效应，即人们之间的人力资本的相互影响，从而个体人力资本的投资不仅促进自身的劳动和资本边际产出，而且促进整个经济体的劳动和资本的边际产出，并且使得生产实现边际收益递增。在卢卡斯的模型里，人力资本和社会平均的人力资本都作为自变量进入生产函数，因此，人力资本投入较多，总体水平较高的国家的经济增长速度较高。而人力资本投入不足及水平低下，是很多欠发达地区经济增长缓慢的一个重要原因。

④干中学。肯尼斯·阿罗（Kenneth J. Arrow，1962）解释经济增长的文章提出干中学概念，他把劳动者在生产过程中所获得的知识，作为模型的一个内生变量。劳动者在工作过程中进行学习，并且获得相关知识，这种经验积累的学习可以提高劳动生产率。干中学的作用在每个厂商的投资都得以体现，生产的资本品增加导致资本存量增加，而资本存量所包含的知识存量也随之增加，从而提高后续生产的技术水平。阿罗的干中学思想告诉我们，知识和劳动生产率的提高来源于投资和生产，而经济领域的实

践也确实证明了经验的重要性，因此，阿罗关于干中学在内生经济增长的作用的解释被广泛认可。另一方面，厂商拥有的知识具有公共产品性质，其他厂商也可以使用该知识，从而提高全社会的劳动和物质资本的边际产出，这是知识的溢出效应（spillover effect）。

1.2.3　经济增长的决定因素

前面我们已经说明，可以用 GDP 作为经济产出的度量，从而经济增长通常在经济学上指的就是 GDP 的增长。而 GDP 的决定因素则主要看决定产出供给的生产函数的输入要素，即劳动、资本和技术进步。

1. 影响生产函数的劳动、资本和技术进步三要素

当我们比较各国人均真实 GDP 和由之决定的各国生活水平时，会发现有着很大的差异，而当我们从一个更长的时间进行考察时，又会发现随着时间的推移，各国的人均 GDP 水平的增长率有着很大的不同。在长期中，有些国家会快速增长，而另外的一些国家却落后了。那么，究竟是什么决定一个国家的人均真实 GDP 的增长呢？一般认为是取决于生产率，即每单位劳动投入所生产的物品和劳务的数量，而生产率又取决于工人所得到的物质资本、人力资本、自然资源和技术知识。建立经济增长模型能让人更好地理解经济增长，首先我们必须考察生产函数，以理解经济体中的商品和劳务是如何进行生产的。这里，衡量一国经济体的商品和劳务产出的是实际 GDP，生产函数表示的是产出和技术及要素投入之间的关系。在众多的经济增长模型中，一般只有两种要素投入，即资本存量 K 和劳动 L，比较简单的经济增长模型里的资本存量一般指实物资本，而更全面的经济增长模型还包括人力资本，人力资本体现了教育和培训在提高工人技能中的作用，同时还考虑到医疗保健、卫生条件和营养条件等对工人健康的作用。这里，我们可以用如下的生产函数表示：

$$Y = AF(L, K, H, N) \qquad (1-2)$$

生产函数描述的是投入和产出之间的一种关系。在上式中，Y 表示产量，L 表示劳动量，K 表示物质资本量，H 表示人力资本量，N 表示自然资源量，函数 F( ) 表示这些投入的生产要素如何结合起来进行生产。

我们研究财政政策如何影响经济增长，这个就给我们提出一个问题，那就是如何通过财政政策的实施，影响劳动率、物质资本、人力资本和自然资源，进而影响真实 GDP 产出 Y。一般说来，政府的公共政策主要是通过以下方式影响经济增长率：鼓励储蓄和投资、鼓励来自国外的投资、促进教育、促进健康、维护产权和政治稳定、允许自由贸易以及促进新技术的研究和开发等。这些公共政策的实施归结起来就是为了影响决定经济增长的要素，包括人力资本、生产率等。上述分析告诉我们，实际上一国经济增长是受制于一定的条件的，包括劳动总人口、资本量及国家的科技水平。因此，我们研究长期经济增长就要研究在长期中财政政策是如何通过影响这些约束经济增长的条件，进而影响整体的经济增长。

毫无疑问，长期经济增长对一个国家是重要的，因此，政府应该通过各种政策推动经济的长期增长。在经济学家曼昆归纳的经济学十大基本原理里，他提出一国的生活水平取决于生产物品和劳务的能力，因此，政府作为政策制定者，应该通过促进生产要素的积累和促进有效利用这些生产要素能力的提高，来推动一国的生产能力，也就是我们上面提到的提高生产率和生产要素，从而使得生产函数决定的产量达到最大化。至于政府究竟应该用哪些公共政策推动长期经济增长，并且矫正短期经济对长期经济增长趋势的偏离，特别是当短期中因为金融危机、失业危机和财政危机等导致的总需求低于总供给时出现的危机，存在着很大的争议。有人认为，政府应该更多地依赖市场那只看不见的手，但是即便如此，政府也应该维护产权和政治稳定来保证市场秩序，使得市场价格机制这样的看不见的手能够很好地行使资源配置功能。但是我们知道纵然是在市场能够发挥很好作用的时候，也会存在市场失灵现象，比如，因为垄断和自然垄断引起的市场失灵现象，因为公共产品、外部性和信息不对称等原因引起的市场不存在现象，同时，市场并不能自行解决收入分配不公的问题。在市场经济自身运行的时候，还会出现周期性的经济波动，也就是经济周期。一般来说，人们认为经济学古典理论描述了长期经济世界，但是没有描述短期经济世界。现代经济学一般用总需求和总供给模型来分析经济波动，并且用总需求和总供给的移动来解释经济短期波动。而在短期中，政府一般是通过财政政策和货币政策来应对经济波动，特别是对总需求的管理。因此，财政政策在短期中还有稳定经济的功能。在本书中，我们主要考虑的是促进经济增长的财政政策措施，无论是短期中的还是长期中的，而在短期中主要研究应对总需求不足引起的危机时，如何以财政政策的实施提高总需求。

当我们考虑更为简化的形式时，即只有实物资本 K 和劳动 L 两种要素投入时，上述的生产函数可以表示为：

$$Y = AF(L, K) \tag{1-3}$$

A 代表技术水平，当要素投入 K 和 L 不变时，A 增加会提高产出 Y，也就是说，技术先进的国家在同样数量的要素投入时会有更高水平的总体生产率，从而会有较高的产出。这里对本书后面的研究中我们经常要用到的两个概念进行解释。我们考虑当技术水平 A 和某一种要素保持不变时，另一种要素的变化如何影响产出 Y，Y 由此产生的变化叫做该种要素的边际产品。实物资本 K 的少量增加引起的 Y 的变化被称为资本的边际产品或产出（marginal product of capital，MPK），MPK 表示当 A 和 L 保持不变时，K 增加一单位，产出 Y 增加的数量。劳动 L 的少量增加引起的 Y 的变化被称为劳动的边际产品或产出（marginal product of labor，MPL）。

2. 技术进步的影响与测算

（1）技术进步影响分析。关于技术进步的重要衡量指标有劳动生产率（productivity），也有全要素生产率（total factor productivity，TFP）。从国民收入恒等式的角度看，财政政策不外乎影响供给侧或者需求侧，最后影响经济增长。

下面，我们从供给侧和需求侧分析技术进步的影响。在过去的 30 年里，各国所处的经济周期位置可能不同，但是他们在劳动生产率的增长情况上却是一致的。2004～2014年，发达国家的年劳动生产率增长降低到1%，而1994～2004年为2%，在这两个10年的比较中，31个发达国家里，有30个国家是下降的（Furman，2016）。

①从需求变动是供给变化的原因，看投资减少对劳动生产率的影响。经验研究表明，总需求较大的不足和劳动生产率的大幅下降同时发生并不仅仅是二者间的一种巧合现象。实际上，两个现象之间的因果关系可能以相互的两种方式进行。需求不足导致了投资的不足，特别是企业投资不足。从2016年的情况看，美国的全要素生产率的增长（按照5年移动平均值进行度量）低于历史平均值。但是，最近的这种劳动生产率下降的最大原因在于，过去5年来出现的自第二次世界大战以来首次出现的每小时劳动者人均资本服务的下降，而这是由于投资增长的下降和劳动者工作时间的大幅上升。其结果是，现在的劳动者可支配的资本低于5年前的劳动者。并且这些年的企业投资增长持续放缓，甚至在2016年的首季度出现了下滑。根据国际货币基金组织（international monetary fund，IMF）的统计数据，G7国家除了加拿大，2004～2014年比1994～2004年，资本深化均出现下降。而且和美国一样，德国、日本、英国的资本深化下降甚至比全要素生产率增长率的下降还要大。

如果全要素生产率的下降主要是由于较低的投资，则未来的展望倒是让人充满期待。因为这表明，经济增长不是因为缺乏创新而增长不力，并且经济也没有滑向长期停滞状态（secular stagnation），只要更多的投资就能恢复增长。并且这个问题是全球性的，因为在全球化的经济体系中，许多企业是根据全球需求进行投资的。对全球需求较低的预期导致主要经济体的投资减少，而这又导致了较低的经济增长率。不仅政府有把投资推到更高水平的政策工具，而且从历史经验看，投资本身会进行自我矫正，即投资本身也是连续负相关的，也就是说，投资的降低随后将会自然出现投资的提高，反之亦然。从美国的情况看，全要素生产率基本上与它过去的大小无关，而资本深化本身则连续负相关。

②从供给变动是需求变化的原因，看降低的全要素生产率增长率的影响。放缓增长的全要素生产率增长率对于 G7 经济体的增长产生了影响。研究证据表明，这些国家全要素生产率增长率的降低始于全球金融危机前，大概是 2004 年前后，在发达经济体都采用唾手可得的信息技术革命成果之后。从这个角度看，危机发生前各经济体供给不足导致了需求不足——与高债务水平相冲突的收入增长减速及经济产出增长的减速，其潜在的结果是对消费者支出和企业投资产生不利影响的悲观情绪。而且，对于更低的劳动生产率的预期，以及与之相伴随的工资增长率下降，也在危机后的消费和投资的发展中潜在地产生作用。

③加快劳动生产率增长的政策。以上的分析，不管是从需求是供给的原因角度，还是从供给是需求的原因角度看，都支持政策发挥更大的作用以推动劳动生产率的更大增长。财政政策在这里能发生的作用包括扩大基础设施投资、增加研究基金支持、强化对企业投资的激励政策，等等。同时，还需要采取其他的一些必要措施。

有一些扩大总供给的措施是所有的经济体所共有的。例如，贸易的扩张，不仅可以获得基于比较优势的静态收益，也具有通过一系列的途径提升创新的潜力。这些途径包括出口中的学习（learning by exporting）、创新活动中更强的专业化、推动高劳动生产率公司进入更大的市场、更大范围的竞争。这正是美国政府曾经极力推动国会尽快通过跨太平洋伙伴关系协定（trans-pacific partnership，TPP）及把尽快结束跨大西洋贸易与投资伙伴关系协定（transatlantic trade and investment partnership，TTIP）的谈判当优先处理事项的原因。

其他的一些促进劳动生产率提高的政策则国家之间存在一些差异。比如，美国虽然有发达国家中最高的企业所得税率，但是并没有征收到相对应的最高数量的税收收入。而且，美国的国际税收制度是不完善的，既给企业的决策带来扭曲，又只征收相对少的税收。降低顶端的法定企业所得税率，扩大并改革税基，减少对债券融资支持的投资的优惠，设立一个最小税收以确保对来自国外的所得征收一定的税收，这将有助于推动劳动生产率的增长。此外，推进高技能外来移民的移入也可以提升总体劳动生产率，甚至还可以给本地出生的劳动者带来正的外溢性。

即便劳动生产率增长缓慢，但美国依然能够比其他的大多数发达国家享有更快的劳动生产率增长，数码技术革命是原因之一。在美国，互联网推动的相关技术，要受到自律监管和国家层面的监管两个方面的协调管理。从这个角度看，放松监管依然可以促进技术更好地发展，欧盟对其统一数码市场（digital single market，DSG）倡议实施的计划，在欧洲数码经济的发展中，是深具雄心且合理的一步。通过减少内部监管的不一致，并且去除对其商业化的不合适障碍，统一数码市场赋予欧洲经济体完全实现基于技术推动的那部分劳动生产率的增长，并且让消费者从中受益，这是对 TTIP 谈判的某些措施的补充。

只有当数码技术公司面对的各种管理能够合理反映其产品和服务运营的国际背景，欧洲经济面对的一些良机才能被完全实现。这实际上不仅对欧洲，对世界各国也是如此。人为地推动超过全球标准的严格要求；针对某个国家的公司的惩罚性区别对待；或者仅仅是因为他们在整个数码技术生态链中所处的位置，而不当地针对某些公司，这会导致欧洲公司有比他们目前的生产率降低的风险。这些做法忽视了全球技术创新相互交叉和国际化的特性，并且会产生使欧洲企业和消费者不能享有这些收益的不利影响。

（2）技术进步的测算。罗伯特·索洛（Robert M. Solow）除了提出新古典增长模型的贡献，还提出了一种测量技术进步率的方法，研究如何测算技术进步对经济增长的贡献。测算的依据是投入的生产要素获得的相应报酬取决于其边际产出。由此，可以计算出要素增加对于产出的贡献。

假定产出为 Y，劳动为 N，资本为 K，工资为 W，价格水平为 P，生产函数为：$Y = F(K, L)$，劳动这一要素的变动 ΔN 对于产出变动 ΔY 的影响等于实际工资乘以劳动的变动，如式（1-4）：

$$\Delta Y = \frac{W}{P} \Delta N \tag{1-4}$$

对上式进行变换，左右同时除以 Y，并且右边分子分母同时乘以 N，则可变换为：

$$\frac{\Delta Y}{Y} = \frac{WN}{PY} \frac{\Delta N}{N} \qquad (1-5)$$

转换之后，等式的左边代表经济产出增长率，右边的前一项表示劳动在产出中所占份额，如果按照科布 – 道格拉斯（Cobb – Douglas）生产函数，$Y = AK^{\beta}L^{\alpha}$，则该份额为 α，而产出增长率 $\frac{\Delta Y}{Y}$ 记为 g_Y，$\frac{\Delta N}{N}$ 为劳动要素的变化率，记为 g_N，则式（1 – 5）可进一步转换为：

$$g_Y = \alpha g_N \qquad (1-6)$$

也就是说，劳动要素投入增加 g_N，可以带来产出的增加 g_Y，为 αg_N。同样地，资本存量增加带来的产出增加也可以用这个方法进行测算，如果依然按照上述的科布 – 道格拉斯（Cobb – Douglas）生产函数 $Y = AK^{\beta}L^{\alpha}$，则资本在产出增加的贡献所占份额为 β，如果没有如劳动之类的其他要素投入，则产出增长率源于资本贡献的部分表示为资本份额与资本变化率 $\frac{\Delta K}{K}$ 的乘积，记 $\frac{\Delta K}{K}$ 为 g_K，则可表示为：

$$g_Y = \beta g_K \qquad (1-7)$$

如果不考虑或者没有技术进步因素，则产出的增长完全由劳动或者资本存量的增加带来，并且 $\alpha + \beta = 1$，因为只有两种要素，劳动的份额为 α，则资本存量的份额必然为 $1 - \alpha$，这样，产出增长率表示为 $g_Y = \alpha g_N + (1 - \alpha)g_K$，即 $g_Y = \alpha g_N + \beta g_K$。

但上述分析是不考虑技术进步因素的情况，当考虑技术进步时，则产出增长直接等于劳动贡献与资本贡献的等式就不能成立，索洛提出一个余值的概念来度量实际产出超过劳动和资本增长贡献的部分，用以测算技术进步对经济产出的影响，表示如式（1 – 8）：

$$索洛余值 = g_Y - \alpha g_N - (1 - \alpha)g_K = g_Y - (\alpha g_N + \beta g_K) \qquad (1-8)$$

这个度量结果被称为索洛余值（Solow Residual）。只要知道上述等式里的产出增长率 g_Y，劳动增长率 g_N，资本增长率 g_K，劳动所占份额 α，就可以测算出索洛余值，也就是技术进步对产出的贡献。

索洛余值又被称为全要素生产率的增长率（rate of growth of total factor production），全要素生产率的增长率和劳动生产率的增长率有所区别，劳动生产率的增长率是产出增长率减去劳动的增长率，即（$g_Y - g_N$）。索洛余值说明的是技术进步对产出的贡献，经济产出增长中不能用劳动和资本投入的增长说明的那部分。推导出索洛余值后，还要通过其与技术进步的关系，才能得出技术进步率。

索洛余值的技术进步率按照索洛的定义是一种劳动提升型（labour-augmenting）技术进步。此处，他设想了一种衡量劳动投入的效率单位，将技术进步情况转变成对应特定资本量和产出量的单位时间下的劳动投入的多少来说明技术进步情况，同样资本量和产出量情况下，投入的劳动越少，说明技术越进步，反之亦然。比如说，同样的产出和资本情况下，一年后如果生产同样的产出，在相同单位时间内，如果需要使用的劳动力变少了，则说明技术进步发生。这样可以把生产函数改写为：$Y = F(K, AN)$，直接把技术水平附着在劳动上，与计算劳动增长对产出增长的贡献时，用劳动增长率乘以其份额一样，计算技术进步对产出的贡献，也是用技术进步增长率乘以其份额，在这里，因为技术进步 A 和劳动 N 以同样方式进入生产函数，所以其份额与劳动一致，这样我们知道索洛余值就是技术进步增长对产出增长的贡献，等于技术进步的份额乘以技术进步增长率 g_A，在这里，技术进步的份额与劳动是一致的，因此，得出式（1-9）：

$$索洛余值 = \alpha g_A \qquad (1-9)$$

如果索洛余值为 0，则说明产出增长完全由劳动的增长和资本的增长贡献，技术进步为 0。如果不为 0，则我们只要把索洛余值除以劳动所占份额就可以估计出技术进步率 g_A。在稳态下，劳动生产率增长率（$g_Y - g_N$）等于技术进步率增长率 g_A。而非稳态之下，二者不一定相等，比如当储蓄率上升时，人均资本上升，劳动生产率增长率（$g_Y - g_N$）将高于技术进步率增长率 g_A。

但是，索洛余值的衡量方法存在着一些缺陷。首先，索洛余值的度量依赖于新古典增长模型，而新古典模型本身存在一定的理论缺陷。其次，索洛余值推导假设技术进步只是劳动提升型技术进步，技术进步与资本积累无关，这个显然是和事实相违背，也是为后来的经济增长理论与模型所推翻了的，索洛余值的计算方法下，资本提升型技术进步并不能包括在内。最后，有些经济学家认为，索洛推导余值所依赖的生产要素按照边际产出取得报酬不符合现实分配情况，违背产出的分配还取决于社会、文化等制度因素的事实。同时，经济学家还认为，索洛的估计高估了技术进步的作用，因为除了资本和劳动的贡献之外，还应该考虑资本和劳动的相互作用或者说互动对增长的贡献，这是扣除资本贡献和劳动贡献之外的第三个贡献，产出扣除资本贡献、劳动贡献、资本与劳动相互作用产生的贡献后，得出的余值才是技术进步的贡献。但是，无论如何，索洛试图通过索洛余值分离出技术的贡献，有助于我们理解生产过程中技术进步的作用。

3. 全球化背景下的贸易、创新与经济增长

前述的分析说明决定长期经济增长，进入生产函数的最直接的三个要素。但是我们也应该看到，过去国家间的贸易也对经济增长有很大的影响，特别是在当今全球化时代背景下，我们更有理由探讨贸易对经济增长的影响，但是即便是贸易，也是在本质上对于进入生产函数的资本和劳动数量产生影响，最后影响经济增长。而长期经济增长最终是决定于技术进步的，因此，我们这里特别考察贸易及受其影响的创新与经济增长的关系。

（1）基于传统比较优势理论的贸易及其对家庭收入、经济增长的影响。传统贸易理论是建立在比较静态研究基础上的，即把自给自足或者有着贸易壁垒的经济下的生产与消费的配置，和在自由贸易或者比较少贸易壁垒的经济进行比较。亚当·斯密（Adam Smith）是最早提出这个问题的人之一。而早期的分析是李嘉图在其比较优势理论里阐明的。比较优势理

论认为，国家应该专门生产他们在生产上相对有效率的产品并且出口到其他国家，而从其他国家进口他们在生产上相对无效率的产品。

从大卫·李嘉图（David Ricardo）出版他的相关理论后的将近200年，经济学家确认了符合这一比较静态分析范式的进一步的贸易收益。首先，销售到更大的世界市场使得企业可以更好地利用规模报酬递增效应。其次，大多数贸易的扩张是受贸易边际收益的影响，因此降低关税不仅仅提高当前贸易品的贸易，而且对新企业和新产品开放贸易机会。再次，外国直接投资对提高总体生产效率特别重要。

贸易的这些经济收益归并起来对中产阶级有两个方面的受益：更好的工作和生活水平提高。对美国制造业的研究表明，出口密集型产业平均支付给劳动者的工资比非出口密集型产业高18％。大量的经济方面研究都发现出口企业有更高的平均工资，可能是这些企业生产率更高并因此有更高的利润，或者因为这些企业挑选有技能的劳动者以生产高质量的产品。美国总统经济顾问委员会（council of economic advisor，CEA）对产业和劳动者的特点进行研究，发现20世纪90年代和21世纪以来美国的出口强劲增长行业，平均为行业内的普通工人的年劳动所得带来1300美元的收入提升。这个工资提升相当于美国普通家庭两个月多的食品支出。这一结论告诉我们，出口的增加是实现更高的中产阶级工薪收入的有效途径，并且促进经济增长。

贸易可以带来更高的生活水平，是因为贸易使得各国能够专门从事他们更具有生产率的业务。当一国的贸易伙伴生产相对其自己生产更有效率的产品时，该国可以用比他们的稀缺资源自己生产这些产品更低的价格进口相同产品。更低的产品价格相当于提高实际工资，有助于该国消费者以他们既有的收入购买更多产品。而且国家间的贸易也提供更多的产品供消费者挑选。价格更低且种类更多的进口品降低了企业的生产成本，主要是有些企业要使用这些进口品作为生产的中间投入品。中间投入品价格下降和品种增加，帮助企业扩大生产和雇用劳动力并提高他们能够支付的工资水平。自第二次世界大战以来，美国关税的降低估计推动美国收入上升了

7.3%（Bradford，Grieco and Hufbauer，2005）。美国奥巴马政府曾经极力推动泛太平洋合作关系，以实现贸易自由化和打开外国市场，参与的国家共12个，占全球经济比重的近40%。TPP的签署可以大量降低关税、减少非关税壁垒。美国特别想推动服务业非关税壁垒的去除，因为美国在服务业上有很强的比较优势。此外，TPP还规定了既有贸易协定中最多和最高的劳动及环境标准，并且对国有企业也规定了约束条款，并要求确保自由开放的互联网。

（2）全球经济一体化背景下贸易对创新和经济增长的推进。前面分析贸易的益处是基于比较优势理论的，但这种比较静态的分析，显然低估了如TTP、TTIP等贸易协定及贸易扩大的好处。因为宏观经济模型并不能完全说明贸易能获得的收益，一个重要原因是这些模型不能把贸易对创新率进而对经济增长率的影响考虑在内。如索洛指出的那样，"可能带来提高世界市场份额好处的相对自由贸易，是创新活动的必然激励"（Solow，2007）。由于索洛半个多世纪前的开拓性著作，经济学家用全要素生产率来理解创新，即给定数量下的要素如资本和劳动，能生产出的产出总量。归结起来，贸易可以用两种方式提高全要素生产率：作为直接要素进入创新生产函数的形式及作为创新的更大激励的形式。

①贸易与创新生产函数。这里把创新视为一个生产函数的产出结果，这个生产函数的投入要素为研发。贸易可以直接提升创新的水平，通过一定数量的研发投入要素进入创新生产函数的形式。

首先，更大的研发专业化水平会提高创新。前面关于贸易的比较优势静态分析，也可以拓展到对研发和创新的分析。如果不同国家的企业专注于他们具有比较优势的领域进行创新活动，那么显然专业化程度的提升，将提高每单位研发投资生产的知识数量。如果专门生产记忆芯片的公司的工程师专注于改善记忆芯片，专门生产处理器的Intel公司的工程师专注于改进处理器，每个公司的研发劳动生产率会更高，这样相比于每个公司都同时进行改进处理器和记忆芯片这两个零部件的创新情况，会出现更好且更便宜的计算机。

关于研发专业化的研究表明，如果像 TPP 力图要做到的那样，加强对外国知识产权的保护，会带来更多的美国对外的特许权，在这些地方美国公司会允许其他公司使用他们的理念、产品或者程序以换取特许权使用费。特别是，一些经济学家（Branstetter，Fisman and Foley，2006）发现，伴随着子公司所在国加强知识产权保护的改革，外国子公司支付给美国母公司的特许权使用费增加了 16.6% 。这个发现进一步说明减少非关税壁垒对促进创意贸易发展的作用，特别是，如果一个国家专注于研究，另一个国家专注于开发应用。

其次，贸易也可以通过加速全球创意的流动而帮助企业变得更加富有劳动生产率。出口商和进口商都经常能够接触到新创意和新工具，或者那些使他们更具劳动生产率的技术。比如，许多跨国公司都有制度和标准来推动他们全球供应链系统配送的最佳做法。当一个公司采用新创意来适应它的运营环境时，学习也就发生了，这将产生新产品并导致更高的劳动生产率。许多美国制造商和企业采用了精益生产方式（lean production），这个生产方式最早是在日本开发的，因为能够使得潜在的创意更适应自身的需要，而获得劳动生产率大幅提高的好处。

此外，出口活动给企业提供向外国市场学习的良机，甚至可以从国外购买者那里获得专业技能，这将使得劳动生产率提高。这个通过出口学习的理论，得到不同国家不同时期大量研究的支持。

通过贸易扩散的许多创意是内嵌于中间投入品的。在美国，大约有一半的进口品是最终产品生产的投入品。前面的分析提到，这些投入品的质量和品种提高可以降低国内企业的生产成本，因此促进美国进口商扩大生产并增加雇用的劳动力。一国的国际贸易收益会大幅提升，如果把更便宜且品种更丰富的进口生产投入品的好处考虑在内。

②贸易对创新的激励。前面我们探讨贸易促使创新过程更有效率的两种方式。现实中，贸易也可以通过加强对创新的激励来促进劳动生产率的增长。

第一，市场规模促进创新。索洛的研究强调市场规模与创新之间的联系。国际贸易使得企业可进入更大的市场，从而使给定水平的创新获得更大的利润，因而提高创新的动力。例如，苹果和谷歌管理的全球苹果门店，对那些入驻这些配发平台的大量软件开发商，有促进其发展的作用。研究发现，在低劳动生产率的出口国，贸易能够带来的学习效应的相关经验证据（Lileeva and Trefler，2010）。另外的研究发现，具有国外市场经验的企业有更大的研发投资概率，这和进入更大的国外市场会转变成更高的研发预期回报的理念是一致的。

第二，既定市场规模下贸易增加可以通过强化竞争而促进创新。50多年前，诺贝尔奖获得者经济学家肯尼思·阿罗指出，垄断者相对而言进行创新的动机较弱，因为其创新并不能让他从竞争对手那里"偷走"业务（Arrow Kenneth，1962）。类似的思想出现在更近期的"熊彼特主义"创新和经济增长模型里，竞争可以通过提高成功创新的预期回报，而促进经济增长。通过让企业进入世界范围的市场，贸易极大地提升一个企业为了从其竞争对手那里赢得业务而进行创新的动机，这进一步验证上面分析的市场规模效应。

但是，熊彼特主义模型也提出，过多的竞争会降低创新，因为如果企业发现他们的发明创造很容易被复制并且所带来的盈利很快消失，他们将不愿意投资在研发上。知识产权法有助于帮助一个国家落在太多竞争和太少竞争之间的熊彼特区域，而贸易政策则可以促进一系列政策之间的协调，以实现一国经济处于促进长期经济增长和创造就业的合理均衡状态。

③贸易导致创新还是创新导致贸易。贸易和创新二者谁是因谁是果有必要加以探讨。前面的分析强调贸易如何促进创新和劳动生产率的增长，但注意到二者之间的关系可能是相互的同样很重要。也就是说，贸易增加会促进创新，但同时，创新的增长也会促进贸易。在公司层面上，创新决策和贸易决策是一起作为整体投资策略的组成部分而加以决定的。这为经济学的研究提供很有意义的挑战和机会，那就是如何离析出一个特定机制中的因果关系。对政策而言，其传递出的信息就更简单了，2014 年的一个

经验证据评论说关于贸易和劳动生产率增长的关系之间有着重大发现——贸易是可以用来促进劳动生产率和中产阶级收入长期增长的几个工具之一（De Loecher Jan and Pinelopi，2014）。

以上分析贸易对于创新和经济增长的影响，有利于财政政策在针对贸易实施诸如关税、非关税等政策时，充分考虑其对经济增长的影响。

1.3 促进长期经济增长的财政政策简析

财政政策在长期经济增长中发挥着重要作用。经济学家研究财政政策时，更多的是从短期的需求管理角度看待财政政策，这种情况下，财政政策更多的是发挥稳定经济的作用，即通过政策的实施，让经济产出回到潜在产出水平。但是本书下文将分析，实际上，这种短期稳定经济的财政政策一样对长期经济增长产生作用。另外一个视角研究财政政策与经济增长关系，是关于供给侧角度的财政政策如何影响长期经济产出的增长。

1.3.1 促进经济体的潜在增长率

1. 促进潜在产出各个决定因素的提升

2012 年，美国一个工人一个小时能够生产出 1948 年一个工人生产产出的 5 倍。对这个产出的增长进行分解，增长的 9% 是源于劳动的提升，主要是教育；增长的 37% 源于 2012 年的工厂可以支配的资本数量的增加；增长的 54% 源于全要素生产率的增长，全要素生产率代表着技术进步、市场规模及生产过程的组织。从这个历史过程看，全要素生产率不仅仅是最重要的，而且也是从经济学角度上看最接近于免费午餐的，因为它的提升代表着社会以给定的劳动和资本要素投入可以生产出更多的产出（Jason

Furman，2013）。

财政政策的实施，可以通过影响劳动、资本要素投入及全要素生产率，进而扩大长期的潜在经济产出增长。比如在政府财政支出上，可以把更多的支出转向对基础设施、研究和教育的投资，同时提高这些投资的质量，并且可以通过财政资金引导社会私人资本进入这些领域，从而促进美国长期潜在产出的提升。而在财政收入政策，主要是税收政策方面，宽税基、简化税制并且让税收制度更加中性，将推动劳动、资本要素投入和全要素生产率的提高，从而提高潜在经济产出。在企业税收层面上，通过建立一种更加中性的税收制度，使得企业的决策完全是出于企业发展的原因做出的，而不是因为税收的原因。这种税收中性包括在企业组织形式上的中性，对于企业投资的税收的中性，以及投资国内的中性而不是激励投资国外，等等。而在个人层面上，应该让税制更加简化，让税法更加公平、更加有效率。

2. 财政政策在支撑强劲、持久和公平的经济增长上发挥重要作用，进而提升潜在增长率

作为 2008 年全球金融危机的后果，许多受影响国家的潜在产出急剧下降。财政问题的解决本身和经济产出的增长有很大关系，恢复强劲的经济增长对于解决未来所面临的一些财政挑战至为重要，这是短期中恢复到潜在产出的经济增长的重要意义，而财政政策的正确实施可以支撑短期的强劲、持久和公平的经济增长。同时，财政政策可以对提高潜在增长率做出重要贡献。除了上述的各项要素的提升，我们可以从宏观和微观两个层面的视角考察财政政策在这方面的作用。在宏观层面上，财政政策的正确实施有助于保障宏观经济的稳定，这是经济增长的一个基本前提；在微观层面上，税收和财政支出政策，通过影响工作和投资的激励、促进人力资本积累和提升全要素生产率，来促进经济增长（Cottarelli and Keen，2012；Tanzi and Zee，1997）。

1.3.2 内生经济增长模型下财政政策对经济增长的影响

1. 内生经济增长模型下财政政策促进经济增长的基本作用机理

当我们比较各国经济时，会发现他们在长期中以不同的增长率发展着，而政府对税率和政府支出水平的选择会影响长期的经济增长。罗伯特·巴罗（Robert Barro）等经济学家在解释财政政策的长期经济增长效应方面做了大量的工作。在1990年的一篇论文里，罗伯特·巴罗考察了在内生经济增长模型框架下的以税收筹资支持的政府提供的公共服务对生产和效用的影响。他把政府支出分为生产型和效用型支出，然后研究这二者对经济增长率和储蓄率的影响，在1992年和另外一个作者合作的论文里，罗伯特·巴罗进一步考察内生经济增长模型中的公共财政问题，解释财政政策对长期经济增长的影响。这篇论文认为，如果投资的社会收益率超过私人收益率，那么鼓励投资的税收政策会提高经济增长率及效用水平。投资的社会收益率大于私人收益率，反映的是带有外部性的干中学、以个人所得税为政府购买支出筹资、新型资本品的垄断定价。当投资的私人收益率和社会收益率是一致的时候，就不要倡导促进投资的税收激励。在巴罗建立的结合公共服务的经济增长模型里，最优税收政策决定于公共服务的特征，这个最优税收政策的考察实际上体现的是财政政策在长期中应该如何合理实施以实现最高的经济增长率，如果公共服务是具有竞争性和排他性特征的公共提供的私人产品，或者是具有非竞争性和非排他性特征的公共提供的公共产品，那么总额税优于所得税。许多类型的公共产品具有拥挤效应，因此具有竞争性，但是在某种特征上又是具有非排他性的，在这种情形下，所得税以一种类似使用费的方式产生作用，因此所得税是合适的，并且是优于总额税的。这篇文章的结论里，巴罗还认为总额税作为对投资的税收激励是过高的，他认为所提出的涉及拥挤效应的模型适用于一系列的公共支出，包括交通设施、公用事业、法院甚至是国防和警察。这些研究告诉我们，在内生经济增长模型的框架下，通过主要以税收筹资为政府公共支出筹集资金来提供公共服务，能够对长期的经济增长产生作用。

内生经济增长模型为我们提供了一个分析框架，这个分析框架采取一种易于处理的方法来解释要素投入如何影响产出。保罗·罗默和罗伯特·卢卡斯的论文奠定了内生增长模型的基础，罗默主要是从技术进步的角度考虑，而卢卡斯则探讨人力资本的积累。而从罗伯特·巴罗 1990 年的那篇经典文章开始，经济学家不断拓展政府支出及其他财政相关问题与经济增长的关系，比如，提出政府支出在理论上可以被分为生产性的和非生产性的，并且他们在社会产出函数里会有着不同的效应（Devarajan，Swaroop and Zou，1996）；发现提供纯公共产品的政府对经济增长在长期中具有正的效应（Ahmad R. Jalali - Naini，2000）；发现政府支出和收入对经济增长在长期中也会产生影响（Stephen Kosempel，2004）。

2. 内生经济增长模型为财政政策经济增长效应的研究提供分析框架

在新古典经济增长模型理论里，政策对经济增长仅有暂时性的影响，因为在其理论下，长期经济增长是在外生因素和政策恒定的一些因素的驱动下的。相比之下，内生经济增长理论如上述几节分析的那样，提供一个政府政策如何影响长期经济增长的分析框架，并且是公共财政领域关于政府政策影响经济增长的首选框架（Barro and Sala - i - Martin，1992；Rebelo，1991）。但是在实践中，很难区分对经济增长的恒久影响和暂时的但却相对持续的影响。

1.4　财政政策目标、工具和类型

财政政策是一国政府为了实现宏观经济目标，以财政收入、支出和预算等为政策工具的政策措施。财政政策几乎在每个主要的经济议题上都发生作用，从政府取得收入的方式到政府支出费用的方式到如何处理财政收入支出之间的缺口。财政政策既影响短期的经济增长，也影响长期的潜在的经济产出，并对教育、国防、脱贫和医疗等领域都所影响。

1.4.1 财政政策目标

财政政策本身是宏观经济政策的重要组成部分，是一国进行宏观经济调控的重要政策工具之一。因此，财政政策的目标本身与宏观经济政策总体要实现的目标基本一致。

1. 经济增长

人们经济活动的根本在于提高福利水平，各种需求得到更大满足，提高效用。经济增长决定经济总量的提升、人们收入水平的提高及社会福利水平的总体增加。并且，财政政策目标在推动经济增长速度加快，以扩大经济产出的同时，还涉及经济增长相关的其他问题。以中国为例，可以通过财政政策的实施，促进经济增长方式的转变，一是加快产业结构的调整，提升经济增长的质量和效益，推动消费和投资比例更加合理；二是提高创新能力，通过财政政策的实施提高劳动生产率和创新在经济增长中的贡献；三是实现包容性增长，让经济增长惠及更多的人群，既重视效率的提高，也同时促进社会公平，促进经济社会的协调发展；四是推动经济增长健康发展，避免经济过大波动。

2. 创造就业机会

充分就业是宏观经济政策目标之一，对财政政策而言也自然如此。经济学家之所以在意就业或者失业率，或者说宏观经济政策把创造更多就业作为政策目标的原因有二：一是失业将直接影响失业者的福利，即便财政政策提供各种失业保障，但是失业者依然要在财务上和心理上遭受痛苦。当失业率上升的时候，不仅失业现象在扩散，而且那些失业的人也会感觉更加痛苦，因为失业的时间将会更长。二是失业率过高传递的信号是经济体没能使用其自身的一些资源，过高的失业率表示经济体未能有效地使用其人力资源。不过应该注意的是，失业率过低也许也是一个问题，因为那表明一个经济体过度使用资源并且会遇到劳动力短缺问题。财政政策可以通过财政转移支付制度对社会保障的支持来帮助失业人群，同时，可以通过税收政策、财政支出政策应对失业率过高现象，创造更多的就业。

3. 物价水平稳定

宏观经济学衡量价格水平的指标一般是 GDP 平减指数（GDP deflator）或者消费者价格指数（consumer price index，CPI）。GDP 平减指数给出的是经济体生产的所有的最终产品也就是产出的平均价格，而 CPI 给出的是经济体中消费品的平均价格，等同于生活成本，但这是消费者所关注的。GDP 包含的最终产品除了卖给消费者，还有一些卖给企业、政府和外国人；另外，消费者购买的一些消费品不是国内生产的，而是国外进口的，所以这二者并不是一致的价格指数。但是很多时候，这两个价格指数同方向运动，且相差不大。当总体价格水平持续上升时，就是通货膨胀，持续下降时就是通货紧缩，也就是负的通货膨胀。

宏观经济政策之所以在意价格稳定，特别是不希望出现通货膨胀，原因在于：一是在通货膨胀期间，并不是所有的商品价格和工资同比例上涨，所以通货膨胀将影响收入分配，特别是在某些国家，退休人员的退休金并没有和通货膨胀挂钩进行指数化，当物价上涨时，和其他群体比，他们将遭受损失；二是通货膨胀会带来其他的经济扭曲。因为不是同比例的价格变动的纯通货膨胀（pure inflation），相对价格的变化会带来更大的不确定性，使得企业对未来的各种决策难度加大，比如投资决策。

同样地，通货紧缩，也就是负通货膨胀，特别是较高的通货紧缩，也不是一种好现象。首先，会产生与上述通货膨胀一样的问题，即各种价格信号扭曲和增加了不确定性。其次，即便是较低的通货紧缩，也会限制货币政策影响经济产出的能力。既然物价稳定是财政政策的目标之一，那么最佳的通货膨胀率是多大呢？大多数宏观经济学家认为，最佳的通货膨胀率应该是较低且稳定的，一般应该是在 1% ~ 4%（Blanchard，2017）。

4. 国际收支平衡

国际收支平衡主要指的是一个经济体国内外货币资金收支上的平衡，这会通过汇率机制影响贸易余额，影响国内需求，影响国内的金融系统。在一个开放的经济体中，如果我们用 IS – lM 来分析短期的财政政策的实施对于国内产品市场的影响，可以发现，财政政策的实施可以同时影响经济产出和贸易余额。这样就可以在预算赤字和贸易赤字之间建立起一种关系。即当实施财政政策导致国内需求增加时，会促进国内产出的增加，但也会导致贸易余额的恶化；当国外需求增加时，会导致国内经济产出的增加和贸易余额的改善。而这又意味着当一国实施财政政策促进国内需求增加时，将影响其他国家。同时，这也让财政政策制定者的任务显得更加复杂，因为一个国家可能不愿意有大幅的贸易赤字，贸易赤字意味着累积大量的国外债务并支付高额利息给其他国家，各国都会希望能够有更多的来自国外的需求，从而改善贸易余额的情况；而且各国也不愿意实施财政政策，因为这将恶化贸易余额。当面临世界性的衰退时，如果各国都是这样的态度，都不愿意采取财政政策增加国内需求，只是等待其他国家增加需求，那么什么都不发生并且衰退将持续较长的时间。现实中，这种情况要求各国在包括财政政策在内的宏观经济政策的实施上进行协调，但协调本身是很难的，并且国家之间，也可能出现部分国家不负责任地不兑现政策协调的诺言，这需要国际组织和诸如 G20 这样的协调机制。

5. 促进收入分配公平

收入分配直接影响个人可支配收入，可以归入微观经济学领域，但是从财政政策本身看，则是政策重要组成部分。市场经济体制下，市场本身对资源配置起基础性决定性的作用，当出现市场失灵现象或者即便市场有效运作也会出现的严重收入分配不均时，政府通过财政政策介入，各种社会保险支出、针对不同人群的区别性税收政策等均可以起到收入再分配的作用。但是，政府实施财政政策进行的收入分配，必须考虑公平和效率之间的合理权衡，既要促进效率，提高社会整体福利，维护社会稳定和保障人们基本生活，又要避免抑制劳动供给和各种投资行为，避免对微观经济主体各种决策的扭曲。

以上简述财政政策的主要政策目标，本书研究财政政策与经济增长之间的关系，所以主要探讨财政政策的经济增长目标。但是实际上，上述几个目标之间存在一定的相关关系，比如奥肯定律（Okun's law）就总结经济产出增长与失业率之间的关系，这一关系给我们的重要启示是，降低失业率的关键是足够高的经济增长率。菲力普斯曲线则描述通货膨胀和失业率之间的关系。对收入分配与经济增长之间的关系也有大量研究，特别是近些年来的关于包容性经济增长的研究，揭示了二者之间在公平与效率的权衡、在社会整体福利提升上的协同。本书的研究将集中关注财政政策的经济增长效应，因此更多地考虑其经济增长目标，当然，实现经济增长的财政政策，也同时会一定程度上影响就业、物价的稳定和国际收支。

1.4.2 财政政策工具

财政政策工具是政府用以实现政策目的的各类财政政策措施，主要包括财政收入政策和支出政策，还包括预算这样的财政管理工具。

1. 财政收入政策

税收占财政收入组成的绝大部分，所以财政收入政策主要指的是税收政策。从过去半个多世纪世界各国的发展历程看，如果从税收总量数据和各个具体税种的数据看，我们发现，在税收总量水平上，各个国家税收占GDP 比重的差异不大，但是如果从具体税种的数据看，会发现各国税收收入主要来源的税种差别是比较大的。在那些采用相同组织形式的不同政府间，比如都采用联邦制，收入主要来源的税种也不一样。税收政策的具体工具实施上主要通过不同税种的变动、税率的变动和税收优惠政策来实现。

另外，政府举债也是财政收入的一个重要来源，通过债务的变动，既可以影响货币供应量，又可以为财政赤字支出提供融资支持，当然在具体的效应上在经济学家之间存在一定的争议，比如，巴罗总结的李嘉图等价原理就认为政府举债实际上对经济增长没有意义，但是，这和经济实际情况有一定的关系，以典型的凯恩斯主义的看法，当经济深度衰退或者萧条，严重偏离潜在产出时，短期中政府的赤字支出可以让经济迅速向着潜在产出的方向发展。

2. 财政支出政策

政府的财政支出主要包括一般性公共支出和财政投资。一般性公共支出又包括购买性支出和转移性支出，前者是作为政府直接消费支出的商品和劳务的购买，如各类政府部门日常运营的政府采购，后者则是政府通过财政政策在不同微观经济主体之间的货币转移，如某些社会保障支出和财政补贴。政府投资则是最终可以形成各类资产的政府投资行为，如对于一些正外部性较强的产业的投资，如对公共基础设施、基础科技产业的投资。

随着时间的推移，以财政支出占 GDP 比重衡量的政府规模是不断扩大的。根据政府财政支出职能的不同，国际货币基金组织（IMF）在其《政府财政统计》中对财政支出依经济性质的不同，划分为两类：一是资本性支出，主要用于生产或者购买耐用品，实现政府提供公共产品的职能；二是经常性支出，主要是用于支付政府雇员工资、购买非耐用品和各种服务、支付利息和补贴，实现政府维护社会秩序和提供公共产品的职能。另外，IMF 根据财政支出的功能对政府的财政支出还有一种分类：一是经济服务支出，比如交通、通信、电力和农业等；二是社会服务支出，比如教育、健康等；三是一般政府服务，比如用于公共管理、国防、公共秩序和安全的支出；四是其他功能的支出。

另外，值得注意的是转移支付财政政策相关问题，因为财政分权下多级政府的存在，和不同区域间财政收支的不平衡，及人们之间收入分配的不公，转移支付是重要的财政政策。经济学家对转移支付如何决定及转移支付如何影响社会福利的研究一直是个热点。多级政府的存在使得财政转移支付常常要被考虑到，才能确定政府的最优行为。本书为了研究的方便，把一级政府作为隐含的假设，因此，主要研究税收和财政支出政策，基本不涉及政府间财政转移支付政策。另外，某些财政转移支付政策的更大含义在于实现财政的收入分配职能，本书研究财政政策与经济增长，更多的是从效率的角度考虑财政政策，因此着重点不在于转移支付政策，而是专注于研究税收政策和财政支出政策对经济增长的影响。

3. 预算管理工具

预算指的是在财政收支上的年度计划，规定收入的具体来源、构成，支出的范围、方向，收支之间的数量对比。同时，目前各国除了年度预算，还会有中长期的预算草案。预算管理规定一个经济体是实施财政平衡还是实施赤字财政，这对收支之间的相互牵制提前进行布局，并且会进一步对各项财政收入和财政支出形成制约，对包括税收总量及其组成、公债发行、政府投资和其他财政支出等都可给予一定的限制性规定。

如前所述，财政政策在本书主要是政府层面的税收和支出决策，而且一般是为了实现一定的经济政策目标，如实现高就业、实现价格稳定、实现经济的高增长。

1.4.3　财政政策类型

财政政策的类型可以有多种划分方式，划分的差异主要是考虑财政政策功能的不同视角而产生的。

1. 自动稳定器和相机抉择的财政政策

从财政政策应对因经济周期和特殊冲击而产生的短期波动的视角看，财政政策的政策工具主要包含两个类型，一类可以被称为自动稳定器的政策工具，这类政策工具在商业周期中会自动提高或者减少政府支出或者税收，而不需要任何其他政府财政措施，比如政府的失业救助金会伴随着经济衰退时失业的增加而增加，然后在经济周期中的扩张阶段又下降；财政政策的这种自动稳定器功能体现在预算上也是如此，在经济不景气时，预算赤字会自动增加，以缓冲经济衰退中的支出减少。另一类则是相机抉择的财政政策，要求政府采取措施改变税收或者政府支出，但是这个措施是根据当时的经济形势，主要是针对短期经济波动采取的相应措施。

2. 扩张性和紧缩性财政政策

扩张性财政政策和紧缩性财政政策的划分主要依据是实施的财政政策对总需求的影响。一般说来，短期中的财政政策主要是进行需求管理，扩张性财政政策通过各种财政收支的变动来增加和刺激社会总需求，而紧缩性财政政策则通过财政收支规模的变动来减少并抑制社会总需求。扩张性财政政策主要是增加财政支出和减少税收，并且一定程度上增加公债发行。紧缩性财政政策则主要是减少财政支出和增加税收。但是在现实运行的财政政策实践中，除了对社会总需求进行影响，也可以通过财政政策的实施影响总供给，特别是当通过财政政策的实施影响长期经济增长时，本书后面章节对此内容涉及较多。

1.4.4　财政政策结构改革

从上述分析可见，税收和各种财政支出政策均会对经济增长产生影响。那么究竟应该实施何种财政政策组合对经济增长更有利，这涉及的便是财政政策结构问题。更具体地看，这包括财政支出的构成情况和财政收入的构成情况。在财政支出构成上，应该更多地投资于对扩大长期经济增长潜力具有关键意义的领域，这些领域主要包括基础设施、科研和教育，同时从更为具体的情况看，还应该致力于诸如改善医疗保险的效率并降低医疗成本的增长率等领域。在财政收入的构成上，企业所得税应该进一步设计以鼓励企业合理投资并创造更多就业，同时，减少税收对经济活动的各种扭曲影响，而个人所得税应该更加简化、公平并且更有效率。

从目前各国的财政政策状况看，还应该对财政政策进行结构改革。对于那些需要追求强劲可持续发展的国家，特别是一些短期失业比较严重和有着短期严重的主权债务和银行债务危机的国家，比如 2008 年金融危机之后几年的美国和 2011 年发生主权债务危机和银行危机的一些欧洲国家，可以通过财政政策的结构性改革，主要是税收政策方面的改革，以利于新企业的设立和运作。另外，对于美国和其他的一些相对健康的经济体，由于这些国家都曾有过不合理的政府管制即在教育、基础设施和基础科学研究方面的投资不足。像中国这样的国家，在短期中经济出现下滑的，则应该实施符合国情的所谓积极财政政策，完善结构性减税，扩大营业税改和增值税试点范围，减少流通环节税收和各种费用，减轻小型和微型企业的税收负担。在实施这样政策的时候，人们常常是寄希望于经济在短期出现强劲的增长，但是实际上抑制欧洲和美国经济增长的是需求，如果没有需求的增长，经济增长是不可能显著加快的。可是财政政策的结构性改革，对于一些国家将发生很大的作用，特别是长期经济增长，欧洲一些发生较大危机的国家的结构性改革将有利于这些国家的长期经济增长并改善财政的可持续性。中国的财政政策结构性改革，主要体现在支出结构和收入方面的结构性减税，对经济发展方式的转变和经济结构的调整都会产生作用，进而促进长期经济增长。

1.5　财政可持续与经济增长

1.5.1　短期刺激经济财政政策与财政可持续关系的基本观点

从 2008 年的下半年开始，整个世界经济经历了金融危机、失业危机和财政危机。而且显然这三个危机是有着内在联系的，2008 年的金融危机严重损害到了人们获得信贷的可能性和信心，进而损害到了总需求而导致了经济下滑引发的失业危机。高失业、稳定金融系统和刺激需求的措施又推动预算赤字膨胀，这又进一步在债券市场引起恐慌，使得国债的利率提高，借贷成本达到了许多国家无法忍受的水平。现在的世界经济仍然处于后两个危机之中。世界上的许多国家都在经受着高失业的问题。欧洲的财政问题并没有得到解决，而且在得到解决之前很可能还会变得更糟，如果这个财政问题进一步恶化，我们将会看到一个更大的金融危机，因为欧洲主权债务违约将对世界金融系统的健康和稳定产生巨大的威胁。本书研究财政政策对经济增长的影响，从已有的研究看，短期中，经济学家通过对时间序列的实证研究计算乘数（Romer and Romer，2010）发现，税收乘数效应较大，减税 GDP 的 1%，会在 10 个季度之后提高 GDP 的产出大约3%。而通过横截面数据的实证分析可以发现（Clemens and Miran，2012），这样的实证分析主要是比较获得财政支出和没有获得财政支出地区的情况，相比于罗默的研究，这样的研究得到的乘数要小一点，不过时间跨度相对于其他研究，这里的研究考虑的是比较小的，这里横截面数据实证分析计算的乘数是一个年中财政预算冲击 6 个月之后的情况，当他们考察更长的时间跨度时，乘数效应更大，但是相对而言估计就没那么准确了。因此，基于财政刺激对经济复苏的能量的认识，或者说短期刺激经济增长财政政策的效用的认识，IMF 这样的机构在应对危机时总是提倡财政扩张。特别是在应对出现主权危机债务时，考虑应如何解决长期经济增长和财政紧缩之间的关系，一般提倡逐步地巩固财政，在经济增长中逐步解决财政危机问题。

1.5.2 关于财政可持续性的观点

对于财政可持续性一般存在两种观点，我们可以认为一派是所谓的强硬的鹰派观点，他们更在乎长期的预算赤字，因此，希望尽快能够把赤字降下来，另一派则是所谓的鸽派，这一派的观点更在乎短期的经济放缓导致的失业问题，并且试图用扩张性财政政策在短期内刺激经济增长，认为应该在长期中在经济增长的前提下解决财政赤字问题。经济史的发展告诉我们持续的赤字会给一个国家带来灾难性的后果，首先是发展成国债利率大幅上涨和可能违约的财政危机，财政危机所带来的不确定性还会抑制企业的发展，大量偿付债务导致的财政紧缩，即增加税收和减少支出，会进一步使经济恶化，最后常常会演变成为政治和社会的不稳定。同时，我们还发现财政的刺激是非常有效的反周期工具。财政政策在经济低迷时刺激经济增长十分有效，同样地，财政政策实行紧缩以减少财政赤字将导致经济增长和失业出现问题。

比较合理的做法应该是结合两派的观点，在马上通过具体的巩固财政的措施以降低长期赤字的同时，保证实际的减少支出和增加税收的措施是在经济复苏中逐步引入。对那些财政赤字严重的国家，则更需要进行的是财政支出和收入结构的改革，而且这些改革并不是财政巩固措施的补充，实际上是整个财政政策的核心。这些财政改革作为一种逐步进入的增税减支措施是有效地减少长期赤字的工具。对于那些长期财政状况比较严重但是市场还不是非常关注的国家，如美国、日本、法国和英国，财政巩固措施在短期内实际上仍然可以是扩张性的财政政策，这样可以迅速摆脱高失业带来的危害。而对有大量贸易顺差的国家，像中国和德国，在经济放缓的情况下，扩大内需的扩张性财政政策不仅仅可以提高他们自己的经济增长率，还可以是一种审慎和低成本地帮助他们的经济困难的邻国及贸易伙伴的最佳方式。总的说来，同时考虑到经济增长的财政健康问题的解决应该是动态有弹性的，既能够通过在短期内降低政府借贷成本，结束财政危机的可信计划，又不是采取以牺牲经济增长和提高失业率为代价的即时的财政紧缩措施，特别是当一些国家面临的主要问题是经济增长和失业的时候。如何在财政可持续性和经济增长之间找到合理的均衡点，采取正确的财政政策，这里我们以美国为例说明这一问题。在 2012 年的头几个月尽管美国的劳动力市场有着好于预期的实际状况，但是美国的失业率仍然超过 8%。而且没有哪个经济学家预测美国经济可以在未来的两年里高速增长以使失业达到正常水平。同时，美国的长期预算状况很糟糕，因此毫无疑问，美国需要尽快颁布一个全面的长期预算赤字缩减计划，但是这样的计划应该包括短期的财政扩张，最理想的是包含大量的公共投资项目。这些增加的短期公共投资项目可以迅速刺激经济增长，使人们很快获得工作，有利于提高将来的劳动生产率，而且作为一个综合的赤字缩减计划，将不会损及美国的财政可信度，由此不会提高其国债融资成本。

1.5.3 宏观经济稳定和财政可持性是促进长期经济增长的财政政策有效实施的前提

财政可持续性和宏观经济稳定对于中长期经济增长至为重要。政策的不确定性和高水平的公共债务会抑制私人投资和降低经济增长。财政稳固措施对经济增长有所帮助，但是它对经济增长的影响显著地取决于其节奏、政策措施的组成情况和融资模式。在许多发达国家和新兴国家，确保财政可持续性要求解决老龄化相关的支出压力问题，同时不要损害社会公平。而相比之下，许多低收入国家因为公共债务水平较低且有更好的增长前景，因此，有进行额外生产性公共支出的更大空间。

1. 宏观经济稳定是强劲和持久经济增长的重要前提条件

一个经济体如果有较大的财政赤字，将会减少这个经济体的总储蓄，可能导致通货膨胀、高利率和国际收支的压力，从而对经济增长产生负面影响。实际上，财政政策、宏观经济稳定和长期经济增长的关系是互相影响的，因为低增长会使得财政收支状况变差，从而使得财政可持续性面临风险。宏观经济不稳定所产生的政策不确定性对经济增长的影响，是通过所导致的投资回报的波动、价格信号扭曲导致的资源错配而产生的（Fischer，1993；Fatas and Mihov，2013）。这凸显了财政自动稳定器功能在减少宏观经济波动上的作用，即那些有助于自动稳定器功能，根据宏观经济的实际情况有效产生作用的财政基本框架体系，一是能够帮助经济体去除一个重要的公共债务累积的来源，也就是如果自动稳定器较好发挥作用，则政府不需要在经济不景气时过多增加公共债务以刺激短期经济增长；二是可以促进中期的经济增长（IMF，2015a）。在发达国家，财政稳定器带来的潜在经济增长红利特别大，财政政策对经济产出的回应达到一个标准差，就可以促进每年的经济增长约 0.3%；而在新兴市场国家和低收入国家，这个红利要小得多，在这些国家财政稳定的有效性要小得多，同时，这些国家的财政政策也更加关注发展，而不是稳定（IMF，2015a；Aghion and others，2014）。

2. 在发展中国家，财政赤字与经济增长的关系可能是非线性的并且取决于融资模式

相比发达国家而言，发展中国家的债务一般处于低水平，有更强的经济增长前景、更大的人口增长率及更大的基础设施缺口。经验研究表明，财政调整和经济增长之间的关系取决于财政赤字水平。据估计（Adam and Bevan，2013），对发展中国家而言，当减少财政赤字至小于 GDP 1.5% 的门槛时，减少财政赤字所带来的长期经济增长红利将消失或者变成反向的不利于经济增长。此外，这个红利的具体量值决定于债务是如何进行融资的，古普塔等（Gupta and others，2005）发现，那些能够转变成在国内融资减少的财政赤字的缩减行为，会带来更高的经济增长率。在乌干达，公共财政管理改革包括严格的支出控制、预算赤字的缩减及其货币化，这些改革对于通货膨胀的降低起到一定的帮助作用。而宏观经济的更好的稳定性反过来则为更高的经济增长提供有利条件。

3. 过高的公共债务水平会阻碍经济增长

过高的公共债务水平增加未来税收的不确定性、挤出私人投资和弱化一国经济应对冲击的自我复原能力（Krugman，1988）。就公共债务本身水平而言，很难确定多高的水平下债务占 GDP 的比例，将相对而言是可以稳定持续的，或者说，债务可以在不损害宏观经济稳定的情况下还能增加多长时间。经验研究表明，在多大的水平下债务占 GDP 的比例开始损及长期经济增长，在不同经济发展水平的国家之间差异较大，并且还取决于其他要素，比如购买国债的投资者的组成情况（investor base）。研究显示，对经济合作与发展组织（OECD）国家而言，当公共债务超过 GDP 的 85% 时，它会变成经济增长的拖累；而进一步的 10% 的债务占 GDP 比例增长，会减少年平均经济增长率超过 0.1%（Cecchetti and others，2011），另外的学者以一些发达国家和新兴经济体国家为样本的研究也证明了这个结论（Kumar and Woo，2010）。对于发展中国家而言，这个门槛要低得多，当债务的净现值达到 GDP 的 20%～25% 时，增加债务的经济产出边际效应转为负（Pattillo and others，2011），对低收入国家和外债的研究也得到相似的结论（Clements and others，2004）。

4. 进行财政紧缩时，其节奏对中期和长期经济增长有重要意义

2008 年危机发生之前的大量文献，强调实施扩张性财政政策调整要注意财政可实施的空间，即财政收支情况，不仅是先进国家，新兴国家和低收入国家，都应该注意这一点。但是，对于一个深度且持久的衰退而言，当产出在潜在产出和实际产出间有着一个很大的负缺口，货币政策受到 0

利率边界或者不起作用的信贷渠道的限制时，财政稳固政策可能会对短期的经济增长产生负面作用。在这种环境下，财政紧缩政策由于可能的滞后效应而对长期经济增长有害，因为大量的持久失业（Delong and Summers，2012）。而且，在一个深度衰退里，投资可能在很长的时间里维持较低水平，从而减少以后的潜在产出。总体上看，这些观点都强调需要在一个深度衰退里细心考虑财政调整的节奏。特别是没有市场压力的国家，应该进行逐步的财政紧缩，采取一个比较可靠的中期计划（Blanchard and Cottarelli，2010）。

5. 财政调整的政策组成也会产生一定影响

财政收入和支出的适当政策组合，取决于每个国家的特定条件。政策制定者需要考虑所选政策措施的持久性和它们对经济增长及公平的影响。对发达国家而言，以减少各种财政支出为基础的财政紧缩明显更长久一些（Alesina and Ardagna，2012），并且会伴随着私人投资的增加（Alesina and others，2002）。对低收入国家而言，以各种财政收入为基础的调整会导致更加持久的财政紧缩期，并且对经济增长有更大的益处（Baldacci and others，2004）。除此之外，信贷的限制也会产生作用，无论是在发达国家还是新兴市场经济体国家，当存在较高的私人债务水平和信贷供给限制时，如果通过扩大税基来实现赤字的减少并同时保护公共投资，则将有助于中期的经济增长（Baldacci and others，2015）。大规模的以财政支出减少为基础的财政紧缩会扩大收入分配不均，而这会损害长期经济增长（Ball and others，2013）。因此，进行财政紧缩时需要在财政收入和支出之间找到合理均衡，这是必需的务实主义做法。

6. 许多国家必须让养老和医疗制度建立于合理的融资基础之上，才能确保财政的可持续性

根据国际货币基金组织 2014 年的估计，在发达国家和新兴市场经济体，老年相关的公共养老及医疗支出占政府支出的一个很大的份额，分别为 40% 和 30%。随着人口的老龄化，这些支出压力会破坏长期的财政可持续性，因此任何财政紧缩计划都应该包括这些领域的改革（Blanchard and Cottarelli，2010）。许多国家都试图通过改革养老和医疗制度来强化长期的财政可持续性。波兰从财政上不可持续的固定受益制度转向了精算的可自我偿付的固定缴款制度；德国通过把养老金的受益与老年依赖比率相联系、更加严格的提前退休要求和提高法定退休年龄，来推动养老制度建立在一个更加合理的融资基础之上。对于医疗保险制度，德国和荷兰在宏观和微观层面都引入改革，以降低成本、提高效率，包括对药物的价格控制、更高的共同支付和缴款，并且设定预算上限。

7. 维护宏观经济稳定和财政政策可持续性的透明而有效的制度

因为债务和赤字对于长期经济增长有影响，那些能够减少不合理债务和赤字的财政框架和制度，可以促进经济增长。预算制度更有约束力的国家一般更能采取有利于经济增长的财政调整措施。

1.6 短期中刺激经济增长的财政政策

1.6.1 短期刺激经济增长财政政策的基本目标

短期刺激经济增长财政政策的作用主要是使经济回到其潜在的增长水平。金融危机的冲击和典型的周期性衰退都会使经济在低于其潜在增长水平的低位运行。一般说来，从金融危机引起的经济低迷中比从通常意义的衰退中复苏要难得多，以美国为例，一般的复苏可能只要美联储降息，刺激居民多买房买车，刺激企业多投资，则经济就可以回到潜在增长水平。而金融危机引发的经济要回到潜在水平则难得多，美国大萧条大概花了 10 年才使得人均劳动力实际产出回到大萧条前的峰值，而 2008 年的危机后美国的人均劳动力实际产出花了 4 年半的时间才回到 2007 年第四季度的峰值。总之，财政政策短期刺激经济的目的就是矫正金融危机等冲击或者周期性衰退导致的实际产出与潜在产出的背离，实现充分就业和其他潜在要素的充分使用。

1.6.2　短期中逆周期财政政策作用

在短期中，特别经济处于比较严重的衰退或者萧条时，最优的财政政策刺激一揽子计划应该考虑的因素主要有出台的时间、整体一揽子财政刺激的数量、持续的时间、所使用财政政策工具的多样性，还应该有针对可能发生情况的预案、考虑各国或者各地区之间财政政策的适当集体合作、财政政策一揽子计划的可持续性。出台的时间应该根据经济状况决定的对刺激计划需求的紧迫性程度决定是否立刻推出；应根据经济衰退中总需求中私人需求、投资需求和净出口需求下降的数量大小决定财政刺激计划的数量大小；持续的时间应根据经济下滑的预期时间长短决定财政政策刺激计划实施时间；所使用财政政策工具的多样性应根据每个财政政策工具措施实施的不确定性决定使用单一财政政策工具或者使用多种财政政策工具组合，如果单一财政政策工具使用效果有很大的确定性，就不需要多样化地使用财政政策工具；当经济衰退可能发展的方向很不确定时，应该有多种财政刺激计划预案，在未来根据不同的发展情况实施不同方案；考虑各国或者各地区之间财政政策的集体合作，因为随着经济全球化时代的到来，经济衰退常常会在各国或者各个地区同时发生，为了增加财政政策实施的有效性和减少凯恩斯所说的刺激政策向其他国家或者地区的漏损，应该采取集体决策；所谓财政政策刺激计划的可持续是指短期的财政刺激计划应当考虑长期收支平衡，避免出现政府债务巨额增加，引起金融市场的逆向反应，推动国债利率上涨。

1.6.3 短期中促进需求增加的财政政策的实际效应

在短期刺激经济增长的财政政策工具中，增加政府支出、有针对性的减税政策和政府转移支付往往有比较高的乘数效应，而一般性减税和补贴，不管是针对消费者或者是公司，乘数效应都比较小。

关于短期财政政策的产出效应，即刺激经济增长的效应的研究成果很多，布兰查德和佩洛蒂（Blanchard and Perotti，1999）通过结构 VAR 方法研究政府支出和税收变动对产出的动态效应。他们借助一些机构关于税收和转移支付系统及征税时机的信息，来确认税收和政府支出对各种行为的反应，也就是说，推导出财政冲击行为。虽然大量的计量经济学模型对动态财政乘数进行估算，但是这样的工作在他们之前人们并没有做，经济学家做得更多的是假定而不是去证明财政政策对各种行为的效应。虽然也有些简化形式的研究，但是都主要是关注一些简单的财政政策统计，比如说赤字的周期性调整或者支出或者税收的效应，多数理论不认为财政政策对经济行为的效应可以被概括为某种单一的措施，比如赤字调整。这些关注税收或者财政支出的研究隐含着一种很强的假设，就是假设被包括在内的或者不被包括在内的财政变量之间缺乏相关性，而这种假设一般是不成立的。在他们的研究之前，结构 VAR 方法常被用于货币政策的研究，但是他们认为结构 VAR 方法很适用于财政政策的研究。首先是因为预算相关变量经常因为多种原因而发生变动，这些原因中国民产出的稳定与否一般不是主要原因，这就是说，相对于产出的变动，预算相关变量的变动经常源于外生的财政冲击；其次是因为相对于货币政策，财政政策决策和执行的滞后性意味着，在一个季度内，根本就没有什么相机抉择的财政政策会对没有预期到的一些事件的发生作出反应的概率很大。这样如果有充分的关于税收、转移支付系统和税收征收时机的来自各机构的相关信息，那么就可以构造关于财政政策对没有预期到的事件的变动的自动反应的效应，或者说，就可以获得财政冲击的估计值。确认了这个冲击之后，他们又可以反过来追踪 GDP 的动态效应。他们的研究结论是正的政府支出冲击对产出会产生正效应，正的税收冲击对产出会产生负效应。在各种不同的特殊规定（比如时间趋势是确定的或者是随机的）和不同的期间之下，这些效应的力度和持续性是有差异的，但是这些差异并不会影响基本结论。至于税收和政府支出对 GDP 组成部分的影响，他们发现税收和政府支出的增加对投资支出都有负效应，同时在大多数情况下，税收和财政支出乘数很小，经常是接近于 1。在财政支出冲击中，比较能够解释乘数小的是支出冲击对产出不同组成部分的相反效应，私人消费伴随着支出冲击的发生而增加，私人投资在一定程度上被挤出。进口和出口同时下降。投资和进口的这种反应和许多宏观经济理论的结论并不一致。

在 20 世纪 30 年代的美国经济大萧条中，罗斯福政府推行一系列的财政支出项目，但是失业率仍然保持在两位数，一直到 1941 年，因为第二次世界大战引致大量军事支出，才使情况有所改变，因此，经济学家把这个当作是凯恩斯主义财政政策在就业和经济行为上的正面效应的一个有利的例子，并且认为财政政策是反经济周期的一个有效的工具。但是实际上在后来的研究中，经济学家对这些财政政策的功效提出了疑问，特别是实证研究表明，凯恩斯乘数比原先假定和推导的要小得多，主要是由于对利率反应敏感的那些支出的挤出效应导致的，而这种利率上升的原因是财政政策工具实施导致的货币需求的增加和政府债务扩大引起的长期利率上升。需求上的进口漏损及因为财政扩张对汇率的影响也会进一步降低财政乘数。同时，对经济学家而言，要准确判断面对的经济形势处于经济周期的什么阶段是很困难的，并且要估计财政政策工具对经济的影响也不容易，这些不确定性使得积极的财政政策常常会加大经济周期波动。而且相对于增加财政支出和减税的决策，实际的财政资金流发生的滞后性，使得财政刺激常常导致在经济周期波谷之后的快速经济扩张期中需求上的不适宜的增长。特别是美国 20 世纪 60 年代，凯恩斯主义的财政刺激政策导致了高通货膨胀和高失业率，这样很多政府把反周期政策从财政政策转向了货币政策，而自 20 世纪 80 年代以来，美国的低通胀和经济周期波动性的减缓加剧了政府对货币政策的依赖。

自 2007 年起，开始于美国的全球金融危机导致的经济衰退，使政府又重新转向了财政政策，主要是因为中央银行的利率已经很低了，没有多少降息空间来复苏经济。2008 年起的美国经济衰退主要是房地产泡沫破灭引发金融危机，导致美国家庭财富急剧下降，从而使得消费支出大幅减少，因此，可以使用财政政策来刺激经济，而且在当时相对低的利率和宽松借贷环境下，为政府减税和政府支出的增加融资导致公共债务增加，不会引起市场利率的上升，因此，财政政策扩张的效果不会被更高的利率所抵消。

2008 年的金融和经济危机几乎在所有的主要发达国家和新兴国家引发巨大而广泛的财政政策对策。由于经济危机导致短期内总需求的急剧下降，因此，毫无疑问财政政策的应对主要是为了提高短期内的总需求，但是实际上我们也可以从两个方面来评价应对经济危机的财政政策措施：一方面是提高短期需求；另一方面是否能够促进长期的潜在产出，即促进长期经济增长。对总需求的影响主要取决于财政乘数、财政刺激计划所需信用的可持续性、当下和未来经济环境的不确定性、国际合作的强度和有效性等。而且税收和财政支出对总需求的影响也不同。即便在正常的经济形势下，减税对居民消费的影响也是很有限的，根据李嘉图等价原理，居民预期当前的减税对应着未来的高税率，因此会减少消费。而在经济危机中，通过减税提升需求的有效性，随着家庭面对的不确定性程度和家庭未偿还债务的不同而有很大的差异，家庭在这二者的水平越高，就会有更大的储蓄倾向。金融危机会强化这两个效应，但是随着衰退的逐渐减轻，因为不确定性下降和私人部门的财富慢慢恢复到正常水平，减税对消费的正面影响会不断提高。然而，即便不确定性下降了，为了解决因为金融市场冲击而上升的债务水平，家庭仍然需要提高储蓄，由此财富积累要花费比正常经济环境更长的时间。

1.6.4　2008 年全球金融危机以来世界各国刺激经济增长的财政政策及其前瞻

虽然 2008 年金融危机后，各国在财政政策刺激经济增长方面做了大量工作，但是复苏仍然进行得较为缓慢。拉里·萨默斯（Larry Summers，2012）提出发达国家经济长期停滞（secular stagnation）的概念，从 2016 年以后发达国家的情况看，美国虽然在复苏，但是依然不稳固，因此，探讨财政政策的经济增长效应，有必要对当前的短期各国刺激经济增长的财政政策进行梳理。

就美国而言，2016 年上半年后，虽然经济的多个领域都有所好转，但是经济复苏不够强劲，因为当时依然有着美国历史上最大数量的从事非全职工作的人群，而且劳动参与率也下降。因此，采取扩张性的财政政策对美国经济的进一步有效复苏，是各方都可以接受的方式，且美国的扩张性财政政策，相当于为薄弱的世界经济的彻底复苏，提供一个保障。这个扩张性政策的重点应该是使用更加平衡的宏观经济工具，投资于促进未来劳动生产率增长的领域。

在欧元区，虽然需求不足比美国更大，而且更需要加以解决，但是失业率也告诉我们，因为需求的不足，其整体经济至少损失几个百分点的增长。日本则像欧洲一样增长缓慢，且通货膨胀远低于其中央银行设定的目标。

并且这些区域和中国等新兴国家都面临的问题不仅仅是需求的数量问题，还有结构问题。德国和中国这样的国家都有着大量的经常账户盈余，但是德国的投资占 GDP 的比重很低，中国消费占 GDP 比重很低。因此，德国和中国增长模式对于其他国家而言是无法复制的。对这些国家本身而言，这种方式也是不可持续的，特别是面临当前低迷的全球市场需求时。全球的中央银行都在努力促进经济增长、提高通货膨胀时，总需求本身就是一种有限的商品，这意味着大规模的经常账户盈余对其他国家是一种负的外部性。

许多国家解决需求不足需要一种比较平衡的依靠财政政策的方式，包括财政扩张或者是用一种比较慎重的财政巩固政策，避免对需求产生过大且突然的负面冲击。这些财政政策可以是提高企业投资、公共投资、私人消费或者其他的特定经济环境下最合适的政策。所采取的这些政策措施应该是对全球经济增长有正净效应的，可以带来正的外溢性，而不仅仅是提高经常账户盈余或者需求在国家间的转移。

但是我们也看到，并不是每个国家都有短期内实施扩张性财政政策的财政空间。不过从当时，也就是 2016 年的利率情况看，很多国家的风险实际上是在财政政策的实施上过于谨慎。以当时的利率水平，对很多国家而言，在资本市场上借债是很安全的，何况从许多国家已经采取一些重大措施来缩减长期的财政缺口，比如意大利对其养老保险制度的改革。利率的下降不是新现象，在主要发达国家，实际利率自 20 世纪 80 年代以来就一直在下降了，即便是在 2009 年全球金融危机，各国采取一些特殊政策措施来应对危机时，利率也还是保持在相对较低的水平。短期的刺激性财政政策的目标应该是两个方面：一是促进经济增长；二是确保政府债务占GDP 的比例在长期中是可持续的。这两方面的目标是互补的。促进经济增长在许多国家都有助于提高通货膨胀，使其向既定目标靠近，这将提高名义 GDP，而名义 GDP 是债务占 GDP 比例的分母，这有利于降低这个比例。并且如果必要，短期的财政刺激政策还应该配合以中期和长期的财政稳固政策，其中的例子就是美国 2009 ~ 2012 年的做法，既通过短期财政刺激的法律，也通过多个在中期减少财政支出和提高高收入家庭税率的法律，缩小未来 25 年的财政收支缺口。

1.6.5 短期需求管理财政政策新旧观点的演进

在 2008 年的全球金融危机之后，学术界对短期应对经济波动的财政政策的看法有了一些变化，根据美国奥巴马总统的经济顾问委员会主席杰森·福尔曼（Jason Furman，2016）的总结，可以把 2008 年的全球金融危机作为时间分界线，把应对经济波动的短期财政政策的观点分为新观点和旧观点。

1. 应对经济波动的短期财政政策旧观点

2008 年全球金融危机之前，经济学家们关于短期刺激经济增长的财政政策的公认的基本一致观点可以概括为如下四个原则：

（1）相机抉择的财政政策作为经济稳定的工具不如货币政策，因为财政政策使用、影响及相机抉择财政刺激政策退出等的滞后性原因。

（2）即便政策制定者能够把握时机，使得滞后性这一不利结果不出现，但是相机抉择的财政刺激计划，依然充其量是要么完全无效果，要么有些效果但却有着负面的影响，前者是李嘉图的观点即李嘉图等价原理，后者的副作用指的是财政扩张政策带来的利率提升和对私人投资的挤出效应。

（3）如果一定要实施财政稳定政策，其实施应该谨慎，并且进行全面考虑，因为财政政策首先需要考虑的应该是长期的财政平衡。

（4）财政政策的制定者，即便错误地忽略了前面三个原则，至少也应该明确财政刺激政策是非常短期的，实际上是在货币政策刺激计划全面开始前，通过财政政策把需求提前实现以支撑经济体，政策制定者同时还应牢记，尽量最小化财政政策实施的有害副作用和对长期财政平衡的不利影响。

2. 短期应对经济波动的财政政策的新观点

目前，经济学家们关于财政政策的观点已经和前述旧观点的四个原则有所不同，有些甚至是向着与旧观点四个原则完全相反的方向发展，比如德龙和萨默斯（Delong and Summers，2012）、布兰德（Blinder，2016）。这种观点转变部分源于全球金融危机的长期后果及均衡利率已经数十年来一直下降的现实；部分源于过去 8 年应对金融危机经验所带来对经济政策的更好的理解，包括对于财政政策效应的新经验研究，以及经济学家对所观察到的主权债务市场伴随着金融危机而来的政府债务占 GDP 比例大幅上升的反应。这些新观点的核心实际上可以回溯至凯恩斯的一些见解及关于流动性陷阱的看法。杰森·福尔曼提到，关于财政政策旧观点和新观点的划分，在一定程度上还不能认为这是经济学界的共识，比如对旧观点而言，许多学者和教科书甚至对相机抉择的财政刺激政策本身都持怀疑态度；对新观点而言，虽然在学术界的研究中、政策导向的经济学家那里及如 IMF 等国际经济组织那里，常常可以发现这些新观点的思想，但是政策制定者依然避免将这些思想付诸实践。同时，新观点还保留部分旧观点的原则，新观点的五个方面原则可以表述如下：

（1）财政政策经常是作为货币政策的补充并且是有益的反周期政策而存在。

（2）相机抉择的财政政策可以是对短期经济增长非常有效的政策选择，并且在某些情况下不仅不会产生挤出效应，还会引导私人投资加大投入。扣除掉其可能导致更高的利率而形成的负面影响，总体上对经济产生正面影响，而不是负面影响。

（3）财政政策实施的空间常常大于一般所理解的，因为财政刺激政策本身产生的收益会偿付财政支出，或者其成本低于刺激计划制定时简单估计的成本，由于现在各国常把短期财政政策刺激计划和长期财政紧缩计划结合起来实施，因此，现在各国实施财政政策的空间比以前要大。

（4）如果采取能有效地扩大总供给的针对性投资，那么越多的这种可持续财政政策刺激计划越适合短期扩张性财政政策刺激经济的初衷。

（5）如果国家之间能够就财政政策的实施进行协调，各国实施财政政策的收益可能更大。

3. 财政政策新观点的实践应用

从各国的实践看，经济学者及政策导向的机构关于财政政策的看法，越来越转向新观点，这导致财政政策实施领域出现一些不寻常的转变。一般情况下，历史经验显示，不负责任的政策制定者希望提高财政赤字支出，但要受到国际经济组织的约束，比如国际货币基金组织和经济合作与发展组织；而现在的情况则相反，这些国际经济组织推动财政刺激政策的实施，而是各国的政策制定者们有时不太愿意实施这种扩张性财政政策。政策制定者们不愿意实施财政刺激政策的一个根源在于，他们不认可财政政策新观点的几个原则。美国和欧元区不愿意过多实施财政政策的原因，除不认可这些原则外，还有制度方面的原因。美国因为相对较弱的财政政策自动稳定器功能，使得财政刺激政策的压力更多地施加于其政治体系上，而这个政治体系对财政政策的实施而言是比较僵化的，因此，体现出来的就是美国不太愿意实施财政刺激政策。欧元区宏观经济制度的建立本身是与财政政策的旧思路相一致的，因此，需要先进行相关改革和制度变革，才可以在具有新观点特征的经济现实中更好地实施财政政策。

但总体上看，财政政策新观点正在被更多的经济政策制定者和执行者所接受。越来越多的政策制定者认为财政政策是货币政策的一个重要补充并且在实践中用得太少，特别是考虑到其可观的效益，及现在相对于过去各国在财政政策实施上所具有的更大政策空间。此外，越来越多的学者发现如果纯粹从供给侧角度看，当公共投资的回报率大大超过政府借贷成本时，额外增加公共投资是合理的。

在许多情况下，理想的财政政策都应该是短期的扩张政策与中期、长期的财政紧缩或者财政收支稳固政策的结合。基础设施和科学研究支出虽然本身不能从项目直接产生投资回报进行偿付，但是仍然可以降低政府债务占 GDP 的比重，因为给定的中长期债务情况下，其投资给整体经济所带来的益处可以让整体经济有更好的回报，也就是这个公共投资实际上有很好的隐性经济回报，从而甚至因为其对经济和财政收入产生的正面影响，可以带来更多的赤字缩减。同时，理论和经验研究也告诉我们，短期财政政策的实施不能因为考虑各种因素的完备而阻碍一个总体能带来较大益处的财政政策的实施，也就是说，当某些正确的额外公共投资仅仅是因为缺乏融资而不能进行时，如果成本效益分析证明他们有良好效益，那么这些公共投资项目依然值得扩张性财政政策予以增加投资的考虑。

财政政策的实践中，最优及那些好的财政政策决定于其实施过程及经济环境，经济学家以及国际经济组织的思想、某些研究的结论越来越偏向更多地实施相机抉择财政政策。与此同时，也有很多政策制定者仍然时常倾向于少实施。对财政政策的进一步更好理解，有助于减少这两种对相机抉择财政政策不同观点的差异，但这不能对制度的变革形成替代，同时，制度的变革对财政政策而言是基础性的，这种制度变革还决定于宏观经济因素之外的多种因素考虑。

1.6.6 短期财政政策的长期产出影响

短期宏观政策对经济产出的影响，主要是财政政策。包括财政扩张和针对债务的财政稳固或者说紧缩政策。在很长一段时间里，经济学家们都接受了自然率假说，而其推论也告诉我们需求管理的宏观政策不能影响一个经济体的长期平均就业水平或者产出水平。罗伯特·赫尔和约翰·泰勒（Robert Hall and John Taylor，1988）认为，"宏观政策不能影响平均失业率，只能影响失业率围绕自然率的波动。"布拉德福德和萨莫斯（Bradford and Summers，1988）检验自然率假说的有效性，并且其研究结论提出，需求管理政策可以并且确实不仅仅影响其波动，而且还影响经济产出和就业的均值。为了研究不同稳定国家经济的需求管理政策的有效性，他们比较第二次世界大战前和第二次世界大战后美国及其他工业化国家的宏观经济表现。在他们的研究之前，从历史视角探讨宏观经济表现的研究，主要关注经济产出趋势的波动性，或者经济产出变化的波动性。但是凯恩斯本人及早期的凯恩斯主义者认为，如果成功的宏观经济政策能够填平波谷而不会削平波峰，则波动性这个指标没有太大意义。

布拉德福德和萨莫斯的研究发现，自第二次世界大战后，美国的宏观经济表现有相当大的改善，从大萧条前开始，实际总需求和潜在经济供给之间的缺口已经不断缩小。美国相对于潜在经济产出的实际经济产出表现的改善，一般认为可以归因于战后凯恩斯主义制度安排及成功的需求管理，这个制度安排包括更加稳定的财政制度，自动稳定器及可能有所改善的相机抉择宏观经济政策，并且这两位研究者也认为这种传统解释是正确的。由此我们也可以说，这种长期经济产出和潜在产出缺口的缩小体现的是长期产出的改善，而且改善正是源于应对短期经济不佳的凯恩斯主义宏观经济政策，其中主要是财政政策，因此，短期的需求管理政策实际上能够推动长期的经济增长。

自凯恩斯的《就业、利息和货币通论》出版以来，经济学家发展了大量的理论模型，这些模型许多均涉及《通论》里谈到的思想，比如信贷失败、低水平的需求陷阱和价格调整的不对称，等等，展现经济体不同生产水平下的均衡。而在这些均衡下，推动资源全面使用的力量从根本上看，都是很弱的。但是，因为需求管理政策可以影响经济体从许多可能的均衡中决定经济体获得哪个均衡，因此说它对经济产出水平有一个持续的影响，这个提法是合理的。

通过研究经济产出相关时间序列数据，一些研究人士得出结论，产出的波动受到永久性冲击的影响，即今年的冲击导致的1%的产出下降，意味着对未来经济产出的预测应该相应地向下调整1%或者更多。永久性冲击的这种支配作用被解读为揭示了宏观经济波动不是来源于需求侧，而是来源于一个经济体的生产技术的永久性改变。约翰·科克伦（John Cochrane, 1988）的研究显示，经济产出的持续发展在美国和其他西方国家都主要是第二次世界大战后的现象。而在大萧条之前，对产出的永久性冲击至多只能解释生产年度变化的很小一个部分。经济持续增长部分源于第二次世界大战以来潜在产出和技术增长的变化。布拉德福德和萨莫斯的更为合理的解释是他们的假说认为，产出时间序列性质的这种改变源于成功的需求管理政策，因为这种政策能够大量去除产出的短期下降，而这种短期下降会导致经济向着较低的均衡移动，第二次世界大战之前的经济主要就是这种特征。这给我们一个启示，就是如果没有短期的需求政策，当经济滑入较低均衡时，作为一个冲击，将会长期影响经济产出。反过来也说明，短期的成功的需求管理政策有利于长期经济增长。

布拉德福德和萨莫斯估计战后经济表现相对于潜在经济产出的改善，用的是求出平均产出缺口的方法，就是比较潜在国民生产总值（GNP）和主要经济周期峰值的方法。研究结果发现，不仅美国，而且美国之外，产出缺口度量指标都表明经济表现有较大的改善。并且经验研究也支持把商业周期视为缺口的观点，而不是视为围绕着供给决定的趋势发生背离而进行的周期性变化的观点。缺口度量方法，比起传统的以围绕产出和失业水平的趋势的接近于对称的经济周期，可以提供关于波动的更为准确的描述。一个经济体的平均产出及就业水平的提高，一般被认为确定无疑是有好处的。多增加的产出可以补偿资本品的损耗，提高人们收入和社会福利。因此，毫无疑问有必要在经济不景气时，用需求管理政策来提高平均经济产出水平。

这一节我们分析短期刺激经济增长的财政政策，正如经济学家指出的那样，短期的经济增长下滑会引发失业、金融不稳定等一系列问题，同时在长期中，短期经济增长的深度下滑和过长时间的经济增长缓慢会较大影响长期经济增长率，而且短期刺激经济增长的政策能够促进长期经济增长。

第 2 章　经济增长理论

　　研究经济增长的经济学家们对经济增长理论发展做出大量的贡献。经济增长理论的演进，可以把它分为古典经济增长理论、新古典经济增长理论和新经济增长理论。为了更好地理解财政政策在经济增长中的作用，本书对经济增长理论进行梳理，同时，也从内生与外生增长角度重点考虑经济增长的动力问题。以下先对经济增长理论简单描述，然后详细对新古典经济增长模型和内生经济增长模型加以分析，为后面说明财政政策在经济增长模型中的作用准备模型基础。

　　经济增长源于资本积累，包括人力资本和实物资本，还来自于导致技术进步的创新活动。这些经济增长根本推动力的进步会提升劳动的生产率，并且提高消费潜力。经济增长率受到财政政策的影响，主要可以通过税收对投资回报的影响实现，税收同时还为提高劳动生产率的那些财政支出融资。在大多数发达国家里，宏观税负水平在上一个世纪来稳定上升，基本上从一个世纪前的 5% ~ 10%，到现在的 20% ~ 30%，这样大比例的提高自然就引起人们关于税收影响经济增长的疑虑。但是直到目前都很少有什么经济模型能够对这个问题提供令人信服的解释。多数经济增长的文献关注的是长期均衡条件下人均产出不变的情形，就是所谓的稳定状态，并且通过外生的技术进步来模型化经济增长。从概念上看，技术进步如果是外生的，那么就不受政策的影响，内生经济增长模型的发展克服了这个局限性，通过明确地把推动经济增长的技术进步模型化，这使得经济体内税收的影响能够被捕捉到，同时，关于税收对经济增长的影响也能够做出预测。外生的经济增长模型，如新古典增长模型，引入稳定状态的概念，稳定状态的推导告诉我们为什么经济增长是有局限性的，除非存在技术进步的外部推动力。内生经济增长理论可以被用来证明最优长期资本所得税税率为 0 这个重要结论。关于内生经济增长模型框架下的财政政策作用，经济学家更多关注对私人公司提供公共投入要素而产生的内生经济增长，并且这样的研究显示存在一个最优的公共支出水平，这个最优水平能够最大化消费增长率，这表明，政府在经济增长进程中可以扮演一个正面的角色。最优 0 资本税也可以拓展到那些把人力资本当作投入要素的内生经济增长模型。

20 世纪五六十年代发展起来的外生经济增长理论认为，经济增长是通过资本积累及经由技术进步实现的劳动生产率的提高来实现的。这些理论主要把重点放在资本积累上，所以没有探讨技术进步的来源，只是假定它源自一些外部或者外生的因素。这些经济增长模型的标准模型是建立在以资本和劳动作为投入要素的生产函数上的，一般假定，规模报酬不变及劳动和资本两种要素的边际产品递减。模型强调的是经济变量的水平和增长，而不关心经济变量的分配。模型在消费方面考虑一个代表性的消费者或者有着固定人口增长率的完全一致的消费者，即以代表性消费者同质为假设条件。在本书分析的新古典模型中，假定储蓄率不变，劳动则以固定的增长率增长，虽然相对忽略了消费者选择的问题，但是模型还是足以说明经济增长的局限及长期均衡中的效率潜力，这就是说，通过这个模型的分析，我们发现，如果经济增长仅仅是因为资本积累而发生的，那么如果没有技术进步，经济增长的进程就会存在局限。而内生经济增长模型将改变新古典增长模型要素边际产品递减假设，探讨长期可持续的经济增长。

下面，将逐个分析主要的经济增长模型，但是在进入模型之前，有必要了解一些关于世界经济增长的基本事实，这有助于我们理解后面诠释经济增长的模型。

2.1　经济增长的基本事实与原因

根据达龙·阿西莫格鲁（Daron Acemoglu，2008）的研究，世界经济增长实际上存在着几个基本事实：一是世界经济是在 1800 年前后才有持续的经济增长；二是世界经济出现持续性经济腾飞是在 1800 年前后的西欧，并且有些国家能够从出现于 1800 年前后的新技术和组织形式中受益并获得持续的经济增长，而另外一些国家拒绝从中受益或者未能从中受益。

2.1.1　世界经济在 1800 年以前未能经历持续性经济增长的原因

1800 年以前的历史记载中，经济增长和生活水平改善的事件时有发生，同时，也出现过各种重大的技术突破。但是这些经济增长经历和 18 世纪末 19 世纪初世界所经历的经济起飞本质上是不一样的。

1. 1800 年之前的经济增长的特点

1800 年之前的经济增长包含的四个方面的特征特别重要，并且也使得 1800 年以前的经济增长和生活水准提升的事件不同于现代经济增长。

（1）早期的经济增长事件相对时间较短并且以相对较慢的速度发生。这些例子的大部分，其起始的经济增长发展都很快就因为某种原因而停滞。

（2）增长从来不是建立在持续的技术创新的基础之上，因此和现代的基于技术进步的经济增长不同。

（3）在这些例子中，大部分都没有发展出支持持续性经济增长必不可少的经济制度。比如金融财务关系很原始，契约制度依然是非正式的，市场用各种内部关税严密监管，收入和储蓄没有达到大规模市场所需要的水平，同时，收入和储蓄也没有达到可以投资于大量经济活动以从中获利的水平。换句话说，就是伴随着发展所需要的结构转换没有发生。

（4）所有的这些经济增长事件都是发生在专制政治制度之下，这一点可以说是最重要的并且是前三个特征的原因。

2. 1800 年之前的经济增长事件不能成为经济腾飞过程并发展为持续性经济腾飞的原因

专制制度下的经济增长是可能的。企业家和工人可以对他们所做的事变得更加擅长，实现更好的社会分工，通过改进旧工艺和干中学提供工作所用的技术。而且，有政治权力的那些人和他们的盟友具有进行投资所必需的产权保障。有一些技术突破也会偶然发生。专制制度下的经济增长有一个突出的特点，就是它保护当下的社会精英的利益。因此，这种经济增长必须总是依赖现有的生产工艺和生产关系。它不会释放出创造性破坏的创新过程，也不会带来新的富有天赋人才的参与和新企业的进入，而这些正是把一个国家带入持续性经济增长状态所必需的。此外，技术局限也是1800 年以前的经济增长事件不能变成持续性经济增长的一个重要原因，比如，不可能获得如同 19 世纪经济快速增长需要的那种熟练工人，因为在1800 年以前，即印刷媒体发明之前，大量工人要获得必要的技艺过于昂贵，因而不可能有大量的熟练工人阶层出现。而且，19 世纪的潜在企业家可能获得的技术上的专业知识，毫无疑问要比 1800 年以前的潜在企业家要大得多。

2.1.2 现代经济增长 1800 年左右在西欧开始腾飞的原因

对于社会而言，劳动分工和资本积累总是代表着经济增长的良机。同时，几乎在任何环境下，人类的创造力总是能够催生出技术突破。因此，人类社会总是存在着经济增长的推力。但是这种推力必须在一定的政治和经济制度下才能实现，否则就只能是潜在的。当这些制度不能提供正确的薪酬结构，那么其结果就会导致对创新的惩罚而不是奖赏。这些制度就不能促进经济增长，因而我们就不能指望这种经济增长推力能带来持续的经济增长。但是即便在这种环境之下，经济增长依然是可能的，中国、希腊、罗马和其他帝国在他们的一些历史时期都经历过，只是这种繁荣并不是把经济体中所有的增长推动力都加以利用。其发生于特定的政治制度之下，这种政治制度本质上必须控制经济增长推动力，因为经济增长推动力最终将削弱这些政治制度。

始于 18 世纪后期的西欧经济增长则完全不同，从中世纪后期开始，欧洲经历三个重要的结构转型。这些结构转型创造一种环境，在这种环境下，潜在的经济增长动力能转化为持续性经济增长的引擎。

1. 西欧封建关系的衰落，意味着旧有制度支柱之一的崩溃

从 13 世纪开始，特别是 14 世纪中期的黑死病之后，西欧许多地方的封建经济关系逐步瓦解。奴隶从他们的封建主那里解放出来，要么是因为关系的崩溃而离开，要么是逃到不断扩张的城市中心。这种解放预示着一个重要的社会转型的开始，即城市化和社会关系的改变。更重要的是，它创造了可以在工业和商业活动中以低廉工资工作的劳动力，并且还去除了既有精英和新企业家之间冲突的最大来源——劳动力市场的竞争。封建秩序的衰落进一步削弱欧洲专制制度的权力基础。

2. 西欧的大市场逐步形成，并产生持续经济增长需要的各种条件

这个结构转型和第一个是相关的，随着 14 世纪人口的下降，欧洲大多数区域的实际收入上升，并且许多国家产生足够大的市场，从而让商人可以寻找新的进口品，实业家们可以寻求新产品。中世纪期间，冶金业、军工、农业和诸如纺织业这样的基础工业技术已经非常完备。因此，欧洲经济达到一定的技术成熟度，从而足以成为企业在各个领域活动的平台，收入水平也高到足以激励实物资本投资，并且技术水平也足以引领产生新的生产关系。

3. 政治制度发生从集权君主制度向宪政制度的转变

这个结构转型是最重要的。中世纪后期见证一个政治转型过程的稳定进行，这一过程导致集权君主制度的崩溃和宪政制度的形成。西欧16、17世纪出现的宪政制度，是参与式制度的首个例子，因为它把政治权力给了更多的个人，而这些人以前是被排除在政治权力之外的。这些群体包括绅士阶层、小商人、早期的工业家们、国外的贸易商及金融家等。这些宪政制度为社会的广泛人群提供有保证的产权和能够促进经济增长的各种制度。这些制度变革，为新投资、技术进步及持续性经济增长的开始创造了必需的前提环境，并且在17世纪荷兰和英国的商业革命，18世纪末期的英国工业革命中达到高峰。而到了19世纪，商业和工业已经传播到西欧的大部分地方。虽然这种宪政君主制和现在人们理解的民主制度不一样，但是在西欧出现的这种宪政制度为持续性经济增长的到来铺平道路，因为它为持续性经济增长准备了必要的基础，如不同人群组成的社会的产权制度、契约执行制度、法治，原有的和新的生产领域的自由进入等。

以上提及的西欧三个重要结构转型创造了一整套的政治制度，从而使得相应的经济制度的出现成为可能。专制政治制度的崩溃和首个参与式制度的出现打开了持续的现代经济增长之门。

2.1.3 受益新技术并形成如同西欧一样持续经济增长与否的原因

1. 成功受益新技术并出现持续经济增长区域的经验

西欧的经济腾飞很快传播到世界某些地区。最主要的经济制度和经济增长的引进者是美国。美国在打败英国殖民者后，建立主要由小农场主组成的社会，并且已经有了参与式政治制度。这样，一些希望居住在这个社会的人特别愿意建立制衡制度以阻止一个强大的政治和经济精英团体的出现。这种环境是通往现代经济增长的一个完美渠道。没有强大的政治和经济精英团体，意味着更广泛的社会人群可以参与经济活动，从西欧引进技术，并发展出他们自己的技术，从而迅速成为一个当时世界的主要工业强国。与美国相似的经济增长过程也发现在西欧的一些旁系国家，如加拿大。而在世界其他地方，新技术的采用和经济增长过程成为国防现代化的一个组成部分，如日本明治维新的经济和政治现代化，这个现代化的一个核心要素是新技术的输入。归纳起来，能够如同西欧一样出现持续性经济增长国家的经验有两点：一是从当时世界技术前沿引进先进技术；二是不存在在一个精英团体造成的准入阻碍。

2. 某些国家未能受益新技术并取得持续经济增长的原因

（1）在世界许多国家，新技术不但不被采用，而且还受到抵制。东欧的俄国和奥匈帝国，原有的以土地为基础的精英们视新技术为对他们经济利益和政治利益的威胁，因此，他们限制新出现的商人的权力，并且减缓农民向城市移民以成为新工人阶层的进程。同样地，加勒比区域种植园经济体对引进新技术和允许企业家的自由进入也毫无兴趣。在这些国家，工业化、自由劳动力市场的竞争和进行人力资本投资的工人，被视为对精英经济和政治权力的潜在威胁。在一些新独立的国家和西欧的殖民地国家，自由劳动力市场、要素流动、创造性破坏和新技术，都没有成为基本特征。因此，在 19 世纪，仅有很少的一些地方可以看到工业化。虽然新技术的采用可以把这些国家融入全球经济，以成为高收入国家。但是显然不是所有国家都从经济增长事件受益。只有在一定程度的政治稳定实现，并且促进经济增长的经济制度建立后，经济增长才开始。在以上分析的例子里，经济增长可以说和前述的结构转型是携手而行的，一旦结构转型开始进行，他们也促进经济增长的进一步发展。融入全球经济的经济体则开始进口技术并且实现与世界技术前沿增长一致的经济增长率，而且增长率一般超过那些处于其最初的赶超阶段的国家。大多数情况下，这一过程虽然意味着其作为全球经济新成员取得经济增长，但并不必然意味着新成员与更早实现工业化国家之间收入差距的消失。

（2）许多国家因为政治不稳定阻碍对资本和技术的投资，甚至表现出对新技术的过度敌视。一些撒哈拉沙漠以南国家和中美洲国家，在他们的殖民时期和独立之后，未能建立起对企业家或者工人的激励机制。在第二次世界大战以后，这些国家通常都经历过严重的政治不稳定和经济上灾难性的内战。巴西实现一定程度的经济增长，但是主要是建立在高度受保护的大企业的投资基础上，而不是建立在一个可持续的技术进步和创造性破坏基础之上，因此，其增长更像是寡头经济增长（Daron Acemoglu，2009）。

在这些未能实现经济增长的例子里，有一些共性，一是政策不能给新企业家提供安全有保障的产权保护；二是阻碍新技术采用的那些因素，如政治不稳定和精英之间的斗争，在阻碍这些国家加入世界经济及其增长进程中扮演着重要的角色。这些在 19 世纪落后于世界经济增长平均水平的国家，在 20 世纪的大部分时候依然循着原先的路径。撒哈拉沙漠以南的许多国家仍然经历着政治动乱，未能给企业家和公民提供最基本的权利，其结果是许多国家就只能一直落后于世界平均经济增长水平。

2.2　经济增长理论简述

2.2.1　古典经济增长理论与现代经济增长理论的产生

1. 古典经济增长理论

如果以 18 世纪上半叶英国工业革命作为一个时间节点，则我们可以把古典经济增长理论分为工业革命前、工业革命兴起中和工业革命后的三个主要经济增长理论，代表人物分别为大卫·休谟、亚当·斯密、大卫·李嘉图。

（1）大卫·休谟的经济增长理论。大卫·休谟因为身处英国工业革命之前，所以对技术进步作用的理解还不是那么强烈，休谟（1739）在其《人性论》中认为，经济增长是人们努力工作的结果，但是人们只有在社会状态中才能增加劳动技能，即通过协作提高能力，通过分工增加劳动效率，在这过程中人们的创新能力也得到提升，由此经济得以增长。同时，休谟强调社会秩序的重要性，包括对产权的保护。由此他认为需要政府来保护人们之间缔结的协议，并且要求人们共同协力促进一些公共服务的提供。而这种社会环境的建立，将使人们的才能得到充分的发挥，从而推动经济增长。

（2）亚当·斯密的经济增长理论。亚当·斯密（1776）在《国民财富的性质和原因的研究》中提出，经济增长的动力源于资本积累、劳动分工和技术进步。他认为，个人的正当追求是推动经济增长的最重要因素，正是人们对自身利益最大化的追求促进了经济增长，同时他认为，应该让政府保证一个好的法律制度等市场秩序，然后让市场这只看不见的手发挥作用。亚当·斯密认为，劳动生产率的提升是经济增长的一个重要原因，而劳动生产率之所以在文明社会里可以提高，是由社会分工所引起的。亚当·斯密的观点认为，经济增长的来源不仅仅来源于劳动，还在于分工下的劳动，否定了之前重商主义经济增长源泉来自于流通领域的错误认识，及重农主义农业活动是经济增长唯一来源的错误认识。亚当·斯密认为，资本是经济增长的重要因素，并且从资本的积累和社会扩大再生产角度，系统地考察了资本。另外，亚当·斯密还全面地探讨国家职能及财政理论、税收理论。在这方面的理论，其基本思想与洛克、休谟大致相同，比如产权的保护。

（3）大卫·李嘉图的经济增长理论。大卫·李嘉图（1817）在《政治经济学和赋税原理》中提出了规模报酬递减规律，与亚当·斯密一样，他也认为资本积累对经济增长有着重要的作用，但是他没有提及技术进步在经济增长中的作用。基于投资规模报酬递减的考虑，他认为，由于人口增长、资源的消耗和市场扩大的共同作用，资本积累会停止，人口保持稳定，经济保持一种稳定状态，他的结论意味着经济增长过程会停止。

李嘉图所探究的经济增长过程相关理论是古典经济学关于经济增长理论研究的最主要代表。总结起来，古典经济增长理论的核心内容（余永定，1983）为：①社会总产出是土地、资本和劳动等三要素结合的产物。②根据决定社会总产出的三个要素，国民收入可以分解为地租、利润和工资。③土地数量是有限的，随着人口的增长和资本的不断积累，边际收益递减规律影响下，劳动生产率下降，地租增加，农产品的价格上升。④工资由维持工人生存的最低限度的生活资料的价值决定。因为农产品价格不断上升，因此工人的货币工资也随之上涨。⑤利润是国民收入扣除地租和工资后的余额，所以地租和工资的上涨会减少利润，利润和后两者之间是此消彼长的关系。⑥资本积累是经济增长的驱动因素，资本积累的动机在于追求利润。出租土地的农场主和进行资本投资的工厂主的积累动机是随着利润的减少而减少的，按照边际收益递减规律，利润必然逐步下降，如果利润下降到不能弥补农场主和工厂主的资本投资到生产中将要遇到的风险时，他们将不再进行资本的积累，社会总产出进入静止状态。⑦资本积累本身出于逐利目的可以推动技术进步、提高劳动生产率，而这可以提高利润率。⑧追求利润动机下，资本积累过程必然伴随着对技术进步和人口增长的竞赛。技术进步会减缓总体经济进入稳态的步伐，但是边际收益递减规律的影响下，社会经济最终进入稳定状态不可避免。古典经济增长理论以上的分析有一定的可取之处，但其所描述的基于资本边际收益递减规律推导的社会经济进入静止状态和现实不符，此外，对人口增长和工资增长的一些结论也违背事实，总体上看，古典经济增长理论对于现实经济增长的分析过于简单化。

弗兰克·拉姆齐和约瑟夫·熊彼特等许多古典经济学家在关于经济增长的动态均衡方法、物质资本与人力资本积累的关系、新技术进步的原因等方面对经济增长进行了解释。1965 年，由卡斯和库普曼（Cass and

Koopmans）对拉姆齐（Ramsey）最早于 1928 年提出的家庭最优消费选择模型进行改进，从而形成拉姆齐模型。和哈罗德－多马模型及索洛－斯旺模型的储蓄率、人口增长率及资本折旧率是外生常数不同，拉姆齐模型把储蓄率当作一个内生变量，不是一个常数，是资本存量和产出的函数，而家庭的消费选择将决定储蓄率。并且拉姆齐模型引入动态分析，考察储蓄率随时间推移的动态变化，及由此引起的资本和产出随时间推移的动态变化路径。储蓄率的动态变化路径和平均储蓄率，是决定稳定状态的消费、资本存量和产出水平及其增长率的主要因素，同时，也是决定一个经济体收敛到稳定状态的速度的主要因素。

熊彼特则研究促进经济增长的各种因素，其中他认为最重要的是创新，也就是建立一种新的生产函数，把一种关于生产要素和生产条件的新组合引入到生产体系。熊彼特提出，创新包括引进新产品、使用新技术也就是新的生产方法、开辟新市场、控制原材料的供应来源和实现企业的新组织。并且他认为，创新是内生的内在因素，经济增长是来自内部自身创造性的关于经济生活的一种变动。同时，熊彼特也强调企业家的作用，他认为企业家的作用是在生产过程中对生产要素进行组合，即开拓新产品、新市场、新生产方法和新的组织形式，并控制新的原材料来源。对于资本，熊彼特则认为，是企业家实现新组合、把各项生产要素和资源引入新用途的一种控制手段和杠杆，是企业家进行创新的必要条件和支付手段。熊彼特的创新理论把技术进步视为经济体内生的推动经济增长的最重要因素，并且强调创新是通过企业家实现的。

2. 现代经济增长理论的产生

伴随着凯恩斯革命，现代经济增长理论也逐渐产生了，凯恩斯理论奠定了现代宏观经济学的基础，以往经济学主要研究如何进行资源的有效配置，但是现代经济增长理论研究的经济学家认为，凯恩斯对经济的分析主要是短期的，从长期看，投资不仅影响短期的有效需求，而且提升社会资本存量，提高整体社会的生产潜力。从哈罗德（1939）和多马（1946）

开始，凯恩斯主义的分析被结合到经济增长分析中，他们的研究作为现代经济增长理论的开端，通过生产要素主要是资本和劳动之间无替代假设的生产函数研究资本主义制度，但对经济增长理论的研究没有产生太大的影响。归结起来，古典增长理论和现代经济增长理论最初的一些研究主要在三个方面存在差异：一是现代经济增长理论早期研究在一定程度上简化研究范围，把人口增长、社会制度和技术进步的演化视为给定的外生条件；二是更加强调数学方法，广泛使用建立数学模型的研究方法；三是抛弃古典经济学的一些核心组成部分，如劳动价值相关理论。由此，现代经济增长理论试图说明一定时期的国民收入或者人均国民收入决定于什么因素，各变量之间的数量关系，并且随着时间的推移将发生什么变化，也就是说，大部分现代经济增长理论把经济增长视为经济系统的动态过程，并大量使用动态分析和均衡分析的方法。

在现代经济增长理论起始发展阶段，其中相对起到较大影响的是哈罗德－多马模型，哈罗德和多马的研究揭示他们所认为的经济在什么情况下能按固定速度增长，其结论是当储蓄占收入的比例，即储蓄率等于资本－产出比率与劳动增长率的乘积时，经济总产出将稳定增长，这样资本存量和劳动供给之间将会实现平衡，不会出现劳动短缺或者劳动过剩而产生的失业。哈罗德－多马的这个结论假设储蓄率、劳动增长率和资本－产出比率都是常数，三者分别反映的是社会偏好、人口结构和技术的情况。可是这三个因素随着时间的变化自身具有偶然性，总体上看，虽然相互之间基本上是独立的，但是就经济增长的事实看，要实现模型认定的稳定增长条件实际上是很难的，过去经济发展中长期以来的劳动短缺和失业交替出现的事实已经说明这一点。哈罗德和多马关于经济增长的研究都是 20 世纪 30 年代经济大萧条之后的产物，时间与现代宏观经济学出现大致相同，其研究对于理解经济波动确实有一定的益处。希克斯在《经济周期》（*Trade Cycle*）一书中即以哈罗德－多马模型为基础，研究经济波动不同方向转化的条件，他认为，当经济过热从而开始转向衰退时存在一个就业率的上限，而当经济萧条转向复苏时，则存在着一个投资的下限，如果能够固守住这两个上下限，则经济将在景气与不景气之间体现为一定经济周期波动。再者，从哈罗德－多马的研究看，如果经济中劳动过剩，根据其经济稳定增长条件是储蓄率等于劳动增长率和资本－产出比率之和，则只要提高储蓄率就可以促进经济的增长，这是其理论的贡献，当然，在实际经济运作中，还得考虑即便持续提高储蓄率，还得保证投资能够相应提升，因此，要通过提高储蓄率提高经济增长速度，必须同时关注影响投资的各个政策。

因为哈罗德－多马模型是现代经济增长理论的起点，之后的许多经济增长理论模型都可以视为对哈罗德－多马模型的假设条件加以修改或者补充，并进行模型拓展的结果，而不同经济学家则对不同模型进行自己的诠释，得出各自不同的结论。基于此，以下简单介绍哈罗德－多马模型。

首先，哈罗德－多马模型假设国民收入即产出 Y 以一个恒定不变的比例进行储蓄，储蓄率为 s；单位产出所需要的资本和劳动是给定不变的；劳动力是个外生变量，按照给定的速度 n 增长；不存在技术进步和产品差异。

其次，假定国民收入以 g 的增长率增长，根据上述假定的单位产出所需劳动力既定不变，则国民收入不可能高于劳动力增长速度 n，当国民收入的增长率 g 低于人口增长率 n 时，就会出现失业。因此，在充分就业的均衡状态下，国民收入的增长速度等于劳动力增长的速度，即 g = n，此时的劳动力增长率哈罗德称之为自然增长率。

同时，根据单位产出所需资本量既定不变及储蓄率不变的假设，国民收入的增长速度等于资本存量的增长速度。而考虑到均衡状态下储蓄等于投资，且储蓄率为 s，因此，存在这样一个关系式：$g_w = \dfrac{\Delta Y}{Y} = \dfrac{\Delta K}{K} = \dfrac{I}{K} = \dfrac{sY}{Y} \cdot \dfrac{Y}{K} = \dfrac{s}{v}$，这里，$g_w$ 被哈罗德命名为"有保证的国民收入增长率"，I 代表投资，K 代表资本存量，v 代表资本－产出比率。稳态增长下必须同时实现两个条件：一是产出增长率等于人口增长率，g = n；二是产出增长率为有保证的国民收入增长率，为储蓄率除以资本－产出比率，即 g =

$g_w = \dfrac{s}{v}$。由此，得出哈罗德 – 多马模型的必要条件：$n = \dfrac{s}{v}$。

在哈罗德 – 多马模型里，储蓄率、资本 – 产出比率和劳动力的增长率均是外生变量，而经济体之本身并没有什么机制能够使得"有保证的国民收入增长率"等于劳动力的增长率，即自然增长率。但是，如果国家进行干预，则可以实现充分就业下的经济增长，即影响储蓄率和投资行为，从而得到哈罗德 – 多马模型的必要条件：$n = \dfrac{s}{v}$。这样经济就可以运行在稳态均衡路径上。这一结论和凯恩斯在《货币、利息和就业通论》里得出的结论是一致的，因此，也有经济学家称哈罗德 – 多马模型一类的经济增长理论为凯恩斯主义经济增长理论。

2.2.2　新古典经济增长理论

新古典经济增长模型最早是由美国经济学家索洛和英国经济学家斯旺提出的。1956 年，索洛提出这个模型时引入劳动和资本两种生产要素，但由于他研究二者的比率，所以模型事实上是只有唯一的变量，那就是人均资本，模型假设技术进步则是外生的变量。在 1957 年，索洛用全要素生产率分析方法检验新古典模型时，发现仅有 12.5% 的产出由资本和劳动的投入来解释，对此，他用外生的技术进步来解释其余的增长。新古典增长模型比哈罗德—多马模型这样的经济增长资本决定论进了一步，引入了劳动，但是把技术进步作为外生变量，模型虽然对资本的作用有探索，但模型本身不能解释经济的长期增长，仅仅归之于技术进步。

索洛和斯旺（1956）的新古典增长模型是新古典经济增长理论的基础。他们的模型假设在完全竞争条件下，物质资本和劳动投入要素的增加导致了产出的增加；当劳动供给不变时，资本边际报酬递减，而要素之间的替代弹性为正，且是平滑的。在这些假设条件基础上的新古典增长模型的主要结论是：因为资本边际报酬规律的影响，随着资本存量的增加，经济增长速度放缓，最后经济增长会停止；劳动力人均使用资本较少的贫穷的国家经济增长率一般大于劳动力人均使用资本较多的富裕国家的经济增长率。这样在新古典增长模型里，各国的增长最后会趋同，达到一致的劳动力平均资本量和平均产量，处于一种稳定状态水平。稳定状态水平取决于储蓄率、人口增长率和生产函数。但是从各国的经济发展事实看，新古典增长模型的结论和实际并不相符，首先是经济增长率随时间推移而逐步下降与经济增长的实际情况不符，其次是穷国的经济增长率大于富国，并最终趋同，也不符合事实。

卡斯（Cass，1966）和库普曼（Koopmans，1965）在新古典增长模型里加入拉姆齐的消费者最优化分析，由此得到内生决定的储蓄率，但是这也不能解释上述新古典模型缺陷，就是模型本身不能解释经济长期增长的问题，长期人均产出的增长依赖于外生的技术进步。这样新古典增长模型就脱离了现实经济增长的实际情况。而随后的 20 世纪 70 年代，由于石油危机爆发后各国经济波动加剧，于是宏观经济学家更多关注将理性预期与商业周期模型相结合的真实商业周期理论的研究。

2.2.3　新经济增长理论

在 20 世纪 80 年代，经济增长理论的研究有了新的发展，主要是以保罗·罗默（Paul Romer，1986）和罗伯特·卢卡斯（Robert Lucas，1988）为代表，他们对经济增长理论的新贡献被命名为新经济增长理论。在经济增长理论相对衰落的 20 世纪 60 年代后期，两个主要问题还未能解决：一是规模报酬递增的作用，即资本投入要素和劳动投入要素倍增是否会带来经济产出超过一倍的增加；二是技术进步的决定因素问题。新经济增长理论集中关注这两个问题。新古典增长理论研究的结论是长期人均产出的增长率是由外生的技术进步所决定。但是，20 世纪 80 年代，这些经济增长理论的发展提出了模型内部可以以某种方式来决定经济的长期增长，因此，这些研究的模型就被称为内生经济增长模型。新古典模型之所以无法内生地实现经济长期增长，根源在于其资本边际报酬递减假设，因此会到达稳定状态。在稳定状态下，人均资本和人均产出的增长率均为 0。而且新古典增长模型的未达到稳定状态前的不能持续下去的经济增长率也取决于外生变量，包括生产函数的形式、人口增长率和储蓄率，而这也决定着稳定状态的水平和向稳定状态收敛的速度。要改变新古典增长模型在解释长期经济增长方面的不足，关键是要改变生产要素边际报酬递减的假设。

保罗·罗默提出，知识作为具非竞争性特点的产品，具有外部性，外部性使其边际收益递增，而且也使物质资本和劳动等其他要素具有边际收益递增的特点，这种收益递增导致经济内生的长期增长。罗伯特·卢卡斯则尝试用人力资本来解释长期经济增长，他认为人力资本和一般知识是有区别的，是通过教育和培训成本等的投入而形成的。人力资本同时具有内部效应和外部效应，人力资本的内部效应是人力资本对投资于人力资本的投资者本身生产率的影响，外部效应则是人力资本在人们之间可以互相传递，这种传递或者说外部效应不但提高人力资本自身的生产率，而且增加了劳动和物质资本的生产率，从而实现生产的边际收益递增。罗伯特·卢卡斯的理论模型解释了为什么拥有大量人力资本的国家能够取得较快经济增长速度，而许多人力资本水平低下的不发达国家则经济增长率很低。

有些经济学家则把研发（Research & Development，R&D）与不完全竞争结合进经济增长理论的研究中，如罗默（Romer，1990）、格罗斯曼和赫普曼（Grossman and Helpman，1991），以说明研发在技术进步和经济增长中的作用。他们的模型认为，推动经济内生经济增长的技术进步来自有目的的研发活动，这种活动经由事后的某种垄断力量给予补偿。只要研发活动能够不断持续，那么增长率在长期中将保持大于 0，但是由于对资源配置某些扭曲的存在，比如各种政府活动对资源的无效率配置，经济活动的结果将不会处于帕累托最优状态，同时政府的各种政策，比如，税收法律、基础设施供给、知识产权保护、国际贸易、金融监管等方面的政策都会影响长期经济增长率，并且对社会经济福利也有着巨大的影响。

菲利普·阿吉翁和彼得·霍依特（Philippe Aghion and Peter Howitt，1992）的研究对熊彼特最早提出的概念创造性破坏（creative destruction）

加以发展，他们指出，经济增长是一个创造性破坏的过程，在这个过程里，新产品被引入，旧有的产品过时而逐渐淘汰。那些阻碍这个资源重新配置过程的制度，比如不利于新企业设立的制度，比如导致企业解雇员工要付出更昂贵代价的制度，可能降低技术进步的速度并且降低经济增长速度。

对于人口增长率，新古典增长模型把它当作外生变量，而新增长理论则将生育选择结合到新古典模型里，从而使得人口增长内生化，这和经验研究发现的多数国家随着收入的提高生育率下降，而一些贫穷国家生育率随着人均收入的提高而上升的事实相一致。

2.3 新古典经济增长模型

鉴于在经济增长的分析中，新古典经济增长模型一般被看作现代研究经济增长各种理论的重要基础，本节介绍新古典经济增长模型。新古典模型把一些重要的变量当作是外生的，认为经济增长主要是资本积累和外生的技术进步的作用，如果没有外生的技术进步，经济增长会进入稳定状态。关于资本对经济增长的作用，经济理论史的经济增长理论多有提及，其中对资本要素的意义研究较多的有哈罗德—多马模型和索洛的新古典增长模型。哈罗德－多马模型强调经济增长的原动力是投资，在这个模型里投资是需求和生产能力的双重创造者。模型显示了单一稀缺生产要素资本和经济增长的关系，该模型的表示为：$y = s/K$，其中 s 为储蓄倾向，K 为增量资本－产出比率。新古典增长模型则认为，哈罗德—多马模型存在明显的缺陷，即一国的产出水平与其资本存量大小之间并不存在一种确定的关系，而且还假定资本和劳动不可替代。

以下介绍新古典增长模型。新古典增长模型的假设条件大致是：（1）全社会只生产一种产品；（2）储蓄函数为 $S = sY$，s 为常数，且 $0 < s < 1$；（3）不存在技术进步，也不存在资本折旧；（4）生产的规模报酬

不变；（5）劳动力按一个不变的比率 n 增长。在上述假定下，索洛推导出新古典增长模型的基本方程为：$sf(k) = \dot{k} + nk$。该方程表示，社会的人均储蓄可以被用为两个部分：一部分为人均资本的增加 $\dot{k}$，即为每一个人配备更多的资本设备，这被称为资本的深化；另一部分是为每一增加的人口配备每人平均应得的资本设备 k，这被称为资本的广化。索洛模型假设技术进步是外生的，产量是实物资本 K 和劳动力 L 的函数。新古典模型推导过程如下：

假设总量生产函数为 $Y = F(K, L)$，其中，Y 代表总产量，K 代表总资本量，L 代表总劳动量。根据生产的规模报酬不变的假设，有：$\lambda Y = F(\lambda K, \lambda L)$。

令 $\lambda = 1/L$，则可以得到：$Y/L = F(K/L, L/L)$。

记 $f(k) = F\left(\dfrac{K}{L}, 1\right)$，则可将生产函数写成集约化形式的生产函数：

$$y = f(k) \tag{2-1}$$

其中，$y = Y/L$ 为按人口（或劳动力）平均的产量。$k = K/L$ 为按人口（或劳动力）平均的资本。

另一方面，根据定义有收入等于消费加投资：

$$Y = C + I \tag{2-2}$$

其中，Y 表示收入，C 为消费，I 为投资。将式（2-2）变形为：

$$Y/L = C/L + I/L \tag{2-3}$$

式（2-3）表示人均产量和人均消费以及人均投资三者之间的关系，现把时间因素考虑进去，即把式（2-3）动态化，并利用式（2-1），有：

$$f[k(t)] = C(t)/L(t) + I(t)/L(t) \tag{2-4}$$

对 $k = K/L$ 求导关于时间 t 的微分可得：$\dfrac{dk}{dt} = \dfrac{1}{L^2} \cdot \left(L \cdot \dfrac{dK}{dt} - K \cdot \dfrac{dL}{dt}\right)$

或写成：

$$\dot{k} = \frac{\dot{K}}{L} - nk \tag{2-5}$$

其中，字母上面带点的，表示该变量对时间的导数。如 $\dot{k} = dk/dt$，其余类推。n = $\dot{L}/L$ 表示劳动的增长率。

式（2-5）可改写为：

$$\frac{\dot{K}}{L} = \dot{k} + nk \qquad (2-6)$$

由 $\dot{K} = I$ 得到 $\dot{K}/L = I/L$，把它代入式（2-6）得到：

$$\frac{I}{L} = \dot{k} + nk \qquad (2-7)$$

将式（2-7）代入式（2-4），并略去 t，得到下式：

$$f(k) = \frac{C}{L} + \dot{k} + nk \qquad (2-8)$$

由 y = Y/L 及式（2-8）可以推导出：

$$\frac{Y}{L} - \frac{C}{L} = \dot{k} + nk \qquad (2-9)$$

由于 Y - C = S，而 S = sY，于是式（2-9）转化为：sY/L = $\dot{k}$ + nk

代入式（2-1），式（2-9）可写为：

$$sf(k) = \dot{k} + nk \qquad (2-10)$$

如果考虑折旧的因素，那么就有净投资的概念，就是总投资还必须有部分用来弥补现有的资本折旧，净投资就是总投资减去现有资本折旧需要被补充的部分，假定每年资本折旧率为 δ，则每年折旧的资本量为 δK，每年折旧的人均资本量为 δk。我们把折旧考虑进来，式（2-10）则转变为：

$$sf(k) = \dot{k} + nk + \delta k \qquad (2-11)$$

如果把式（2-11）两边同时除以人均资本 k，把人均产出 f(k) 用 y 表示，则可以表示为：

$$\frac{\dot{k}}{k} = s \cdot \left(\frac{y}{k}\right) - n - \delta \qquad (2-12)$$

式（2-12）是新古典增长模型的中心关系式，说明人均劳动力资本增长率取决于储蓄率 s、折旧率 δ、人口增长率 n 和资本平均产量 y/k。如果假定 s、δ 和 n 都是常数，那么人均劳动力资本增长率的变化决定于资本平均产量 y/k 的变化，正是因为随着时间的变化，每个劳动力资本的变化导致了 y/k 的变化，进而使人均劳动力资本增长率发生变化。这涉及三个概念，过渡（transition）、收敛（convergence）和稳定状态（steady state）。要理解这三个概念和为什么经济增长在新古典模型下会到达稳定状态，我们需要继续探讨资本的边际产品 MPK 这个概念，MPK 表示的是真实 GDP 的改变量 ΔY 与资本的改变量 ΔK 的比值，资本的边际产量实际上是生产函数 f( ) 的斜率。我们分析式（2 - 12）的资本平均产量 y/k，这一项，在几何上是从原点到生产函数的直线的斜率，因为资本的边际产品 MPK 递减，所以生产函数的斜率是逐步下降的，即是凹函数，如此，随着人均劳动力资本 k 的增加，从原点到生产函数的直线的斜率是下降的。我们由此得到结论，资本平均产量 y/k 递减，即随着人均劳动力资本 k 的增加，资本平均产量 y/k 下降。在 s、n 和 δ 是外生的不变常数的假设下，式（2 - 12）等号右边的 $s \cdot \left(\dfrac{y}{k}\right)$ 项不断下降，而 - n - δ 不变，因此随着时间的推移，

人均劳动力资本不断上升，资本平均产量 y/k 下降，直到 $\dfrac{\dot{k}}{k}$ 项为 0，人均劳动力资本将处于一个固定值 k^*，这样人均劳动力资本 k^* 处于稳定状态（steady state）。在这里，我们假定人均劳动力资本的初始值 k(0) 小于 k^*，当 k(0) 大于 k^* 时，投资小于折旧，资本的减值大于被替换的资本，因此资本存量减少，趋向稳定状态的 k^*。这告诉我们，人均劳动力资本从初始值 k(0) 开始，沿着一个过渡路径（transition path），到达稳定状态 k^*。这样无论经济起始状态如何，都将走向稳定状态的人均劳动力资本，这代表着经济的长期均衡，在稳定状态下，人均劳动力资本存量不变。

式（2 - 12）告诉我们，在新古典增长模型中，储蓄率是稳定状态资本存量的最重要决定因素，储蓄率高的经济体资本存量就比较大，稳定状态下的人均产出水平也较高，储蓄率低的经济体资本存量比较少，稳定状态下的人均产出水平就比较低。从这个角度看，我们可以理解财政政策的重要性和由此引发的许多争论，因为财政政策的实施会影响人们在消费和储蓄之间的决策。比如，政府预算赤字的增加会导致国民储蓄的减少，对

投资产生挤出效应，在长期中，储蓄率下降会使资本存量和国民收入相对较低。但是在新古典模型的分析框架中，较高的储蓄率下的较高经济增长也是暂时的，高储蓄率固然会提高一个时期的经济增长率，但是最终会达到新的稳定状态，因此，储蓄本身并不能形成持续的经济增长。

以上纯粹从经济增长的角度分析新古典增长模型下一国的储蓄和投资如何决定稳定状态下的资本和收入水平，但是，在家庭的预算约束里，储蓄率的提高意味着消费的减少，而家庭效用决定于消费，社会最终应该追求社会福利的最大化，即基于家庭效用的社会福利的最大化，或者说使个人福利最大化，这样我们应该选择一个使消费最大化的稳定状态值，这个稳定状态值一般被称为资本的黄金律水平，根据简化的国民收入恒等式：$y = c + i$，我们可以得到 $c = y - i$，在考虑到折旧和人口增长率的情况下，我们可以得到稳定状态下的消费表示为：

$$c^* = f(k^*) - (\delta + n)k^* \tag{2-13}$$

根据式（2-13），稳定状态的消费是收入用于弥补稳定状态的资本折旧同时收入还应扣除为新增劳动力提供的人均劳动力资本后的剩余部分，稳定状态人均劳动力资本的增加意味着一方面会增加 $f(k^*)$，有更多的产出，另一方面 $(\delta + n)k^*$ 也在增加，这意味着需要有更多的产出用来弥补资本折旧和为新增劳动力提供资本存量，这两个方面的影响是相反方向的。要获得式（2-13）表示的稳定状态下消费的最大值，只需令消费 c^* 对于稳定状态人均资本 k^* 的一阶导数为 0 即可，因为生产函数 $f(k^*)$ 对 k^* 的导数为资本的边际产品 MPK，这样我们得到式（2-14）：

$$MPK = \delta + n \tag{2-14}$$

式（2-14）告诉我们的是最佳消费的条件，因为个人的效用取决于消费，所以这个条件就是同时满足经济增长达到稳定状态和实现个人效用最大化的条件。接下来，我们从另一个角度考虑储蓄率和最大消费之间的关系。式（2-12）告诉我们，如果折旧率和人口增长率固定，那么稳定状态下的人均劳动力资本取决于储蓄率 s，这就产生了一个问题，那就是多大的储蓄率才是最佳的。要回答这个问题，首先我们注意到对于每个储蓄率 s，在函数 sf(k) 和 (n+δ)k 相交的地方对应着一个稳定状态的人均劳动力资本存量。如果 s 上升，那么 sf(k) 也会变大，这样就会使人均劳动力资本存量 k 提高。人均劳动力资本与储蓄率的这种关系意味着可以用 k=k(s) 来表示，我们观察到 k(s) 是 s 的增函数，直至 s=1 时达到最大值。考虑到 s 和 k 的这种关系，人均消费可以被写成下式：

$$c(s) = (1-s)f[k(s)] = f[k(s)] - (n+δ)k(s) \qquad (2-15)$$

式（2-15）的第二个等号右边的表达式是把表示稳定状态人均劳动力资本存量变动为 0 的式（2-11）代入式（2-15）第二个等号左边的表达式而得到。现在我们考虑使消费最大化的储蓄率，我们只要对 c(s) 求对 s 的导数，并且令其一阶导数为 0，即：

$$\frac{dc(s)}{ds} = [f'(k(s)) - (n+δ)]k'(s) = 0 \qquad (2-16)$$

因为前面分析了，人均劳动力资本存量 k 是储蓄率 s 的增函数，所以 k'(s)>0，因此，式（2-16）的解为 [f'(k(s)) - (n+δ)] = 0，由此，推导出使消费最大化的储蓄率 s^* 满足条件：

$$f'(k(s^*)) = (n+δ) \qquad (2-17)$$

使消费最大化的储蓄率 s^* 决定的人均劳动力资本存量水平 $k^* = k((s^*))$ 被称为黄金律。式（2-17）告诉我们，黄金律的条件就是生产函数的斜率等于 n+δ。无论人均劳动力资本存量是低于或者是高于黄金律下的水平，人均消费都将下降。

根据一般意义上对经济增长的认识，劳动、资本和技术进步是决定经济增长的三个重要要素。而在这里的新古典增长模型里，我们把资本和劳动通过函数假设，统一到人均资本的概念里，由此，经济产出的增长取决于人均资本和技术进步。而新古典模型假设技术进步是外生的，那么模型的决定因素就是一个重要变量——人均资本，人均资本的增长将决定经济产出的增长，而人均资本的增长又决定于储蓄率，因此，储蓄率是新古典增长模型里的重要因素。下面我们再根据模型，集中分析储蓄率对人均资本和人均产出增长的影响。

（1）储蓄率和人均产出增长率的关系。新古典增长模型在这二者关系上的结论是储蓄率对于长期人均产出增长率没有影响，人均产出增长率在长期中为 0。因为资本边际收益的下降，如同前面的分析，经济最终会向着一个不变的人均产出收敛，而那时无论储蓄率大小，经济增长率都为 0。实际上，因为资本的边际收益递减，随着人口的增加，如果要保持一个不变的人均资本，资本的积累还是要以一定的速度增长才足以维持不变的人均资本和人均产出。而且，理顺储蓄率和经济增长的关系，有利于我们后面理解维持经济增长率为正为什么需要引入技术进步的因素。资本边际收益递减假设条件约束下，如果要维持长期中不变的正的人均产出，必须人均资本增加，并且在人口增长情况下，人均资本的增加要超过人均产出的增加，这样在新古典增长模型框架下，经济每年必须把产出中越来越大的比例用于储蓄，直到全部都用于储蓄，才能维持这个正的人均产出增长率，可是这显然是不现实的。也就说明，如果没有技术进步，经济不可能永远维持一个稳定的正的增长率。

（2）储蓄率的高低决定长期中的人均产出水平。在其他条件相同的情况下，长期中，储蓄率高的国家有更高水平的人均产出。对于生产函数、就业水平及资本折旧率相同的两个国家而言，储蓄率 s 越高，则式（2-11）表示的投资在长期中也会越大，即在长期中将有更高的人均资本，从而人均产出更高。

（3）储蓄率的上升可以带来某段时间内的更高人均产出增长，但是这种高增长不会一直持续下去。从上述第 1 点我们知道，储蓄率的上升不会影响长期中的人均产出增长率，长期中人均产出增长率为 0。而第 2 点认为，储蓄率的上升会导致长期人均产出水平的增加，结合第 1 点可以得出的结论是，储蓄率增加会导致长期人均产出水平增长，但是最后会收敛于一个新的更高的不变的人均产出水平，即经济经过一段时间的正增长之后，达到了新的稳态。当储蓄率刚开始增加时，导致式（2-11）表示的投资的增加，因此投资大于折旧，于是人均资本增加，从而人均产出增加，但是随着人均资本增加和资本收益的边际递减，投资会在新的平衡处等于折旧，此时人均产出的增长结束，形成新的稳态。但这是在不考虑技术进步情况下的结论。如果具有技术进步，则经济存在正的人均经济增长率，并且这个长期增长率与储蓄率无关，这个结论与没有技术进步的以上第一个结论是一致的；而储蓄率会影响人均产出水平，也就是当储蓄率上升时，人均资本水平上升，这样导致人均产出水平也上升；储蓄率的上升会使经济以比原先的稳态增长率更高的速度增长一段时间，然后经济达到一个新的，更高的路径，但是在这个路径上，经济增长率又和上升前的经济增长率一致。

至于储蓄率的决定因素，因为本书主要研究财政政策对经济增长的作用，因此，我们也主要考虑财政政策对于储蓄率的影响。政府通过财政政策影响储蓄率可以有多种做法。一是改变公共储蓄，当假定私人储蓄不变时，预算盈余将导致总储蓄的增加，因而提高储蓄率。二是政府可以通过税收政策影响私人储蓄，比如以一定的税收优惠政策激励私人储蓄，从而提高储蓄率。

政府虽然可以通过影响储蓄率提高投资，增加人均资本，最后提高人均产出，但是从政府增进社会福利的角度看，比起储蓄率，政府应该更加注意居民消费行为。而且从社会福利函数看，社会福利函数是个人效用的函数，而个人效用函数又取决于消费，也就是追求效用最大化的个人更关心的是消费，从而整体的社会福利直接受个人消费的影响。

储蓄的增加在起始处必然导致消费的减少，而且某一年度的储蓄率变化对当年度的产出不产生影响，因此对收入也没有影响，影响的是下一年度的产出。而在同一年度，储蓄的增加导致消费的同等减少。那么储蓄率到底多大为最佳？当储蓄率为 0 时，资本为 0，因此经济产出为 0，长期消费也为 0。而当储蓄率达到最大，为 1 时，因为人们把所有的收入用于储蓄，资本和产出水平均非常高，但因为储蓄了所有收入，所以消费为 0。储蓄率为 1 意味着长期的消费为 0。由此，我们可以判断，在 0 ~ 1 之间存在一个稳态时的储蓄率，使消费最大，这个储蓄率由以上的等式（2 – 16）给出。当储蓄率低于这个值时，储蓄率的增加刚开始导致消费减少，但在长期中会使得消费增加；而当储蓄率高于这个值时，储蓄率的增加在一开始就会引起消费减少，且在长期中也使得消费减少，因为储蓄率上升带来的资本增加从而引起的产出增加，并不足以弥补新增的折旧，即经济中的资本过剩。因此，在储蓄率为 0 ~ 1 之间存在着一个使消费达到最大的储蓄率，这个储蓄率对应的资本水平就是黄金律的资本水平（golden-rule level of capital）。如果资本的增加超过黄金律，则会减少稳态下的消费水平。

当储蓄率由 0 向着黄金律下的储蓄率水平运动时，更高的储蓄率导致更高的人均资本、人均产出和人均消费。而当储蓄率由黄金律水平的储蓄率处继续上升时，会导致更高的人均资本、人均产出及更低的人均消费，因为产出的增加更多地被资本折旧抵消，因为这里折旧的增长是由更高的资本存量带来的。这样，政府的政策应用必须进行权衡，就是在当前和未来消费之间做出选择，因为储蓄率的上升刚开始会导致更低的消费，而后则会带来更高的消费。那么政府该选择怎样的储蓄率呢？这必然涉及代际之间的分配问题，因为提高储蓄率可能损害前代人的消费，而增加后代的消费，但是当代人往往更能决定政策的选择，而当代人关心的是自己的消费，因此，由其决定的政策往往难以提高储蓄率，这样资本水平将低于黄金律水平。

关于储蓄率的议题在美国养老制度中有很多的争论，虽然通过养老金制度减轻老年人的贫困状况，但是却导致储蓄率降低，影响中长期的人均资本和人均产出。不过养老金制度的不同资金筹集方式对于储蓄率的影响是不同的。养老金制度的资金筹集方式有两种，完全积累制（fully fund）和现收现付制（pay-as-you-go）。完全积累制是强制从工人的工薪中征收社会保险税，并为其设立相应的个人账户，且将由此形成的基金投资于金融市场，工人退休时领取其本息之和。现收现付制指的是向社会当前正在工作的劳动者征税，用于支付退休者的退休金。

完全积累制和现收现付制对于参保人员而言，本质上是一样的，即参加工作就业时缴纳社会保险税，退休时领取退休金。但是二者之间存在着两个不同之处。一是退休时领取的退休金数量的决定因素不同。完全积累制下的退休金取决于缴纳金额及期间养老金余额作为金融资产进行投资的回报情况。现收现付制下的退休金则取决于工作人口与退休人口的比例及社会保险税的税率。二是两者对于宏观经济的影响不同,在完全积累制下,因为有了未来退休金的个人账户,个人因为有国家强制的养老保险,因此储蓄得比较少,但是另外一方面,在养老保险基金账户里,国家以工人名义进行养老金的储蓄并且投资于金融资产,这样虽然私人的储蓄下降了,但是因为强制性的养老保险制度,并且建立个人账户,所以公共储蓄上升。这样整体的储蓄没有受到影响,也就是说,完全积累制的养老保险对储蓄率没有什么影响,因此对资本存量不产生影响。而在现收现付制养老保险制度下,工人因为有了养老保险制度,不担心年老时的收入,因而储蓄少,但是这个私人储蓄的减少并没有被公共储蓄的增加所弥补,因为现收现付制并没有帮助私人建立个人账户,因此储蓄总量下降,即储蓄率下降,导致资本存量下降。总体来看,完全积累制确实能够提高储蓄率,从而增加人均资本存量和人均产出,虽然有经济学家因此认为,实行现收现付制养老保险的国家应该向完全积累制转变,以提高资本存量和人均产出。但是转变过程中必然涉及代际间的收入分配问题。就是现有的现收现付制下的工人要承担两次缴纳社会保险税的义务,一个是为现在的退休人员缴纳的,另一个则是为自己未来的退休而缴纳给养老保险体系的,这样现有工人实际上承担了比下一代工人更多的责任,其将来获得的退休金与其工作期间缴纳的社会保险税相比是不成比例的。或者,比较现实的做法就是让转变的过程缓慢一些,让两种筹资方式的转型产生的负担不要过多地让某一代人来承担。

在新古典模型分析框架下,当假设储蓄率固定不变时,财政政策对经济增长的影响就难以做出准确判断。但是当我们放宽假设条件,假设储蓄率是可变,研究财政政策实施对经济增长的影响,我们就可以在一个储蓄率水平是受到财政政策变量影响的选择变量的更一般的模型框架中,分析财政政策相关影响因素是如何对经济增长产生作用的。一旦到达稳定状态，人均水平的各个变量是不变的，比如人均资本和人均产出，人们生活水平就会达到一个极限，并且不会增长，除非生产函数发生变动，储蓄率的改变影响的是消费的水平，而不是经济增长率。

前述的新古典增长模型中涉及的生产要素劳动和资本中的资本指的是实物资本，即机器、厂房、办公场地等，并且把资本在劳动力中进行平均以获得人均资本，通过投资实现经济增长。但是这样的分析范式忽略了另一种类型的资本。同样工作的劳动力之间可能存在劳动生产率上的区别，而致力于提高劳动者的生产技能的个人教育、培训及医疗保险等方面的投资被称为人力资本（human capital）。具有更高人力资本的工人的技能更强，而这些拥有更加熟练技术和自身素质的工人能完成更复杂的工作，也能更容易地处理突发事件。特别是过去的 200 年间，人力资本得到显著的增加，但是发达国家与落后国家之间仍然有着很大的差别，OECD 国家和人均 GDP 低于 400 美元的贫穷国家人口接受初等教育、中等教育和高等教育的比例分别为 100%、90%、38% 和 95%、32%、4%（Blanchard and Johnson，2012）。引入人力资本之后，则本章前述的生产函数必须进行拓展，式（2-1）表示的生产函数应该改写为 $y = f(k, h)$，这里如果 H 表示总体人力资本，则 $h = H/L$，h 为人均人力资本。因此，人均产出取决于人均实物资本水平 k 和人均人力资本 h。与对人均实物资本的假设一样，这里也假设人均技能水平 h，即人均人力资本的增加导致人均产出的增加。因为受过更好的教育或者经历更多培训的工人的技能更为熟练，处理各种工作的能力就更强，因此导致更高的人均产出。一般意义的新古典增长模型假设人均实物资本边际收益为正，$\partial f / \partial k > 0$，人均产出随着人均实物资本的增加而增加，但是资本边际收益递减，$\partial^2 f / \partial k^2 < 0$，即随着人均产出的提高，边际产出越来越小。在某些情况下，这一假设也可能适用于这里的人均人力资本 h，比如说，如果人均人力资本的增加是来自受教育时间的增加，那么提高受初等教育儿童的比例而获得的收益非常大，因为识字率和读写能力的提高，可以极大提高工人使用各种设备的能力。发达国家的初等教育和中等教育没有边际效益可言，因为已经普遍实施这两种

教育。高等教育却能极大地提高劳动生产率，也就是说，通过接受高等教育，劳动力的人力资本得到提高。一般而言，衡量人力资本用的是相对工资，因为相对工资体现工人的相对边际产出。但这并不是绝对的，以美国近些年来一直在推的男女同工同酬为例，同样的工作，同样的效率，女性常常拿到的报酬要低于男性。

实际上引入人力资本，会改变新古典增长模型前述的分析结果，而且人力资本对产出的影响也与前面所说的实物资本对产出的边际产出递减的影响不同。实物资本积累的过程是：储蓄率上升提高了稳态时人均实物资本，进而进入生产函数通过生产，影响提高人均产出。那么当工人受到更好的教育和培训，就可以提高稳态时工人占有的人力资本，增加人均产出。这样，显然经济产出在长期中不仅取决于储蓄进而实物资本的增加，而且还受到教育投资而产生的人力资本的影响。

这样看来，人力资本与实物资本均是某种投资的结果，寻求经济增长最大化则需要确定实物资本和人力资本在人均产出中的相对重要性。从美国的情况看，正规教育的支出大约占 GDP 的 6.5%，包括政府的教育支出和私人的教育支出。教育总支出约占实物资本总投资的 1/3 ~ 1/2 之间（Blanchard and Johnson，2012）。

在关于教育投资带来的人力资本相关问题上，还有几个方面的复杂情况需要加以研究。一是某些教育产品尤其是高等教育既是消费品又是投资品，但是从人力资本角度却只是考虑投资，这样使得投资数据并不真实，比如，上述的美国教育支出占 GDP6.5% 即包括消费和投资，而不仅仅是人力资本投资。二是某些教育存在机会成本，特别是具工作能力的人，其受教育的机会成本是其工作能拿到的工资。因此，教育支出的成本应该同时包括实际成本和机会成本。三是教育支出只包括正规教育的支出，不包括在职培训的成本。实际上人力资本投资应该包括在职培训的实际成本和机会成本，但是上述 6.5% 这一数字仅仅包括正规教育占 GDP 的比例。四是实物资本和人力资本都存在退化问题，因此，考虑二者的投资，必须考虑扣除折旧后的净投资率。实物资本的折旧应该比人力资本的折旧要高，因为虽然劳动力的技能会退化，但是退化缓慢。而且实物资本是使用越多，折旧越多，人力资本却是使用越多，技能退化得越慢，折旧越少。

以上分析告诉我们，要准确统计人力资本投资的数据是困难的，而且我们只是在新古典增长模型里在实物资本之外多引入人力资本，可以明确的一点是，人力资本与实物资本一样，越多，则经济产出越高，如此则那些储蓄率较高或者教育支出更多的国家能够实现更高水平的稳态人均产出。但是，是否因为引入人力资本就能维持人均产出的持续的更高增长，而不是按照新古典经济增长模型的分析，到一定的时候会收敛为增长率为0 的稳态增长。在后面的内生增长模型里，经济学家将通过实物资本和人力资本的共同积累来解决这一问题，说明人均经济产出如何可以维持与新古典模型稳态增长所不同的持续人均产出的增长。

有些经济学家基于新古典增长模型的框架，研究财政政策在经济增长中的作用，比如切米利（Chamley，1986）、贾德（Judd，1985）、萨默斯（Summers，1981），但是，因为新古典经济增长模型下的稳态增长率是外生变量决定的，财政政策影响的只是向着稳定状态过渡过程中的经济增长率。因此，在此框架下的财政政策虽然能够影响经济的产出，但是不能影响长期经济增长率。而巴罗引入内生经济增长模型，研究财政政策对经济增长的影响，发现财政政策可以成为决定长期经济增长的重要因素。

2.4　内生经济增长模型

资本边际报酬递减已被确认为外生经济增长模型下的经济增长存在极限的根源。要克服这个极限，就要通过经济体内微观经济主体的行为和选择改变资本边际报酬递减，由资本边际报酬不变或者递增来实现持续经济增长，这一般被称为内生的经济增长，能够解释内生经济增长机制及其增长动力的理论模型被称为内生经济增长模型。

新古典增长模型缺乏维持人均产出增长的内在机制，这个模型下的经济增长必须靠外部力量推动，除非存在持续的外部因素，否则增长都是暂时的。内生经济增长模型解决了新古典增长模型存在的这个问题，解释经济持续内生增长的原理。

在新古典增长模型框架下，通过实物资本的投资，或者通过教育和培训的人力资本投资，即通过提高储蓄率或者教育和培训支出的上升，都能在长期中导致更高的人均产出水平，但是在给定技术进步水平下，这种实物资本和人力资本的积累不可能永久维持更高增长率，一样会进入稳态。

为了超越新古典模型人均收入进入稳态后不再增长的局限，并且解释各国一直存在的持续增长现象，经济学家在经济增长理论方面的研究对经济体内在如何内生地推动技术进步和人口的增长进行了大量研究，这方面的努力大概包括三种方式。

第一，人力资本内生积累的研究。在新古典模型里，我们把技术、人口都是作为外生变量看待，但实际上，技术、人口一定程度上都受经济因素本身内生的影响，这是毫无疑问的。人力资本的引入则有助于解决这一问题，最早的研究源于罗伯特·卢卡斯（Robert Lucas，1988），卢卡斯通过把标准新古典模型进行优化，对经济主体的提高自身人力资本的行为构建模型，研究人力资本积累的路径。

第二，构建创新理论，通过研究研发活动的相关理论，内生化技术进步率的参数，研究路径和第一种相似，最早的文献是保罗·罗默（Paul Romer，1990）的《内生技术变革》（*Endogenous Technological Change*）一文。大部分技术进步是研发的结果，企业通过对研发活动的投资来开发新产品。

第三，放弃新古典增长模型的一个或者几个假设，一般是放弃新古典模型资本收益递减的假设。这相当于回到多马（Domar，1946）的研究结论。多马研究经济增长的结论是总产出的增长率等于储蓄率 s 除以资本产量比率 m，$Y = \frac{s}{m}$，即多马的结论隐含着一个假设条件，产量和资本存量之间存在一个简单的比例关系，而不再有新古典模型的资本收益递减假设。

因为第一种和第二种研究方法相近，因此，我们在这里介绍罗伯特·卢卡斯具体的模型如下：

模型提及的知识积累或者人力资本的投资包括两个部分，一部分是学校教育中学得（learning-by-schooling）的知识，一部分是干中学（learning-by-doing）学来的知识，其中，第一部分更多受到关注，因为一般认为学校教育是人力资本投资中最重要部分。下面简单介绍卢卡斯模型的第一部分。

1. 基本模型

假定一个封闭经济中，家庭在消费和储蓄的选择上观点一致。一个代表性无限期存在家庭的效用函数为：

$$U = \int_0^\infty u(c)e^{-\rho t}dt \qquad (2-18)$$

其中，c 是人均消费，$\rho > 0$ 是时间偏好，即时的效用函数 $u(c)$ 为：

$$u(c) = (c^{(1-\theta)} - 1)/(1-\theta) \qquad (2-19)$$

在这里，我们假定 $\theta > 0$，因此，边际效用就有不变的弹性 $-\theta$，假定家庭在经济中发挥了所有的职能，既提供各种要素，又从事各种产品的生产，为了简化，我们把企业看作是家庭的一部分。假定家庭按照科布道格拉斯生产函数从事生产，生产函数为：

$$y = Ak^\beta[\mu h]^{1-\beta}h_\alpha^\gamma \qquad (2-20)$$

这里，h 是人力资本，μ 是代表性家庭花在产品生产上的部分时间，$(1-\mu)$ 则是花在学校教育上以获得人力资本的时间，h_α 是平均人力资本，h_α^β 表示的是平均人力资本的外部效应。β 和 γ 是要素产出的弹性系数。家庭的生产和消费的预算约束决定了资产随时间的变动为：

$$\dot{k} = Ak^\beta[\mu h]^{1-\beta}h_\alpha^\gamma - c \qquad (2-21)$$

致力于人力资本积累的努力 $(1-\mu)$ 应该与人力资本的变动率紧密联系，假定人力资本的变动 $\dot{h}$ 取决于既有的人力资本和为了获得更多人力资本而付出的努力，表示为：

$$\dot{h} = G(1 - \mu)h \qquad (2-22)$$

G 是一个增函数，且 $G(0) = 0$。

2. 给定初始实物资本和人力资本的最优演进路径求解

对式（2 - 21）、式（2 - 22）假定初始资产 k_0 和初始人力资本 h_0 是给定的。接下来，考虑受约束于式（2 - 21）、式（2 - 22）的家庭效用最大化，求解家庭效用最大化，我们必须先构建汉密尔顿方程：

$$H = \left[\frac{c^{(1-\theta)} - 1}{1 - \theta} \right] + \lambda_1 \left[Ak^\beta [\mu h]^{1-\beta} h_\alpha^\gamma - c \right] + \lambda_2 G(1 - \mu)h \qquad (2-23)$$

式（2 - 23）中的 λ_1 和 λ_2 分别为实物资本和人力资本的影子价格，另外横截面条件为：

$$\lim_{t \to \infty} \lambda_1 k e^{-\rho t} = 0 \qquad (2-24)$$

$$\lim_{t \to \infty} \lambda_2 h e^{-\rho t} = 0 \qquad (2-25)$$

式（2 - 23）的汉密尔顿方程的控制变量为 c 和 μ，方程的一阶条件为：

$$c^{-\theta} = \lambda_1 \qquad (2-26)$$

$$\lambda_1 (1 - \beta) Ak^\beta [h]^{1-\beta} h_\alpha^\lambda \mu^{-\beta} = \lambda_2 G(1 - \mu)h \qquad (2-27)$$

$$\dot{\lambda}_1 = \rho \lambda_1 - \lambda_1 \beta Ak^{\beta-1} [\mu h]^{1-\beta} h_\alpha^\lambda \qquad (2-28)$$

$$\dot{\lambda}_2 = \rho \lambda_2 - \lambda_1 (1 - \beta + \gamma) Ak^\beta [\mu]^{1-\beta} h_\alpha^\gamma h^{-\beta} + \lambda_2 G(1 - \mu)\mu \qquad (2-29)$$

3. 私人部门决策及市场出清条件下即均衡条件下的人力资本演进路径

式（2 - 21）~式（2 - 29）描述的是任何给定的实物资本和人力资本的最优演进路径。但是在均衡状态下，人力资本的外部效应 h_α^γ 在私人部门的生产决策里被当作是给定的，同时，市场出清又要求进入生产的人力资本 h 等于平均人力资本 h_α，这样式（2 - 21）~式（2 - 28）对均衡路径和最优路径一样，都是必要条件，只是式（2 - 29）在这里对均衡路径不再成立，而是根据私人部门生产决策和市场出清条件演变为：

$$\dot{\lambda}_2 = \rho\lambda_2 - \lambda_1(1-\beta)Ak^\beta[\mu]^{1-\beta}h^{-\beta+\gamma} + \lambda_2 G(1-\mu)\mu \quad (2-30)$$

可见，在最优路径和均衡路径下，由于外部效应 $\gamma > 0$ 的存在，导致社会估值式（2-29）与私人估值式（2-30）不一致。而这最终会导致私人决策决定的产出、消费和实物资本增长率低于社会最优路径下的增长率，因此整体社会福利也低于社会最优。

4. 产品生产最优时间配置 μ^* 及由此产生的最优路径下的人力资本、消费和产出增长率

由式（2-26）和式（2-28）可以得到资本边际生产率条件：

$$\beta Ak^{\beta-1}[\mu h]^{1-\beta}h_\alpha^\gamma = \rho + \theta\frac{\dot{c}}{c} \quad (2-31)$$

式（2-21）~式（2-28）对均衡路径和最优路径是共有的条件，因此，由这几个等式推导的结果也是二者共有的，这样式（2-31）就是对均衡路径和最优路径都成立。对式（2-31）求导可以得到两种途径共有的消费增长率表达式：

$$\frac{\dot{c}}{c} = \left[\frac{1-\beta+\gamma}{1-\beta}\right]G(1-\mu) \quad (2-32)$$

在最优路径或者说稳定状态下，存在一个在产品生产上的最优时间配置 μ^*。

由式（2-22）可以得到最优路径即稳定状态下的人力资本的增长率：

$$\frac{\dot{h}}{h} = G(1-\mu^*) \quad (2-33)$$

对式（2-31）求导可以得到稳定状态下的消费、产出增长率：

$$\frac{\dot{c}}{c} = \frac{\dot{y}}{y} = \beta\left[\frac{1-\beta+\gamma}{1-\beta}\right]G(1-\mu^*) + (1-\beta+\gamma)G(1-\mu^*)$$

$$= \left[\frac{1-\beta+\gamma}{1-\beta}\right]G(1-\mu^*)$$

$$= \frac{\dot{k}}{k} \quad (2-34)$$

以上罗伯特·卢卡斯建立的模型告诉我们几个结论，一是学校教育作为促进人力资本的积累的重要行为，对私人决策而言，需要配置一定的时间（$1-\mu^*$）投入到学校教育，以提高个人效用；二是由于外部性的存在，私人决策会使得产出、消费和实物资本的增长率低于社会最优增长率，社会福利不能到达到社会最优，但是政府通过对人力资本外部性进行补贴，可以实现社会最优，提高福利，这是政府教育公共支出的重要依据。因为这里私人配置的时间（$1-\mu^*$）进行人力资本的投资，决定于模型本身，因此，由此决定的经济增长率也是内生的。

改变新古典增长模型缺陷的最简单的内生经济增长模型是 AK 模型。AK 模型的生产函数为 $Y = AK$，其中，A 是代表生产技术水平的常数，K 是资本存量，Y 表示产出，正是这个生产函数形式决定了这个模型的名称。这个生产函数表明产出是资本存量的线性函数。在这个生产函数里，资本的边际产出和平均产出都是常数 A，这样资本边际报酬不变，因此，就克服了新古典增长模型下边际报酬递减导致的长期经济增长不能持续的缺陷。在这里，AK 模型实际上是假定资本是生产中的唯一要素，并且还假定规模收益不变，规模收益不变的假定可以保证产出和资本存量的增长率相一致。要说明 AK 模型能够产生持续的经济增长，我们还是如同前面分析外生经济增长模型那样，假定有一个不变的储蓄率，在储蓄率为 s 时，t 时期的投资水平 $I_t = sAK_t$，模型中不包含劳动变量，因此，资本积累条件可以表示如下：

$$K_{t+1} = sAK_t + (1-\delta)K_t = (1 + sA - \delta)K_t \qquad (2-35)$$

资本存量的增长率可以表示如下：

$$\frac{\dot{K}_t}{K_t} = \frac{K_{t+1} - K_t}{K_t} = sA - \delta \qquad (2-36)$$

如果 $sA > \delta$，那么随着时间演进，资本存量水平会以线性方式增长，增长率为 $sA - \delta$。如同前面假设的那样，产出也会以同样的增长率增长。AK 模型因此能够实现持续的经济增长。

还有内生经济增长模型把资本存量的增长与同样增长的其他要素投入

相匹配，并作为变量进入生产函数，其中，一种方法是考虑人力资本作为投入要素，而不仅仅是考虑原始劳动时间投入。作为投入要素的人力资本则是劳动质量和劳动时间的公共产品。这表明，通过投资于可以提高人力资本的教育和培训，可以让同量劳动时间更有生产率。因此，劳动力的质量包含了技术进步因素。这样的模型要求有两个投资过程，一个是投资于实物资本，另一个则是投资于人力资本。因此，模型可以考虑单部门的经济体，也可以考虑两部门的经济体。单部门经济体下人力资本和实物资本的产出有着同样的技术。两部门经济体下，人力资本有着独立的产出过程。这样的内生经济增长模型的标准模式如下：

$$Y_t = F(K_t, H_t) \qquad (2-37)$$

其中，H_t 代表人力资本。如果生产函数是对人力资本和实物资本二者的联合规模收益不变，那么即便劳动时间的数量是固定不变的，同时投资于这二者可以无限地提高产出。

考虑人力资本的单部门内生经济增长模型实际上又退回到 AK 模型，是 AK 模型的扩展版，要理解这个提法，我们注意到，单部门的假设意味着产出可以被用于消费，或者用于投资于实物资本，或者用于投资于人力资本。这表明对消费者而言，从一单位的产出可以转化为一单位两种资本中的任何一种这样的事实看，这两种类型的资本是完全可替代的。这个完全可替代特性也意味着在均衡处实物资本和人力资本两种要素必须有同样的要素回报率。结合前面假定的生产函数规模收益不变特点，说明在生产中，这两种要素必须以同样的比例被投入生产。因此，在任何的时间 t 上，比例 $\dfrac{H_t}{K_t}$ 是一个不变的常数，这个常数值表示为 $\dfrac{H}{K}$，式（2-37）表示的生产函数变为：

$$Y_t = K_t f\left(\frac{H}{K}\right) = AK_t \qquad (2-38)$$

在这里，$A = f\left(\dfrac{H}{K}\right)$，这就又回到了 AK 模型的形式，也就是在以上假设条件下，单部门的人力资本和实物资本两种要素投入的经济增长模型实际上就是 AK 模型的扩展。两部门模型则在两种资本品的生成上有着不同的生产函数，这可以去除实物资本和人力资本是完全可替代的假定，也免予受到上述式（2-38）表示的 AK 模型的约束。在两部门模型下，两种资本品投入的生产中，要素密集度不同的人力资本和实物资本可以被结合起来。这和直观观察中发现的人力资本的生产密集度更高是一致的，源于对提高人力资本的教育和培训过程中熟练教职员的要求。

以上 AK 模型和引入人力资本的单部门、两部门模型都是从资本角度考虑如何解决外生经济增长模型的增长极限问题，提出经济可持续增长的解释。接下来，我们介绍从劳动力角度解释可持续经济增长的内生经济增长模型。如果产出取决于劳动力的投入和一系列的其他要素投入品，技术进步可以以新投入要素的形式进入生产函数，同时，保留原有的要素投入不变。这就可以改变外生经济增长模型最终只能靠外生的技术进步的局限，否则就会出现经济增长极限的问题。而这里的处理方法，使生产不断提升，这是以要素范围拓展的方式来实现的，避免任何一个要素相对于劳动要素投入的比例显得过高。关于技术进步的其中一个观点认为，它是以要素质量上升的形式出现在生产中的。在研究和发展上的支出会产生质量更高更有生产率的要素，然后随着时间推移，旧的要素会被新要素替代，总体生产率水平则会上升。厂商则有动力进行创新，为了获取因为拥有最新创新所有权而保有的垄断位置。这个过程就是经济学家熊彼特所说的破坏性创造，他认为这是技术进步的一个基础原因。解释经济长期持续增长的这种方法在后面我们将会用到，就是在生产函数里引入政府的公共产品，作为一种投入要素。这可以用来解释私人要素投入作为总体在生产中的不变回报率，也可以解释当公共产品相应提高以匹配私人资本要素投入时，私人资本投入在生产中的回报也可以是常数。在以下的分析中，我们将使用这种方法来研究公共支出是通过什么途径来影响经济增长的。

内生经济增长模型中持续和内生的增长的最后一种解释是认为这源于厂商之间的外部性，同时，这些厂商通过干中学而实现技术进步。在可以获得新知识和技术的前提下，一个厂商的投资行为会导致劳动生产率的同步改进。而且，增长了的知识会作为一种公共产品存在，因此生产中的学习会外溢到其他厂商。按照这个逻辑，知识水平及劳动生产率就取决于经济体的总资本存量。那么，单一厂商在劳动给定条件下生产函数中的资本边际报酬递减，在整个经济中就体现为资本报酬不变。

以上分析的由于干中学等各种原因使得生产获得额外的资本边际报酬，能够克服外生经济增长模型的缺点，以实现经济内生地持续增长的内生经济增长模型，有着一个公共的性质，那就是它们与经济增长相联系的各种选择是可以被政府的财政政策所影响的。政府可以通过财政政策鼓励或者抑制人力资本的投资行为，主要的方式有对培训的补贴，还有对投资回报的税收优惠政策。政府财政对研究和发展行为的补贴会激励创新，包括专利法的一些正确规定也将激励社会创新。

在实际生产中，当只考虑物质资本时，生产函数实际上一般都是边际报酬递减的，但是，这里 AK 模型中的资本 K 是既包括物质资本也包括人力资本的广义意义上的资本。人力资本的特点可以抵消物质资本最终必然出现的边际生产力下降的现象，使总资本 K 的边际报酬率不变假设成立。人力资本效率的提高抵消追加物质资本效率的下降，从而避免总资本的效率是其存量的减函数。解释人力资本效率提高从而不存在资本报酬递减的理论，主要包括干中学和研发。干中学是阿罗（Arrow，1966）提出的，他认为生产和投资过程中会出现提高生产技术的经验积累，再加上知识的溢出（spillover）就能够提高资本的效率，这个资本效率的提高会改变资本报酬递减规律。而罗默（Romer，1990）等经济学家提出有目的的研究和开发活动可以提高技术水平，而且这种有目的的研究和开发活动是投资的一个组成部分，这种投资提高了技术水平，促进总体资本效率的提高，避免边际报酬递减现象发生。AK 模型在解释经济增长上给我们几点启示：一是我们之所以称之为内生经济增长模型，是因为 AK 模型对应的经济体能够在没有技术进步，或者说，在外生变量不发生变动的情况下，保持长久持续的人均产出的增长；二是如果用 γ_k 表示长期资本增长率，γ_y 表示长期经济增长率，γ_c 表示长期消费增长率，s 表示储蓄率，n 表示人口增长率，δ 表示资本折旧率，那么 AK 模型的长期增长率 $\gamma_y = \gamma_k = \gamma_c = sA - (n+\delta)$，这说明，经济增长率取决于储蓄率和人口增长率及资本的折旧率，较高的储蓄率或者较低的人口增长率会产生较高的长期经济增长率，技术水平 A 的提高会提高经济的长期增长率；三是与古典经济增长模型不同的一点是，AK 模型没有给出不同经济体是否会趋同，无论是绝对趋同或者是条件趋同，在 AK 模型下，任何初始水平的经济体都可以长期持续增长，这样就不会有不同经济最终趋向一致的结论。那些初始人均资本存量不同的国家，当具有相同技术水平 A、储蓄率 s、人口增长率 n 和资本的折旧率 δ 时，因为长期增长率是一致的，都为 $sA - (n+\delta)$，这样初始资本存量低的穷国将永远无法赶上富国。这些结论对我国这样实施赶超战略的国家全面考虑影响本国经济增长因素大有益处。

第3章 经济周期中的财政政策及其长期经济增长效应

如果我们观察各国的经济发展史，会注意到产出的增长并不都是平滑的，而是有波峰和波谷的。宏观经济学家用经济周期来描述短期中经济行为的这种紧缩和扩张。经济周期描述的是经济中的总体经济行为的波动，而不是单一的特定经济变量的变动，如 GDP，虽然 GDP 可能是单一经济变量描述总体经济行为最贴切的一个指标，但是一些经济学家认为，描述经济周期时还必须考察其他经济指标，如失业和金融市场变量。在经济周期中，总体经济活动下降的那个时期，称为衰退（recession）或者紧缩（contraction），如果衰退特别严重，就演变成萧条，到达紧缩的最低点，即波谷，随后总体经济活动开始上升。在经济周期中总体经济活动增长的那个时期，称为扩张（expansion）或者繁荣（boom）。当扩张达到最高点，即波峰，总体经济活动又开始下降。总体经济活动下降到波谷，然后再复苏到波峰的一个完整过程，从波峰到波峰，或者波谷到波谷，就是经济周期，也被称为商业周期。在经济周期中许多宏观经济变量或者总体经济行为会同时发生变动，这许多经济变量以一种可以被预测的方式在经济周期中共同移动的方式被称协动性（comovement）。经济周期反复发生但不是周期循环的，就是经济周期并不是在有规律可预测的时间间隔里发生，同时，也不是持续固定和预先确定的时间。一个完整的经济周期的时间多种多样，从 1 年到 10 年都有，要预测是很难的。经济周期有持续性（persistence）的特点，就是经济活动的增长后有更大的增长，经济活动的下降后会有进一步的下降。

古典经济学和凯恩斯主义的经济学家在是否应该用财政政策来应对经济周期上存在分歧。古典主义一般认为，不要干预商业周期，不管是用财政政策或者是其他的什么方法。而凯恩斯主义认为，用财政政策来稳定经济和维持充分就业是合适的，比如，当经济衰退时，应该减税和增加支出。不过凯恩斯主义的经济学家也承认，用财政政策作为稳定经济的工具是很困难的，主要的问题是政策缺乏灵活性。政府的预算除了宏观经济稳定之外，还有许多政策目标，比如，保障国家安全、为某些群体提供收入支持、发展基础设施和提供政府服务等。有些政府支出提前数年甚至数个世纪就已经开始实施了。因此，如果没有支出浪费和其他财政政策目标的让步，为了宏观经济的稳定，迅速扩张或者紧缩政府总支出是有难度的。比起政府支出，税收可能相对容易改变，但是税法同样有多种目标，而且很可能是一种政治上的妥协的结果，并且很难改变。除了缺乏灵活性这个问题之外，制定财政政策的政治过程的缓慢决策会导致过长的滞后。从财政支出或者税收议案被提出到开始生效，很少是低于18个月的。这种滞后性使得使用财政政策作为反周期工具有很大困难，当一个反衰退的财政政策措施实际能够开始产生作用的时候，可能衰退本身都已经结束了。应对财政政策因缺乏灵活性和滞后性而阻碍其反周期应用的一个方法是在财政预算里建立自动稳定器。财政预算里的自动稳定器是当GDP下降时能够不需要采取立法行动而自动增加政府支出或者减少税收的预算条款，同样地，当GDP上升时，不需要任何直接的立法行动，就能够自动减少支出或者增加税收。常见的一些自动稳定器包括失业保险、累进的所得税等，其中最重要的是所得税。但是自动稳定器也有副作用，因为当GDP下降的时候政府支出自动增加，税收自动减少，政府预算赤字则倾向于增加，当经济繁荣，GDP上涨时，预算赤字倾向于减少。

经济学家探讨财政政策影响宏观经济时，一般从三个方面研究对产出、就业和价格等宏观变量的影响。这三个方面是总需求、政府资本的形成和激励措施。在短期中，财政政策可以通过影响经济支出总量或者说总需求而影响宏观经济变量。总需求是 IS－LM 模型里 IS 和 LM 曲线的交点。不管是在古典经济学或者凯恩斯主义经济学的 IS－LM 模型里，政府采购的提高会减少国家储蓄，使得 IS 曲线向右上方移动，因此提高总需求。关于税收改变对总需求的作用，古典经济学和凯恩斯主义经济学家有着不同的看法。古典经济学接受李嘉图等价定理，认为总额税的改变不会影响国家储蓄，因此对 IS 曲线没有影响，所以不影响总需求。凯恩斯主义则不同意这个结论，而是认为减税可以刺激消费，从而减少国家储蓄，因此，会使得 IS 曲线向右上方移动，提高总需求。

接下来，本章内容将分析古典主义经济学和凯恩斯主义经济学应对经济周期财政政策的不同原理。同时，考察短期中反周期财政刺激政策的长期经济增长效应。

3.1　经济周期理论

3.1.1　熊彼特的经济周期理论

熊彼特认为，创新形成的企业对银行信贷和生产资料的需求，以及随着产品和市场的逐步发展，企业的生产活动变化和这种需求的变化，是导致繁荣、衰退、萧条和复苏四个阶段的经济周期产生的内在原因。

除了四阶段模式的经济周期，熊彼特还提出一种只包含两个阶段的经济周期模式，这种模式包括繁荣，即上升期，以及衰退，即下降期。创新浪潮下，企业家扩大生产，生产资料需求的上升引发其价格上涨，价格上涨产生的支付需求又扩大信贷需求，信贷的扩张则促进经济上升，这是经济进入繁荣阶段。创新虽然对原有的均衡状态形成破坏，但是，企业家扩大生产导致的生产资料需求上升，使得生产资料价格上升，生产的成本增加，创新和模仿又导致产品数量增加，产品价格下降，这二者均影响企业利润，于是企业对信贷的需求下降，经济趋于下降，进入衰退阶段。最后经济形成新的均衡。

根据经济周期的时间，熊彼特把经济周期分为长、中、短三种。长周期又称康德拉捷夫周期，因为是康德拉捷夫 1926 年对长周期进行的一次定义，长周期都在 50 年以上，并且以主要技术发明和生产技术的发展作为一个长周期的标志，如产业革命时期、蒸汽机和钢铁时期等。中周期又称为尤格拉周期，是法国的尤格拉 1860 年定义的，中周期时间为 9 ~ 10 年。短周期也称为基钦周期，是基钦在 1923 年定义的，短周期长度为 40 个月。长周期的变动主要受生产技术变革的影响。一个长周期包含若干个中周期，一个中周期又包含若干个短周期。

3.1.2 新古典主义的经济周期理论

理性预期学派对凯恩斯主义经济学提出批评，但又不仅仅只是批评者，它同时提出自己的关于经济波动的解释。罗伯特·卢卡斯（Robert Lucas）提出，除了以劳动力市场的不完全（imperfection of labor market）、工资和价格的缓慢调整等来解释经济波动，宏观经济学家应该研究在充分弹性变动的产品价格和工资的竞争性市场下，如何用各种冲击的影响来解释经济波动。这些研究被称为新古典主义。爱德华·普雷斯科特（Edward Prescott）就是新古典主义的重要代表，他及他的追随者发展的模型被称为真实商业周期模型（real business cycle models，RBC）。真实商业周期模型解释经济波动的方法建立在两个前提之上。

1. 宏观经济模型应该建立在微观基础上

卢卡斯认为，为了避免重复以往宏观经济学的缺陷，宏观经济模型应该建立在明确的微观基础上，比如，工人的效用最大化、企业的利润最大化和理性预期。只是在计算机发展之前，要做到这一点，就算不是不可能，也是很困难的，而且这样建立起来的模型太复杂而没办法对其解进行解释。何况宏观经济学的模型本身就是应该在保证模型足够简单从而易于求解的基础上，找到能解释模型实质的简单捷径。计算能力的发展使得在数学上解这些模型成为可能，RBC 理论的一个重要贡献是开发了越来越强大的求解的数量方法，而这又让越来越多的模型得以发展出来。

2. 重新界定概念

直到 20 世纪 70 年代，大多数经济波动都还被视为市场不完全的结果，视为是实际产出对缓慢移动的潜在产出水平的偏离。紧跟着卢卡斯的提法，普雷斯科特在其一系列富有影响的作品中提出，经济波动实际上可以解读为，来自于价格和工资可充分调整的竞争性市场的技术冲击的影响。也就是说，他认为实际产出的移动可以被视为是潜在产出水平在发生移动，而不是对潜在产出水平的偏离。这是新古典模型下 RBC 理论对经济波动的定义与古典主义及凯恩斯主义不同的地方。同时，他提出，劳动生产率的上升，导致产出的上升。劳动生产率的上升，导致工资上升，工资的上升，使得工作对工人更有吸引力，导致工人花更多的时间工作。因此，劳动生产率的上升，带来的是经济产出和就业都增加。而经济波动是经济体本身的很自然的特征，而不是政策制定者应该试图去减少减轻的。

这一关于经济波动的激进观点受到诸多批评。技术进步是许多创新的结果，而每一个创新都要花费较长的时间来扩散到整个经济体中。很难理解，这个过程能够产生我们在现实中所看到的那种大的短期产出波动。同样很难想象，衰退就是技术倒退的那些时期，即劳动生产率和经济产出都下降的时期。而且在 RBC 模型里，货币的改变对于产出没有任何影响，但实际上现实世界的实证经验研究表明，货币的改变对于产出有很大的影响。即便有这些批评，RBC 概念和方法依然富有影响力并且是有用的。它证明一点，那就是并非所有的经济产出的波动，都是经济产出对其自然水平的偏离，而是自然产出水平即潜在产出水平本身的移动。

3.2 古典主义应对经济周期的财政政策

古典主义经济学认为，价格能够对供给和需求数量上的不平衡迅速做出调整，因此，经济能够在几个月或者更短的时间内达到长期均衡点。经济中总需求曲线下降产生的衰退，很多会以价格水平的下降和经济回到原来的产出点上结束。价格的这种迅速调整，是古典经济学认为的市场看不见的手的作用，因此，古典经济学家认为，政府应对经济衰退的积极财政政策没有什么意义。而凯恩斯主义认为，因为短期内的价格刚性，所以经济无法对总需求下降迅速做出反应，经济要回到长期均衡是很慢的，需要数年而不是几个月。可见，古典主义和凯恩斯主义经济学都认为，冲击后的经济会回到长期均衡中充分就业下的产出，只是凯恩斯主义对市场的自我修正能力缺乏信心，认为这个过程很慢，所以政府可以在应对经济衰退中发挥作用。

由于古典主义经济学家认为市场价格会及时调整，因此，总需求冲击不会导致产出的持续波动。古典经济学认为，总供给冲击才是产出和就业变动背后的主要推动力量。总供给冲击是经济中导致长期总供给曲线发生变动的变化，而长期总供给曲线的位置取决于产出的充分就业水平，因此总供给冲击也可以被看作是要素导致的产出的变动，比如，劳动生产率变动或者劳动供给的变动。

关于什么是导致经济周期性波动的冲击来源，经济学家普雷斯科特和基德兰德（Finn Kydland）提出了一个有着重要影响的理论，真实经济周期理论或者又叫真实商业周期理论（real business cycle theory，RBC），该理论认为，真实冲击是经济周期的主要原因。真实冲击指的是对经济实际面的扰动，比如，影响生产函数、劳动力规模、政府支出的实际数量、消费者支出和储蓄决策的冲击。相对于真实冲击的是名义冲击，名义冲击是对货币供给或者货币需求的冲击。在 IS－LM 模型里，真实冲击直接影响

IS 曲线或者产品供给线 FE，而名义冲击只影响 LM 曲线。虽然有多种类型的真实冲击会导致经济周期产生，支持 RBC 理论的经济学家认为，其中扮演最重要角色的是生产函数冲击，也就是被称为供给冲击或者 RBC 经济学家们通常所说的生产率冲击。生产率冲击包括新产品或者生产方法的发展、新管理技术的使用、资本或者劳动质量的变化、原材料或者能源的获取发生变化、异常好或者异常坏的气候、影响生产的政府监管的变化及其他影响生产的因素。按照 RBC 经济学家的观点，大多数经济繁荣是有利的生产率冲击的结果，大多数衰退是由于不利的生产率冲击造成的。归结起来，生产率冲击就是经济体的生产函数的变化，即用给定数量的资本和劳动所能生产的产出数量的变化。

RBC 经济学家原则上同意有许多类型的真实冲击会损害经济，但是在实践中，他们的研究大部分建立在生产率冲击是衰退的主要的甚至是唯一来源的假设之上。包括古典主义和凯恩斯主义的许多经济学家批评这个假设是不现实的。RBC 经济学家用索洛余值（Solow residual）来衡量生产率冲击的大小，它是全要素生产率的经验度量，称之余值，是因为它是产出中不能直接用度量的资本和劳动投入直接解释的部分，索洛余值包含着反映技术和其他影响生产率的因素，同时，还包含资本的利用率和劳动的利用率，在数量上可以用产出变动百分比减去投入变动百分比来衡量，投入在这里需要根据其要素份额进行加权计算。

虽然技术或者资本和劳动的利用率的改变可能会导致总的周期变动，但是经济历史证明除了生产率冲击，其他冲击也会影响经济，战争及相应的军事集结就是一个例子。因此，许多古典主义的经济学家认同一个更为广泛的古典经济周期理论概念，用以解释生产率和其他类型的影响经济的冲击。因为他们使用的这些模型不是解释真实冲击的，因此，不被称为 RBC 模型，而是被称为动态随机一般均衡模型（dynamic stochastic general equilibrium，DSGE）。之所以这么命名，是他们根据时间的推移对经济行为建模，因此是动态的，解释对经济的冲击，因此是随机的，并且这个模型是建立在一般均衡的分析框架之上的。

生产率冲击之外的冲击的宏观效应可以用古典的 IS - LM 模型进行分析。在古典主义经济学模型下，财政政策可以是生产率冲击之外经济周期的来源，比如，政府对商品和服务购买的增加或者减少。典型的政府财政支出冲击包括公路建设和其他的公共事业项目，特别是战争时期，政府购买的顺周期在战争期间因为高军事支出使得国家产出一般是高于正常产出水平的，政府支出增长对短期产出的影响，我们应该先从财政支出冲击之前开始分析，在冲击发生之前，经济处于一般均衡状态之下，财政政策的改变不影响生产函数或者劳动的边际产品，因此，劳动力市场的需求曲线不会变动。古典主义的经济学家一般认为，政府财政支出增加通过减少工人的财富影响劳动供给，由此影响进入生产函数的劳动，导致经济产出发生变化。

关于财政政策在应对经济周期中的作用，我们可以在古典经济学的 IS - LM 模型中进行分析，古典经济学的分析是在市场出清的假设下进行的。当政府财政支出增加时，政府从产出中拿走的多了，留给私人消费和投资的就少，这样使得人们变穷，因此，人们会减少闲暇，增加工作，导致劳动供给增加，劳动力市场上就业增加，真实工资下降。然后，我们再借助 IS - LM 模型，我们得到的结论是，政府支出的增加会提高产出、就业、真实利率和价格水平。税法的改变对古典经济学模型下的经济也有影响，这个影响取决于税收的性质、被征税的收入的类型等。从财政政策的这种作用看，我们可以用它来抵消经济周期的波动，比如，在经济衰退时增加政府购买支出。但是，过去古典经济学家一般反对这种做法，因为看不见的手理论认为，自由市场没有政府干预可以有效率地从事生产，古典经济学认为，价格和工资会迅速调整让经济进入一般均衡状态，所以不需要政府对宏观经济波动进行调整，即便政府的调整是有效果的，甚至认为不让政府介入宏观经济的波动是更好的选择。这种对政府反衰退财政政策的怀疑并不妨碍古典主义的经济学家们认为经济衰退是很严重的问题，因为真实工资、产出和就业的下降意味着人们要经历经济困难。那么通过增加政府的支出是否就可以抵消这种衰退呢？古典主义经济学的分析框架下，政府支出的上升可以通过劳动供给的增加而提高产出，但是劳动数量的提高是通过使劳动力更穷的方式实现的，因为政府支出导致未来或者当前的税收的上涨。这样，在古典经济学经济总是处于一般均衡的假设下，为了提高经济产出而提高政府支出会使得人们的福利下降而不是提高。古典主义的经济学家认为，如果要提高政府支出来应对衰退，只有当扩大的政府支出的收益大于施加在纳税人身上的成本才可以实施。他们考虑是否使用财政支出政策的标准是成本效益方法，而不是经济是否处于衰退之中。

上述分析说明，财政政策会影响均衡水平的就业和产出，因此，政府可以用财政政策来实现它所选择的就业和产出水平。但是实际上，在现代市场经济国家，立法过程常常在财政政策的变动和被制定出来之间有较长时间，导致过长的时间滞后。另外，在政策的执行及应对政策改变而导致的经济的反应，也会出现滞后。因为这些滞后的存在，所以当前考虑的财政政策变动应该基于将来几个季度后经济将处于什么状况，可是预测经济的未来至多是一种不精确的艺术。除了这个预测上的难题，政策制定者还要面对一个不确定性，那就是怎样并且多大程度地修改他们的政策以获得理想的产出和就业效应。古典主义的经济学家把这些现实难题当作是另外一个反对使用财政政策对抗经济衰退的理由。

3.3　凯恩斯主义应对经济周期的财政政策

一般宏观经济学理论对经济周期都要回答两个主要问题：一是什么导致了反复发生的经济波动；二是政策制定者对经济周期应该做点什么，如果应该做，那么应该采取什么样的政策措施。凯恩斯主义者认为，总需求的冲击是经济周期波动的主要原因。在凯恩斯主义者看来，总需求冲击就是那些会使 IS 曲线或者 LM 曲线发生移动，并且由此影响经济产出的冲击。影响 IS 曲线的总需求冲击的例子有财政政策的变动，预期未来资本边际产品的变动导致的意愿投资的变动、消费者对未来信心的变动导致的储蓄变动等。影响 LM 曲线的总需求冲击的例子有货币需求的改变和货币供给的改变。凯恩斯主义的 IS－LM 模型和关于大部分冲击是总需求冲击的观点，构成了凯恩斯主义的经济周期理论。

在经济周期里，经济学家更关注经济衰退问题。在凯恩斯主义的理论里，当消费者对未来长期经济感到悲观的时候，就会减少他们的当前消费，增加当前储蓄，在任何既定的收入下，增加储蓄就会降低市场出清下的真实利率，从而使得 IS 曲线向右下方移动，经济进入衰退，如果价格没有立即调整以恢复到充分就业，就会使经济处于衰退一段比较长的时间，并且产出低于充分就业水平，因为厂商面对的是低于正常水平的需求，会减少雇员。企业投资者对经济未来感到悲观而减少投资和政府财政支出的减少也会和消费者支出减少有同样的使经济衰退的影响。当货币需求增加或者货币供给减少，在凯恩斯模型框架下，也会导致经济衰退，因为这会使得 LM 曲线向左上方移动，货币的缺乏导致真实利率水平提高，进而导致消费者支出和投资的下降。通过这些分析，凯恩斯主义者把经济衰退归因于没有对商品和服务的足够的需求，有别于古典主义经济学家把衰退归因于没有足够的供给。

与真实商业周期一样，凯恩斯主义理论可以解释一些经济周期的事实：（1）对经常发生的总需求冲击的反应，凯恩斯主义理论预计会出现产出上的不断发生的波动；（2）正确判断就业会和产出发生同方向的波动；（3）因为凯恩斯理论预计货币供给的冲击是非中性的，因此这个理论和经济周期的事实是一致的，那就是货币是顺周期的并且是领先指标。

凯恩斯主义经济学模型最早发展于大萧条时期，是经济学家们为了解释世界范围的经济崩溃，找到政策使经济恢复正常的产物。早期的凯恩斯主义者强调财政政策极大影响产出和就业水平。在凯恩斯主义的 IS－LM 模型框架下，如果提高政府财政支出，假定在完全就业的情况下，那么政府财政支出的增加会提高对商品和服务的需求，在任何水平的真实利率下都会降低国家储蓄，因此，IS 曲线向右上方移动。在凯恩斯主义的分析框架下，因为短期中，价格来不及做调整，因此，在 IS – LM 模型框架下，IS 曲线向右上方移动，和 LM 曲线交点决定的产出和真实利率都上升。这样在固定不变的价格下，厂商就面对着更高的需求，因此，就业就提高。这样一个增加政府支出，使 IS 曲线向右上方移动，产出和就业增加的财政政策是扩张性的。而使 IS 曲线向左下方移动，减少产出和就业的财政政策是紧缩性的。在解释增加政府财政支出的效应时，凯恩斯主义者经常用到乘数的概念。财政乘数（fiscal multiplier）指的是对特定类型的财政支出，一单位该支出所导致的经济产出的短期变化量。早期的凯恩斯主义者认为，1 单位的财政支出会带来大于 1 单位的经济产出，因此，财政乘数大于 1。

　　这里，我们有必要跟古典主义经济学做个比较，在古典主义经济学的 IS – LM 框架下，政府的支出也会提高产出，但是跟凯恩斯主义的 IS – LM 模型下的作用机理不同，古典主义经济学的分析关注的是这样一个事实，那就是增加政府财政支出需要提高当前或者未来的税收为额外的支出融资。更高的税收使得工人，也就是纳税者，实质上更穷了，这会使得他们增加劳动。劳动的增加在古典主义的模型里会提高经济产出。我们知道，古典主义和凯恩斯主义 IS – LM 模型里，充分就业水平下的产出线 FE 曲线都是一条垂直于 X 轴的直线，就是产出是一个常数。古典主义认为，两个要素会改变 FE 曲线：劳动供给和劳动生产率。但是在凯恩斯主义模型下，假设的是雇主支付效率工资，那么劳动供给的变化不会影响充分就业下的产出曲线 FE。在凯恩斯主义模型下，劳动生产率的改变会影响 FE 曲线。因此，政府财政支出由于不改变劳动生产率不会影响到产出曲线 FE。在凯恩斯主义模型下，政府支出影响产出是通过提高总需求实现的，就是使 IS 曲线向右上方移动，在短期中，在原来的价格水平上，厂商为了满足增加的需求，导致产出提高到充分就业水平之上。凯恩斯主义模型下，政府财政支出对产出的影响会一直持续到价格水平做出调整，但是有些经济学家认为，这个效应可以持续数年，因为价格调整很慢。在凯恩斯主义的模型中，长期中，当厂商调整他们的价格，LM 曲线向左上方移动，这样达到一般均衡，产出又回到了原来的 FE 曲线上，因此在长期中政府财政支出的增长没有提高产出。

凯恩斯主义者认为，就像政府财政支出的增长一样，当前税收的总额（lump-sum）减少是扩张性的。这是因为他们期望减税能够使得 IS 曲线向右上方移动，在短期内增加产出和就业。同样地，他们期望增税是紧缩性政策，使 IS 曲线向左下方移动。

凯恩斯主义者认为，当消费者得到一个减税的好处时，他们会把这个受益部分用于消费。在任何既定产出和政府支出水平下，减税导致的消费意愿的增加，会较少国家储蓄意愿，储蓄意愿的减少会提高出清产品市场的真实利率，这样会使 IS 曲线上移，这样效应就和提高政府财政支出一样。短期内，减税提高了总需求，因此在原来的价格水平下，产出和就业增加。在长期中，充分的价格调整之后，经济又回到了原来的充分就业下的一般均衡，但是此时的真实利率水平高于原来一般均衡下的水平。增加政府财政支出和减税应对短期经济衰退的不同在于，相对于增加政府支出直接导致的需求增加，提高了充分就业下的产出，减税是通过增加消费提高需求，从而导致充分就业下的产出的增加。

3.4 AD – AS 模型中的短期促进经济增长的财政政策

本书研究的主要是长期经济增长，本节提到的经济增长则主要是指短期内经济产出的增长。短期中政府促进经济增长是通过财政政策的实施来影响总需求，并由此影响到真实 GDP 的水平，甚至是通货膨胀率。促进经济增长的财政政策一般是扩张性财政政策，主要是通过提高政府支出和降低政府的税收。增加政府购买可以直接增加总需求，而减税对总需求的效应是间接的，减税会增加家庭的可支配收入，从而带来更高水平的消费支出和更高水平的总需求。政府购买支出的增加和减税都会引发一系列的消费支出的增加，这种效应我们可以称之乘数效应。传统的凯恩斯主义经济学认为，通过乘数效应，扩张性财政政策措施对总需求的扩张效应会大于实际政府购买支出和税收变动。扩张性的财政政策可以减轻削弱总需求增长的各类影响，通过增加政府购买支出或者减少税收来促使总需求曲线发生移动。总结起来，扩张性财政政策能够增加总需求是因为通过政策实施促使消费、投资、出口或者政府购买增加来实现。

　　短期中的财政政策实施促进经济增长，一般是当经济衰退时，政府增加支出或者减税，这些措施使得在 AD – AS（总需求和总供给）模型里总需求曲线比起没有这些措施时有了更大的移动，从而提高真实 GDP 和价格水平。实施短期的扩张性财政政策以实现刺激短期经济增长的作用时存在着一些困难，首先是政策时机问题，时机不对的财政政策甚至可能会进一步恶化经济，一项扩张性财政政策从批准要实施的过程总是需要一定的时间的，如果不能及时出台，经济形势和原先制定政策的背景相比已经发生变化，很可能不能到达到原来的政策效果，所以，扩张性财政政策刺激经济增长一定要考虑政策时机。其次是以扩张性财政政策刺激经济增长，容易产生挤出效应。政府购买支出的增加推高真实 GDP 和价格水平，真实 GDP 和价格水平的提高会增加对货币的需求，这将导致高利率，高利率反过来会使得消费、投资和进出口下降，从而减少总需求水平。这种政府购买支出增加导致私人支出的减少被称为挤出效应，如果不能在政策工具上合理配合，挤出效应可能会令扩张性财政政策无法达到使经济实现潜在 GDP 产出水平的目的。我们也可以从财政预算资金的角度来理解挤出效应问题，当政府为了短期的刺激经济增长计划而增加支出和减少税收，那么就会产生财政赤字，财政赤字导致政府必须通过借贷来弥补这个收入上的缺口，所借的钱就是政府公债。在长期中，政府债务产生一个问题，那就是会挤出投资支出，因为政府借走了原本可以被公司借去投资的资金。在长期和短期对财政政策经济增长效应的分析中，绝大多数经济学家认为，在长期中，短期的财政政策存在完全的挤出效应，因为在长期中经济趋于或者是取决于潜在 GDP。这告诉我们，在长期中，任何短期的政府购买支出增加或者减税必然导致 GDP 的其他组成部分下降同样的数量。而在短期中,绝大多数经济学家认为只存在着部分挤出效应。无论长期还是短期,本书考察的是财政政策的实施对经济增长的影响,短期中的财政政策主要是通过扩张性的财政政策措施来影响总需求,但是从长期看,财政政策的实施主要是影响人力资本的形成、通过外部性等来促进劳动生产率的提高,从而促进经济增长。

如果从总供给的角度分析,财政政策措施也有着长期效应,通过提高经济的生产能力,并且提高经济增长率。从供给学派经济学的角度看,这些财政措施会影响总供给曲线的移动,这些财政政策措施通常是通过税收来实现的,并且通过总供给的变动产生作用。各种经济行为的税前回报和税后回报之间的差异被称为税收楔子(tax wedge),经济学家认为,工作、储蓄、投资及设立企业的税收楔子越小,这些经济行为就越会发生。减税会影响经济行为,个人所得税税率的下降会增加税后工资,从而提高劳动供给,此外,降低个人所得税中的利息税会提高储蓄的收益率,增加经济中的储蓄。而降低公司所得税率会激励投资支出,促进技术创新。降低股息分红和资本利得的税率可以增加可贷资金的供应从而降低真实利率,结果会导致公司的投资购买支出增加,而投资的增加将会提升资本存量的增长率。

3.5 短期中反周期财政刺激政策的长期经济增长效应

短期中的经济衰退可能会减低潜在的经济产出。经济衰退过后,经济还会继续增长,但是这个增长率可能是更低的潜在经济增长率。主要有三种渠道导致低潜在经济增长的发生,一是在经济衰退中上升的一部分失业可能会变成不可逆的,当工人不再和整个劳动力体系有联系,而且由于长时间不从事劳动,他们的劳动技能也逐渐萎缩。因此,当经济开始复苏的时候，对他们而言找到工作将更加困难。紧随着将要过去的衰退，劳动力投入要素减少了，由于更低的劳动力参与率和更高的结构性失业率两个负面冲击和缺乏灵活性的劳动力市场的互动，潜在经济增长率下降。二是大多数经济衰退都有一个特征，那就是企业和家庭投资急剧下降伴随着危机的投资行为会更低，由于更高的风险贴水导致的使用资本的成本更高。在衰退中，投资经常会急速下降，某些企业停止经营活动。这将加速资本废弃及其重置，并且降低资本存量及其效率。金融危机恶化这些衰退的典型效应是通过损害金融中介而进一步提高资本成本，从而导致那些没有金融危机时能够存活的企业停止经营活动。三是研发支出在衰退中经常是企业首先缩减的开支之一。其结果对经济增长有重大影响，因为研发是创新发现可持续发展的条件。事实上，大概 10 年乃至更早以前开始，当前工人劳动生产率的提高经常主要源于研发支出的结果。同时，更低的增长率还可能提高债务负担。

　　金融危机和经济危机对全要素生产率的水平和增长的影响更加不确定。一方面，可能减少全要素生产率，因为企业减少研发支出导致经济的研发密集度下降。另一方面，衰退会导致最没有生产率的生产行为的停止，迫使那些最没有生产率的企业关闭，因此，提高整个经济体的生产率。

　　实证研究表明，危机之后，潜在产出可能出现大幅下降。由不同国家制订的修订后的 2010 年的危机后的潜在产出下降 2.5%。对于经济合作与发展组织（OECD）国家而言，短期潜在产出下降的主要原因是投资的大幅减少及由此导致的生产中资本投入要素的增长减缓。

　　正是因为短期中的经济衰退可能会减低潜在的经济产出，我们研究短期的一揽子财政刺激计划对长期经济增长的影响就更具意义。财政刺激的组成成分，包括财政收入和财政支出，会对经济增长产生不同的影响。根据两位经济学家（Dhont and Heylen，2009）的研究显示，经济增长更可能会源自一些生产型政府支出，比如，支持教育和研发的政府支出、对资本征税的降税措施。经济合作与发展组织 2008 年的一个研究也表明，在给定的政府财政收入现金流下，不同的税收组成会导致不同的经济增长。

那么，究竟短期的财政刺激计划是否可以提高潜在的经济产出或者说促进长期经济增长呢？除了税制结构，在乘数效应之外，财政刺激政策对长期经济增长有着正面的影响，主要是对实物资本和教育、研发等非物质基础设施的公共投资会对长期经济增长产生影响。要把短期财政刺激政策对长期经济增长的影响具体化，还得考虑许多因素。

第一，实物基础设施建设对产出的影响很难界定，并在实证分析上也很难决定这种因果关系。但是，有证据显示，从单一年度和多年度增长回归分析看，在可以预见的由于资本存量的上升而产生的对经济增长的影响之外，基础设施投资对长期经济增长有正面影响。而且，基础设施投资对经济增长的影响在平均水平上看是非线性的，当基础设施的供给水平比较低时，基础设施投资对长期经济增长有着更强烈的影响。这些效应在经济合作与发展组织国家之间是有所不同的，因为各个国家的基础设施，有的供给过剩，有的供给不足，同时，各个国家基础设施投资的利用上，有的效率高，有的效率低。

第二，对新产能投资之前，应该确保对现存基础设施的最佳利用。使用费和拥挤成本在确保稀缺基础设施被有效使用上扮演一个重要的角色，而且能发出一个准确的信号，那就是，应该往哪里增加额外的产能。抑制当前的基础设施运营商的反竞争的经营方式也能提高有效产能。激励监管，比如，设定基础设施的价格上限，有助于确保投资成本的下降，同时，尽力营造一种竞争性环境。监管者的独立性和责任也有助于建立一种稳定、可信赖的基础设施投资框架。

第三，竞争性环境一般来说更支持资源的有效使用，同时，有证据显示市场准入障碍的去除，能促进网络产业的投资率。准入壁垒会损害投资，特别是能源和电讯行业。电力行业的垂直一体化也会抑制企业层面的投资。

第四，财政公共投资对经济增长的影响，应该和其他要素的供给联系在一起加以评估。在研发上的投资，或者更广泛一点的，在创新基础设施上的投资，就是一个例子。作为配套互补品要素，比如人力资本，获得的难易程度不同，会导致与支出相关的给定创新量对经济增长的影响不同。以上的两位经济学家（Dhont and Heylen，2009）及经济合作与发展组织（OECD，2006）的实证研究证明，人力资本与创新的相关行为对经济增长有正面影响。因此，评估与公共投资相关的短期财政刺激政策的经济增长影响，也应该考虑他们的构成成分。出于这方面的考虑，不同的国家一般会采取不同策略。即便是有些政府把财政刺激一揽子计划里的大量资源投入到创新支持项目中，在其范围更大的长期支出目录里，我们也会看到其组成成分是变动的。在给定数量的财政刺激计划里，经济学家还需要考虑一揽子计划的组成对长期经济增长的影响。

第4章 促进长期经济增长的财政政策

在一般的经济增长理论里，人们在劳动与闲暇、消费和储蓄之间进行决策，而消费和储蓄之间的决策又会影响投资，从而影响资本积累，这又影响到生产函数，传递到对最终产出的影响。当政府财政政策变动，其财政支出水平或者税收水平发生改变。当政府支出变动，假定政府购买增加 ΔG，根据国民收入恒等式，社会对产品和劳务的需求直接增加 ΔG，短时间内，由于生产要素数量是不变的，因此，政府购买的增加会导致其他需求减少，可支配收入（Y－T）在这里是不变的，因此居民消费也不变，政府购买的增加将由投资需求的减少来抵消。增加政府购买对投资的影响可以从信贷市场分析，政府购买短期内的增加并不是以相应的税收增加来提供融资，因此政府只能通过信贷来融资，这样将减少公共储蓄。短期内私人储蓄不变，通过信贷为政府购买融资导致的公共储蓄减少，总体上是减少国民储蓄的，国民储蓄的减少在短期内投资对资金需求不变的情况下，会引起利率的上升，利率上升则抑制投资，所以政府购买的增加将减少投资，这是挤出（crowd out）效应。但是对总体产出的影响在这里并没有结论，因为政府购买的增加和对投资的挤出效应是反向的，对产出的影响取决于究竟哪一个影响更大。

至于征税的影响，现在考虑减税的情况，对于一个代表性家庭，减税将直接增加家庭的可支配收入，这样将增加消费。假定减税额为 ΔT，则可支配收入等额增加 ΔT，消费的增加量则是可支配收入与边际消费倾向

的乘积 ΔT · MPC，由于短期内产出是不变的，由固定的生产要素和生产函数共同决定，同时，国民收入恒等式里的政府购买是政府决定的，因此也不变，这样在总产出和政府购买不变的前提下，消费的增加必然减少投资。由于短期内消费 C 增加了 ΔT · MPC，国民收入恒等式 S = Y − C − G，Y 和 G 不变，消费 C 的增加会引起等量的储蓄 S 的减少，储蓄的减少会提高市场利率，利率的提高会导致投资的减少。但是，也许出于技术进步或者减税的税收激励原因，在减税的情况下，投资需求增加，投资需求的增加会提高利率，利率的提高会刺激储蓄增加，只有储蓄增加才能将投资需求的增加变成现实的投资量的增加。关于这个政府财政政策影响的分析是建立在解释经济中的产品和劳务产出的生产分配和配置的模型中的，这个模型能解释经济循环流程图，它的假设前提是古典经济学的市场价格机制能够自动调整使市场供需平衡，要素价格调整使要素市场达到均衡，利率调整则使产品和劳务的供需均衡。这个分析框架模型又被称为一般均衡模型（Mankiw，2006）。一般均衡模型主要是建立在古典主义的微观基础上来分析现代宏观经济学的问题。以下，我们将从当前经济学研究中诠释经济增长原因居于主流位置的内生经济增长模型的视角，考察财政政策在经济增长中的作用。基于内生经济增长模型框架考察政府支出对经济增长的影响。另外，以外生经济增长模型，本书应用拉姆齐模型考察税收对经济增长的影响。分析这个问题，我们必须先考察政府介入市场经济，克服市场失灵，提供公共产品的效率条件。

4.1　公共产品供给条件分析

研究财政政策和经济增长之间的关系，一般要从萨缪尔森关于公共产品有效供给的模型开始，这个模型是建立在古典经济学假设基础之上的关于公共产品的有效供给问题。公共财政理论认为，弥补市场经济存在的缺陷，其中，主要是提供公共产品，是政府从事经济活动，或者说财政行为的根本原因，其内在逻辑是竞争性市场本身自发运行以实现资源配置的效率时，存在自身难以克服的缺陷即市场失灵，市场失灵是市场经济固有的特征，必须加以克服，否则市场经济运行无法存续，弥补市场经济的这一缺陷需要政府介入以干预经济，政府主要以提供公共产品的方式干预经济，政府提供公共产品的收支活动及管理就是财政。政府因为供应公共产品，这样就必然有政府支出，各项公共政策提供的公共产品就是其效益，而公共支出就是其成本，一个合理的财政政策应该是在提供公共产品上能够达到社会各方的最优。萨缪尔森给我们提供了一个关于公共产品有效供给的理论框架，他建立了基于竞争性市场各项假定下的公共产品有效供给的条件，这也是财政支出最优的条件。在萨缪尔森的这个模型里，实际上已经包括了财政政策的最优化问题的考虑，公共产品的供给，必然涉及政府财政支出，财政支出的主要资金来源是税收，这样，财政支出和税收两个重要的财政政策工具都作为变量进入模型。财政支出有效供给公共产品的基本理论模型框架分析如下。

（1）假定私人消费产品为：

$$x_j = \sum_{i=1}^{s} x_j^i = x_j^1 + x_j^2 + \cdots + x_j^i + \cdots + x_j^s \qquad (4-1)$$

这里，x_j^i 是第 i 个人消费的私人消费产品 j，i = 1，$\cdots$，s，而 j = 1，$\cdots$，n，即社会中有 s 个人和 n 种私人消费产品（x_1，x_2，$\cdots$，x_n）。

（2）假定公共产品为（x_{n+1}，x_{n+2}，$\cdots$，x_{n+m}），即共有 m 种公共产品。

（3）个人通过消费私人消费产品和公共产品来实现效用最大化，代表性个人的效用函数可写成：

$$u^i = u^i(x_1, x_2, \cdots, x_n; x_{n+1}, x_{n+2}, \cdots, x_{n+m}) \qquad (4-2)$$

这里，假定 $u_j^i = \partial u^i / \partial x_j^i > 0$，也就是说，消费任何一种私人产品或者公共产品的边际效用都大于 0。

（4）生产可能性边界是连续的并且是凹函数，记为：

$$F = F(x_1, x_2, \cdots, x_n; x_{n+1}, x_{n+2}, \cdots, x_{n+m}) = 0 \qquad (4-3)$$

这里，$F_j > 0$，即边际产品大于 0，边际转换率 $\partial F_j / \partial F_n$ 是确定的，并

且假定边际报酬递减成立。

（5）社会福利函数。 $\qquad u = u(u^1, u^2, \cdots, u^s)$ （4 - 4）

这里，$\partial u^i / \partial x_j > 0$。

（6）最大化效用。 $\qquad u = u(u^1, u^2, \cdots, u^s)$ （4 - 5）

约束条件为： $\qquad F = F(x_1, x_2, \cdots, x_n; x_{n+1}, x_{n+2}, \cdots, x_{n+m}) = 0$

构造拉格朗日函数如下：

$$L = U(u^1, u^2, \cdots, u^s) + \lambda F(x_1, x_2, \cdots, x_n; x_{n+1}, x_{n+2}, \cdots, x_{n+m})$$

（4 - 6）

一阶条件为：

$$\frac{\partial L}{\partial x_j^1} = \frac{\partial U(u^1, u^2, \cdots, u^s)}{\partial u^1} \frac{\partial u^1}{\partial x_j^1}$$

$$+ \lambda \frac{\partial F}{\partial x_j} \frac{\partial x_j}{\partial x_j^1}(x_1, x_2, \cdots, x_n; x_{n+1}, x_{n+2}, \cdots, x_{n+m}) = 0$$

（4 - 7）

这里，$\dfrac{\partial x_j}{\partial x_j^1} = 1$，$j = 1, \cdots, n$

$$\frac{\partial F}{\partial x_j^2} = \frac{\partial U(u^1, u^2, \cdots, u^s)}{\partial u^2} \frac{\partial u^2}{\partial x_j^2}$$

$$+ \lambda \frac{\partial F}{\partial x_j} \frac{\partial x_j}{\partial x_j^2}(x_1, x_2, \cdots, x_n; x_{n+1}, x_{n+2}, \cdots, x_{n+m}) = 0$$

（4 - 8）

这里，$\dfrac{\partial x_j}{\partial x_j^2} = 1$，$j = 1, \cdots, n$

……

$$\frac{\partial L}{\partial x_j^s} = \frac{\partial U(u^1, u^2, \cdots, u^s)}{\partial u^s} \frac{\partial u^s}{\partial x_j^s}$$

$$+ \lambda \frac{\partial F}{\partial x_j} \frac{\partial x_j}{\partial x_j^s}(x_1, x_2, \cdots, x_n; x_{n+1}, x_{n+2}, \cdots, x_{n+m}) = 0$$

（4 - 9）

这里，$\dfrac{\partial x_j}{\partial x_j^s} = 1$，$j = 1$，$\cdots$，$n$

$$\frac{\partial L}{\partial x_j} = \sum_{i=1}^{s} \frac{\partial U(u^1, u^2, \cdots, u^s)}{\partial u^i} \frac{\partial u^i}{\partial x_j}$$

$$+ \lambda \frac{\partial F}{\partial x_j}(x_1, x_2, \cdots, x_n; x_{n+1}, x_{n+2}, \cdots, x_{n+m}) = 0$$

$$(4 - 10)$$

这里，$j = n + 1$，$\cdots$，$n + m$

式（4 - 7）~式（4 - 9）意味着：

$$\frac{\dfrac{\partial U(u^1, u^2, \cdots, u^s)}{\partial u^i} \dfrac{\partial u^i}{\partial x_j^i}}{\dfrac{\partial U(u^1, u^2, \cdots, u^s)}{\partial u^i} \dfrac{\partial u^i}{\partial x_r^i}} = \frac{-\lambda \dfrac{\partial F}{\partial x_j^i}}{-\lambda \dfrac{\partial F}{\partial x_r^i}} \qquad (4 - 11)$$

或者

$$\frac{\dfrac{\partial u^i}{\partial x_j^i}}{\dfrac{\partial u^i}{\partial x_r^i}} = \frac{\dfrac{\partial F}{\partial x_j^i}}{\dfrac{\partial F}{\partial x_r^i}} \qquad (4 - 12)$$

或者

$$\frac{u_j^i}{u_r^i} = \frac{F_j}{F_r} \qquad (4 - 13)$$

这里，$i = 1$，$\cdots s$；j，$r = 1$，2，$\cdots$，n，结果显示，私人消费产品间的边际替代率应该等于二者之间的边际转换率。

因为 $x_j = \sum_{i=1}^{s} x_j^i = x_j^1 + x_j^2 + \cdots + x_j^i + \cdots + x_j^s$，所以 $\dfrac{\partial x_j}{\partial x_j^i} = 1$，所以式（4 - 7）~式（4 - 9）的第二项均相等，所以式（4 - 7）~式（4 - 9）又意味着：

$$\frac{\partial U(u^1, u^2, \cdots, u^s)}{\partial u^1} \frac{\partial u^1}{\partial x_j} = \cdots = \frac{\partial U(u^1, u^2, \cdots, u^s)}{\partial u^s} \frac{\partial u^s}{\partial x_j} \quad (4 - 14)$$

这表明，要是社会福利最大化，还必须每个人消费同一私人消费品的边际效用相等。

式（4 - 7）~式（4 - 10）意味着：

$$\sum_{i=1}^{s} \frac{\dfrac{\partial U(u^1,\ u^2,\ \cdots,\ u^s)}{\partial u^i}\ \dfrac{\partial u^i}{\partial x_{n+k}}}{\dfrac{\partial U(u^1,\ u^2,\ \cdots,\ u^s)}{\partial u^i}\ \dfrac{\partial u^i}{\partial x_r^i}} = \frac{\dfrac{\partial F}{\partial x_{n+k}}}{\dfrac{\partial F}{\partial x_r^i}} = \frac{F_{n+k}}{F_r} \qquad (4-15)$$

或者
$$\sum_{i=1}^{s} MRS_{n+k,r}^{i} = MRT_{n+k,r} \qquad (4-16)$$

这里，$k=1,\ \cdots,\ m$；$r=1,\ \cdots,\ n$，结果显示，一个公共产品和私人产品之间的边际替代率等于二者之间的边际转换率。这就是萨缪尔森 1954 年推导出的公共产品有效供给的条件。

对上述的公共产品有效供给的萨缪尔森（Samuelson）条件 $\sum_{i=1}^{s} MRS_{n+k,r}^{i} = MRT_{n+k,r}$，我们也可以这样来理解：等式左边的边际替代率表示每个人获得额外多供给的 1 单位第 $n+k$ 种公共产品所愿意放弃的第 r 种私人消费产品的数量，因此，等式左边表示经济中人们多获得 1 单位第 $n+k$ 种公共产品愿意放弃的第 r 种私人消费产品的总量，因此，其实就是代表着多消费 1 单位第 $n+k$ 种公共产品的总收益，而等式的右边则代表多生产 1 单位第 $n+k$ 种公共产品必须放弃生产的第 r 种私人消费产品的数量，表示的是多生产 1 单位第 $n+k$ 种公共产品的总成本。因此，公共产品有效供给的条件其实就是边际收益等于边际成本。这实际上是考虑政府财政支出提供公共产品在取得收益的同时，也有成本，最优的政府财政支出决策就是能够使得其提供公共产品的边际收益等于边际成本。研究财政政策在经济增长中的作用，萨缪尔森的这个分析框架可以提供借鉴，一是财政政策实施的出发点就是提供公共产品，因此，如何有效提供公共产品是任何财政政策都不能忽略的问题；二是萨缪尔森的理论表明任何财政政策的实施都应该考虑收益与成本，提高效率。

4.2　内生经济增长模型框架下政府支出对经济增长的影响

在前述的 AK 模型中，任何影响技术水平 A 的因素都将影响长期的人均增长率，政府行为可以被视为是对系数 A 的影响。按照现代经济学的理论，政府行为是为了弥补市场失灵，因为市场势力、市场残缺和市场功能缺失的原因政府需要干预市场，一般政府通过财政支出提供基础设施、产权保护等等公共产品，同时，政府还对经济活动征税。接下来，我们将基于 AK 模型考虑政府行为，主要是财政政策工具的使用产生的对经济增长的影响，我们通过简单内生增长模型来考虑政府行为如何影响长期经济增长率，内生经济增长模型解释了当资本和劳动在进入生产函数的其他投入要素的扩大之下，可以实现经济的内生增长。接下来，我们要分析当这个进入生产函数的增加的要素是由税收融资支持的公共产品时，政府财政政策和经济增长之间的内在联系。这个模型解释提供公共产品的公共支出在经济增长中的正面角色，告诉我们财政政策影响经济增长的机制，接下来，本书推导在这个增长模型决定的政府公共支出的最优水平，考察公共支出在促进长期经济增长、提高整体社会福利的作用。以下分析借助的由 AK 模型演变而来的理论模型是罗伯特·巴罗（Robert Barro, 1991）提出的。

现在假设政府通过在市场上购买私人产品，然后以所购买的私人产品向所有的私人厂商提供公共物品，假定政府提供的公共产品总量为 G，G 是具有非竞争性和非排他性的纯公共产品，这样每个厂商都可以使用这个公共产品，同时，每个厂商使用这个公共产品的边际成本为 0，也就是说，一个厂商对这个公共产品的使用不影响其他厂商对它的使用。假定厂商 i 的生产函数为科布－道格拉斯生产函数形式，如下：

$$Y_i = AL_i^{1-\alpha} K_i^{\alpha} \cdot G^{1-\alpha} \qquad (4-17)$$

在式（4-17）中，$0 < \alpha < 1$，这一形式生产函数意味着投入的 L_i 和 K_i 联合规模报酬不变，这里的联合规模报酬指的是两种要素同方向同比例变动时的规模报酬。假定总劳动力 L 为常数，那么对于固定数量的公共产品 G，因为假定 $0 < \alpha < 1$，社会资本总量 K 的规模报酬递减。但是，当 G 能够随着 K 的增加而同比例增加时，式（4-17）表示的生产函数不会出现规模报酬递减，或者说，对于固定的 L_i，在这种形式生产函数下，K_i 和 G

的规模报酬不变，克服了规模报酬递减，这个模型决定的经济产出就能够保证产生如同 AK 模型的内生增长。当然，这个生产函数还意味着政府对私人投资进行补偿，因为 G 的增加会提高 L_i 和 K_i 的边际产品。

在式（4-17）中，如果 G 的指数小于 $1-\alpha$，那么 K_i 和 G 联合规模报酬递减，内生经济增长就无法实现，如果 G 的指数大于 $1-\alpha$，那么经济增长率就会不断提高。为了研究的方便，本模型假定 G 的指数正好为 $1-\alpha$，这样 K_i 和 G 联合规模报酬不变，模型可以实现内生的持续经济增长。

假定政府对总产出以比例税率 τ 征税，并且保持平衡预算，那么：

$$G = \tau Y \qquad (4-18)$$

厂商的税后利润为：

$$L_i \left[(1-\tau) \cdot A \cdot k_i^\alpha \cdot G^{1-\alpha} - w - (r+\delta) \cdot k_i \right] \qquad (4-19)$$

式（4-19）中，$k_i = K_i/L_i$，为第 i 个厂商生产中的人均资本，w 是工资率，$r+\delta$ 是租金率。厂商追求理论最大化意味着零利润，因此，劳动的税后边际产品等于工资率，资本的税后边际产品等于租金率，假定所有厂商的生产人均资本一致，$k_i = k$，那么租金率为：

$$r+\delta = (1-\tau) \cdot \left(\frac{\partial Y_i}{\partial K_i} \right) = (1-\tau) \cdot \alpha \cdot A \cdot k^{-(1-\alpha)} \cdot G^{1-\alpha} \qquad (4-20)$$

式（4-17）和式（4-18）可以给出 G 的表达式：

$$G = (\tau AL)^{1/\alpha} \cdot k \qquad (4-21)$$

将式（4-21）代入式（4-19）得到：

$$r+\delta = (1-\tau) \cdot \left(\frac{\partial Y_i}{\partial K_i} \right) = \alpha \cdot A^{1/\alpha} \cdot (L\tau)^{(1-\alpha)/\alpha} \cdot (1-\tau) \qquad (4-22)$$

式（4-22）说明，当 L 和 τ 是常数时，资本税后的边际产品 $r+\delta$ 与 k 无关，也就是说，资本的回报率 r 与 k 无关。式（4-22）第二个等号右边的资本边际产品的表达式类似于 AK 模型中的 A，只是 AK 模型中 A 就是直接可以推导出的常数资本边际产品。这个政府活动影响经济增长的模型里，我们最终也可以找到稳定状态，在稳定状态下，C，k 和 Y 的增长率都会等于一个一致的常数，我们假设这个常数为 γ，根据 AK 模型的推导，这里我们省略推导过程，常数 γ 的表达式如式（4-23）：

$$\gamma = \left(\frac{1}{\theta}\right)\left[\alpha A^{\frac{1}{\alpha}} \cdot (L\tau)^{\frac{1-\alpha}{\alpha}} \cdot (1-\tau) - \delta - \rho\right] \qquad (4-23)$$

在这里，θ 表示罗伯特·巴罗（1991）所用消费者效用函数边际效用具有的固定弹性的绝对值，ρ 表示消费者消费的时间偏好。式（4-23）可以说明政府如何影响经济增长。政府活动对经济增长的影响在式（4-23）里可以体现为两个方面。一是征税对经济增长率的负面影响，政府征税会导致资本税后边际产品受到影响，这个通过式（4-23）的（1-τ）项表现出来，政府增收比例税率后，会导致资本边际产品下降，税率越高，资本边际产品越小，经济增长率越低；二是政府提供公共产品产生的正面影响，式（4-23）中 $\tau^{\frac{1-\alpha}{\alpha}}$ 项表示的是公共产品 G 对资本边际产品的正面影响，当比例税率 τ 比较低时，公共产品的支出 G 对资本边际产品其决定作用，正面影响大于负面影响，此时经济增长率 γ 随着比例税率 τ 的增加而增加。随着 τ 的不断上升，征税对生产的扭曲效应越来越大，对资本边际产品的负面影响越来越大，直至当公共产品 G 产生的正面效应与征税产生的负面效应相抵消时，经济增长率 γ 达到了最大值。而随着 τ 继续增大，征税的负面效应占主导位置，经济增长率 γ 随着比例税率 τ 的增加而减少。对式（4-23），我们要获得经济增长率 γ 最大时的比例税率 τ，应该对 τ 求导，并令导数为 0，由此计算后我们得到下式：

$$\tau = G/Y = 1 - \alpha \qquad (4-24)$$

由式（4-17）我们可以可获得公共产品供给的边际产品，以下式表示：

$$\frac{\partial Y}{\partial G} = (1-\alpha) \cdot \left(\frac{Y}{G}\right) = (1-\alpha)/\tau \qquad (4-25)$$

因为从式（4-24）等到的是经济增长率最大时的比例税率 τ 的值，我们把式（4-24）代入式（4-25），可以得到政府获得最大经济增长率时提供公共产品适当规模的条件：

$$\frac{\partial Y}{\partial G} = 1 \tag{4-26}$$

在本模型中，我们假定政府寻求代表性家庭效用最大化，但是在这里我们讨论政府政策如何影响经济增长问题，所以，式（4-26）得到的结果是政府如何通过适当的公共产品提供及税收来实现经济增长率的最大化，可是经济增长率的最大化是否就是效用的最大化，这里需要我们进一步论证，从某种意义上说，政府实际应该更关注代表性家庭的效用最大化，毕竟大多数政府均声称经济增长的目的是为了提高社会福利。代表性家庭的消费 C 的增长率就是上述的 γ，根据 AK 模型给出的代表性家庭的效用函数，代表性家庭的效用的表达式（4-27）：

$$U = \frac{1}{1-\theta} \cdot \left\{ \frac{[c(0)]^{1-\theta}}{\rho - \gamma(1-\theta)} - \frac{1}{\rho} \right\} \tag{4-27}$$

因为我们的已知条件是 K(0)，通过 C(0) = Y(0) - G(0) - I(0) 这个关系式，$I = \dot{k} + \delta K$，结合 G(0) = τY(0) 和 I(0) = (γ+δ)·K(0)，同时，通过式（4-17）的生产函数，我们可以得到：

$$Y(0) = AL \cdot [k(0)]^{\alpha} \cdot [G(0)]^{1-\alpha} = A^{1/\alpha} \cdot L\tau^{(1-\alpha)/\alpha} \cdot K(0) \tag{4-28}$$

由式（4-21）和式（4-28），我们可以得到人均消费初始水平的表达式：

$$c(0) = [A^{1/\alpha} \cdot L\tau^{(1-\alpha)/\alpha} \cdot (1-\tau) - \gamma - \delta] \cdot k(0) \tag{4-29}$$

当我们把式（4-29）代入式（4-27），然后再把关于 γ 和 τ 关系的式（4-23）也代入，就可以获得 U 和 τ 之间的关系，这样的函数得出的结论是 U 取决于 τ，也取决于 γ，根据巴罗 1994 年的计算，U 是 γ 的单调增函数，所以 γ 的最大化也将对应着 U 的最大化，本模型前面计算的结果是增长率 γ 达到最大化的条件为式（4-24），即 τ = 1 - α，可见，如果政府财政政策决定如何要通过合理的对生产的产出征税的比例税率来实现代表性家庭的效用最大，这个税率为 τ = 1 - α，此时经济增长率也到达最大。但是这个条件决定于生产函数的形式，即生产函数的形式决定经济增长率的最大化是否与代表性家庭效用的最大化相一致。可见，政府财政政策最优在本模型下就是令 $\tau = 1 - \alpha$。

这个关于政府财政政策影响经济增长的模型为我们理解财政政策如何通过税收融资提供公共产品，进而如何影响经济增长提供了一个分析框架。根据模型设定的生产函数，一方面提供公共产品的财政支出政策会提高劳动和资本的边际产品，因此对经济增长有促进作用；另一方面为财政支出融资的征税行为会减缓经济增长。关于征税对经济增长的负面作用，我们可以用哈伯格三角（harberger triangle）来解释。由于增税会造成超过税额的负担，也就是超额负担，所以会导致社会效率的损失。如果征税行为仅仅是资源从私人部门转移到政府部门，然后政府将通过征税获得的收入用于公共产品的供给，以增进社会福利，如此似乎通过征税的资源转移不会造成社会效率损失。但实际上征税会造成无谓损失（dead-weight loss）或者又可称为超额负担（excess burden）。征税会使市场上各种商品的税后相对价格发生变化，在正常情况下，竞争性市场通过价格机制下的微观经济主体追求效用最大化的个体决策，最终实现资源的有效率配置，但是，征税导致的税后相对价格的变化，会影响消费者和生产者对价格信号做出的反应，从而改变了生产者的生产决策和消费者的消费决策，这样就扭曲了竞争性市场原有的资源配置，市场机制正常运行的效率受到损害，而且这种损害无法通过政府征税的税收收益加以弥补，这就是被称为无谓损失或者超额负担的原因。税收的超额负担由征税前后价格变化导致的消费者剩余和生产者剩余损失的总和减去政府征收的税额得到，供需曲线图上是一个三角形，这个度量税收超额负担的方法是经济学家哈伯格提出来的，所以叫哈伯格三角。可见，即便征税融资来的收入像前述模型假定的那样全额用来提供公共产品，税收依然因为扭曲价格而导致社会效率的损失，而在现实中，政府的税收收入实际上有相当一部分是用于实现收入分配的转移支付。所以政府用税收来支付提供公共产品的财政支出，会对经济增长产生负面影响。

前面这个模型，我们主要考虑的是当政府用征税融资获得的收入在平衡预算的约束下完全用于提供具有非竞争性和非排他性的纯公共产品的情

况。实际上，政府提供的很多公共服务并非纯公共产品，公路等许多政府
提供的公共服务实际上都是有拥挤效应的，就是当使用者的人数达到一定
程度后，该产品就不满足非竞争性条件，一个使用者使用该成品的频率在
使用者达到一定数量之后，随着使用者人数的提高而下降。巴罗和萨拉伊
马丁（Barro and Sala－i－Martin，1992）对政府提供这种公共服务建立模
型加以解释，这个模型同样对 AK 模型进行修改，然后得出最大经济增长
率的条件，得出政府应该如何征税以实现经济增长率最大的结论。本节以
上内容通过模型分析诠释以税收融资的政府财政支出政策与经济增长率之
间的关系。

4.3　基于拉姆齐经济增长模型的最优税收分析

本节将根据拉姆齐经济增长模型的拓展形式分析最优税收，而后在此
基础上，以企业所得税为例，说明税收政策如何合理改革以促进经济
增长。

4.3.1　模型与最优税收的推导

上述的固定储蓄率的新古典模型已经部分触及关于财政政策干预的潜
在结果的分析，但是因为模型不包含政府财政政策能够影响的多个选择变
量，模型有着较大的局限性。经济学家可以通过拉姆齐经济增长模型的变
型来克服这个问题，在这个拓展的拉姆齐模型里，代表性消费者通过选择
跨期消费计划来最大化一生的效用。我们用这个模型来分析对资本和劳动
所得征税的最优税收。

拉姆齐模型假设只有一个代表性消费者，这个消费者随着时间的变化
选择消费、劳动和资本的演进路径。单一消费者假定可以消除在不同能力
和偏好的消费者之间进行分配的问题，如此则可以把注意力集中在效率问

题上。拉姆齐模型还假定前述新古典增长模型中的劳动力增长率 n 为 0。拉姆齐模型假定经济中有一个代表性厂商，该厂商选择对资本和劳动的合理使用以达到利润最大化。假定市场必须处于均衡状态，消费者的选择将通过储蓄的水平及由此而决定的资本的水平影响经济的其他部分。消费者对劳动和资本的供给，与厂商对这两种要素的需求共同决定了市场均衡下的要素回报率。以下的分析是为了描述这个经济体如何建立一个最优的税收结构，实现长期经济增长和社会福利的最优。

假定存在着一个政府，政府要求在时间 t 的收入为 G_t，政府通过对资本和劳动所得征税以得到收入，对资本和劳动所得征税的税率分别表示为 τ_t^K 和 τ_t^L，政府选择资本和劳动所得的税率的依据，是期望能够实现社会福利最优。消费者选择是为了各期效用流量的现值达到最大，令 $0 < \beta < 1$ 为未来效用的折现率，那么消费者的偏好可以表示如下：

$$U = \sum_{t=0}^{\infty} \beta^t U(C_t, L_t) \tag{4-30}$$

效用函数的这个表达形式表明消费者无限期存活，根据前面的假定，只有唯一的一个消费者，因此，资本存量等于这个消费者的储蓄，这样消费者的预算约束可以表示如下：

$$C_t + K_{t+1} = (1 - \tau_t^L) w_t L_t + (1 - \delta + (1 - \tau_t^K) r_t) K_t \tag{4-31}$$

在式（4-31）中，δ 表示资本折旧率。消费者效用最大化决策涉及为消费、劳动供给和资本在经济体的整个无限的生命期限里选择时间演进路径，这个消费者效用最大化决策以如下等式表示：

$$\max_{(C_t, L_t, K_t)} \sum_{t=0}^{\infty} \{ \beta^t U(C_t, L_t) + \beta^t \lambda_t [(1 - \tau_t^L) w_t L_t \\ + (1 - \delta + (1 - \tau_t^K) r_t) K_t - C_t - K_{t+1}] \} \tag{4-32}$$

在这里，λ_t 是预算约束在时间 t 的拉格朗日乘数。

要解上述式（4-32）的效用最大化问题，我们假定代表性消费者的要素劳动和资本的回报率 w_t 和 r_t 是给定的，这相当于确定代表性家庭是价格接受者，如同竞争性市场的假设一样，之所以这么假设，是因为在接下来我们关于政府税收最优化的分析中，政府必须考虑到劳动和资本选择对要素回报的决定问题。这是消费者和政府的区别所在，消费者对要素回报率做出反应，因为是价格接受者，而政府操纵要素回报率，因为政府可以对要素回报征税。在要素回报给定的假设下，解式（4-32）的最大化问题，分别对 C_t，L_t，K_{t+1} 求一阶导数，得到如下条件：

$$U_{C_t} - \lambda_t = 0 \tag{4-33}$$

$$U_{L_t} + \lambda_t (1 - \tau_t^L) w_t = 0 \tag{4-34}$$

$$\beta \lambda_{t+1} (1 - \delta + (1 - \tau_{t+1}^K) r_{+1}) - \lambda_t = 0 \tag{4-35}$$

把式（4-33）的 λ_t 代入式（4-34），可以得到：

$$U_{L_t} + U_{C_t} (1 - \tau_t^L) w_t = 0 \tag{4-36}$$

把式（4-33）的时间向前推一个时间跨期，得到：

$$U_{C_{t+1}} - \lambda_{t+1} = 0 \tag{4-37}$$

将式（4-33）、式（4-37）代入式（4-35）得到：

$$\beta U_{C_{t+1}} (1 - \delta + (1 - \tau_{t+1}^K) r_{t+1}) - U_{C_t} = 0 \tag{4-38}$$

式（4-36）和式（4-38）描述的是消费者的最大化效用。要理解这个最大化效用，我们先考察消费者决策的两个方面。首先，在每一个时间期间内，消费者必须最大化消费和劳动供给，式（4-36）给出了这个问题的有效解决结果，就是要确保二者的边际效用和相对价格成比例。其次，消费者必须在各个时期合理配置资源，式（4-38）描述了这种在相邻两个时期内的有效配置，表示相邻两个时期消费的边际效用的比例等于消费在两个时期间通过资本投资转化的比例。把所有的这些时期综合起来考虑，以上条件表明消费者的消费，劳动供给和资本投资的最优途径。

代表性厂商通过选择使用资本和劳动来最大化利润。厂商从消费者那里租用资本，在每一期间内追求利润的最大化，在这里利润最大化的效率条件就是竞争性市场下的效率条件，就是资本和劳动两种要素的边际产品应该分别等于两种要素的回报率，即利率和工资率，表达式如下：

$$F_{K_t} = r_t \tag{4-39}$$

$$F_{L_t} = w_t \tag{4-40}$$

有了前面关于消费者效用最大化和厂商利润最大化相关条件的分析求解准备，我们现在可以考察政府最优化问题。首先，政府的支出 G_t 是给定的，并且假定政府支出的使用目的本身没有直接影响消费者效用。而是认为政府选择税率、消费水平、劳动供给水平和资本存量水平来最大化效用。在每个时间点上，都必须对这些变量值进行选择，因此，政府的决策就是决定变量 $\{\tau_t^K, \tau_t^L, C_t, L_t, K_t\}$。在 τ_t^K, τ_t^L 给定的情况下，政府对 C_t, L_t, K_t 的选择必须和消费者对这三个变量的选择相一致。要实现这一点，我们应该把式（4－36）和式（4－38）所表示的消费者效用最大化条件当作政府最优化的约束条件。假设条件还应包括政府把要素回报率当作是外生决定的。政府最优化还必须把消费者和政府的预算约束作为约束条件，总生产可能性集也是约束条件，这三个条件中的任何两个成立，第三个也成立，因此，它们中的任何其中之一可以不必作为独立的政府最大化的约束条件存在。在这里，我们把消费者预算约束条件拿掉，而只考虑政府预算约束和总生产可能性集合作为约束条件。政府的预算约束就是政府的税收收入必须等于其支出，表示如下：

$$\tau_t^K r_t K_t + \tau_t^L w_t L_t = G_t \tag{4-41}$$

整个经济体的总体生产可能性集合条件表示如下：

$$C_t + G_t + I_t = F(K_t, L_t) \tag{4-42}$$

式（4－42）即封闭经济下的国民收入恒等式，其中，I_t 代表投资，根据投资的概念，$I_t = K_{t+1} - (1-\delta)K_t$，代入式（4－42），得到：

$$C_t + G_t + K_{t+1} = F(K_t, L_t) + (1-\delta)K_t \tag{4-43}$$

结合式（4－39）和式（4－40）厂商利润最大化约束条件的要素价格决定，决定最有效率税率的政府最优化问题可以表达如下：

$$\max_{\{\tau_t^K, \tau_t^L, C_t, L_t, K_t\}} \sum_{t=0}^{\infty} \beta^t \big[U + \Phi_t(\tau_t^K F_{K_t} K_t + \tau_t^L F_{L_t} L_t - G_t) + \theta_t(F + (1-\delta)K_t$$
$$- C_t - G_t - K_{t+1}) + \mu_{1t}(U_{L_t} + U_{C_t}(1-\tau_t^L)F_{L_t}) + \mu_{2t}(\beta U_{C_{t+1}}(1-\delta$$
$$+ (1-\tau_{t+1}^K)F_{K_{t+1}}) - U_{C_t}) \big] \tag{4-44}$$

对式（4－44）的最优化问题求解，要对这个拉格朗日函数在每个时点上的选择变量求一阶导数，还要对这个拉格朗日函数在每个时点上的拉格朗日乘数求一阶导数。但就我们所要考察的政府政策问题，这里与模型关注的最优资本税相关的变量是资本税率和资本存量，因此，只要求出这二者的条件就可以了。其他的一阶条件可以为解决方案提供更多的信息，但是跟资本税的决定问题无关。

式（4-44）的拉格朗日函数对资本所得税率 τ_t^K 求一阶导数，得出必要条件如下：

$$\Phi_t F_{K_t} K_t - \mu_{2t-1} U_{C_t} F_{K_t} = 0 \qquad (4-45)$$

式（4-44）的拉格朗日函数对资本所得税率 τ_t^L 求一阶导数，得出必要条件如下：

$$\Phi_t F_{L_t} L_t - \mu_{1t} U_{C_t} F_{L_t} = 0 \qquad (4-46)$$

式（4-44）的拉格朗日函数对资本存量 K_t 求一阶导数，得出必要条件如下：

$$\Phi_t(\tau_t^K(F_{K_t} + K_t F_{K_t K_t}) + \tau_t^L F_{L_t K_t} L_t) + \theta_t(F_{K_t} + 1 - \delta)$$
$$- \frac{1}{\beta}\theta_{t-1} + \mu_{1t} U_{C_t}(1 - \tau_t^L) F_{L_t K_t} + \mu_{2t-1} U_{C_t}(1 - \tau_t^K) F_{K_t K_t} = 0 \qquad (4-47)$$

式（4-45）表示的 τ_t^K 的必要条件和式（4-46）表示的 τ_t^L 的必要条件可以用以替代 μ_{1t} 和 μ_{2t-1}，并且代入式（4-47），并且结合规模报酬不变假定所意味着的 $K_t F_{K_t K_t} + L_t F_{L_t K_t} = 0$，式（4-47）可以简化成：

$$\Phi_t \tau_t^K F_{K_t} + \theta_t(F_{K_t} + 1 - \delta) - \frac{1}{\beta}\theta_{t-1} = 0 \qquad (4-48)$$

从整个经济的增长路径来看，式（4-48）描述的仅仅是由最优的政府财政政策引致的产出的很小的一个部分。但是，当我们关注所有的变量都是常数的稳定状态时，用式（4-48）的条件所包含的信息就可以用来确定最优资本税。

这样，我们就可以考察在最优财政政策之下达到的稳定状态。既然是一个稳定状态，那么随着时间的演变，税率水平和政府的支出水平必须保持不变。此外，资本存量、消费和劳动供给水平也必须是常数，保持不变。而且，稳定状态也意味着 $\theta_t = \theta_{t+1}$，正是对所有的时点变量都一致，以上这些稳定状态下的实际情况表明，式（4-48）表示的即时资本存量选择的必要条件在稳定状态下可以写成：

$$\Phi\tau^K F_K + \theta(F_K + 1 - \delta) - \frac{1}{\beta}\theta = 0 \qquad (4-49)$$

同时，因为在稳定状态下每个时点的变量都是不变的，因此，式（4-48）表示的消费者效用最大化选择的条件在稳定状态下可以写成：

$$\beta(1 - \delta + (1 - \tau^K)F_K) - 1 = 0 \qquad (4-50)$$

把式（4-50）代入到式（4-49）以替代 β，式（4-49）可以进一步简化，最终得到的资本存量选择的条件如下：

$$(\Phi + \theta)\tau^K F_K = 0 \qquad (4-51)$$

假定资源约束是有约束力的，那么意味着 $\Phi > 0$，$\theta > 0$，资本的边际产品 $F_K > 0$，则式（4-51）的解为 $\tau^K = 0$，这是最早由切米利（Chamley）和贾德（Judd）研究提出的一个结论，那就是长期资本税的税率应该为 0。

这个模型的分析告诉我们的结论是，在外生经济增长模型中，在稳定状态下，即长期中的均衡状态下，源于资本的利息所得不应该征税。我们解释这个结论，可以从以下三个方面进行理解。首先，这个结论并没有认为，当经济体处于从非稳定状态到稳定状态过渡的经济增长路径中，税率也应该为 0，根据前面我们的推导过程看，这个结论本身就是以稳定状态为前提推导出的，因此只适用于稳定状态，这个结论并不决定在增长过程中，即过渡状态中的税率究竟应该如何。其次，资本所得的 0 税率意味着所有的税收收入应该对劳动所得征收，如果劳动是固定要素，那么这个结论就很正常，但实际上劳动是变动的要素。最后，避免对资本所得征税的原因，是因为资本的回报是消费者跨期配置资源的基础，这个结果表明，最优化选择要求对消费者的跨期资本配置不要有任何的征税引起的扭曲，而是让所有的征税引起的扭曲发生在各个期间内消费和劳动之间的选择上。既然最优资本所得税税率是 0，那么相对于可实现的最大福利，任何的高于 0 的税率都会引起福利损失。

总之，上述模型的结论是，最优税收政策应该规定长期资本所得的税率为 0。这是为了避免跨期资源配置因为征税而引起的扭曲，导致最优福利的下降。由此，所有的税收收入都应该通过劳动所得税征收，而这会引起期间内资源配置的扭曲，但是不应该跨期资源配置，这个结论非常一般化，而且也没有决定于什么非常严格的假设。实证研究发现，如果不采用最优的资本所得税为 0 的税收政策，福利损失是很显著的，这主要是体现在一定比例的税收收入的下降上（Chamley，1981）。

以上基于拓展的拉姆齐模型分析，实现长期经济增长中社会福利最优的政府最优化问题，即最优税收问题，有助于我们理解财政政策如何才是最合适的，在这里，财政政策指的是税收政策，能够实现经济长期增长和代表性家庭效用最大化。

4.3.2　税收政策与经济增长

有些财政政策措施旨在实现短期的稳定经济的目标。而另外一些财政政策措施则试图通过扩大经济体的生产能力而提高经济增长率，从而具备长期影响。具有长期效应的这些财政政策和短期为稳定经济而进行的总需求管理的财政政策不同，具长期效应的财政政策影响的主要是总供给，因此，也有人把这些财政政策措施称为供给侧经济学（Supply-side Economics）。着力于长期影响经济增长的财政政策措施，大多数试图通过改变税收来强化对工作、储蓄、投资和开办新企业的激励，从而增加总供给。

1. 税收政策的长期效应

经济活动的税前收益和税后收益之间的差额被称为税收楔子（Tax Wedge），税收楔子取决于边际税率，边际税率即每增加的 1 单位收入中需要以税收形式被取走的部分。比如，中国的工资薪金所得采用七级超额累进税率，根据收入的实际情况，每增加 1 元的收入就适用相应所在档次的边际税率，而这个边际税率就决定了税收楔子的大小。根据供需原理，如果商品或劳务的价格上升，则其供给量会上升。那么，在个人所得税的例子里，如果收入边际税率下降，则税收楔子减少，从而税收工资上升，劳动供给量增加。对于储蓄的资本税边际税率的下降会提高储蓄的税后回报率，从而增加储蓄和可贷资金，使得均衡利率下降，导致投资支出的增加。一般说来，经济活动的税收楔子越小，这些诸如劳动、储蓄、投资和开办企业的经济活动就越多地发生。当税收发生变动时，工人、储蓄者、投资者和企业家会在行为上对税收的变动做出回应。以下分别从企业所得税、个人所得税、分红和资本利得征税分析减税对于总供给的影响。

（1）企业所得税。企业所得税对企业的利润征税，目前，中国企业所得税的边际税率一般为25%，降低企业所得税的边际税率，将增加企业投资于设备、工厂和办公大楼的回报，从而鼓励企业的投资支出。同时，因为创新通常包含在新的投资品里，对企业所得的减税措施可以潜在地推动并加快技术进步的步伐。

（2）个人所得税。如上所述，降低个人所得税的边际税率可以减少工人所面对的税收楔子，因而可以增加劳动供给的数量。按照我国的个人所得税法，许多个人独资企业形式的小企业，对其利润也按个人所得税的相应税率征收个人所得税。因此，降低个人所得税的税率也会提高这些企业的收益，鼓励投资和新企业的开办。从储蓄获得回报的家庭，需要就储蓄的回报缴纳个人所得税，减少个人所得税的边际税率因此可以提高储蓄的回报。

（3）对企业分红和投资资本利得的征税。分红是企业盈利中分配给股东的那部分。股东也可以从所持有股票的增值获得企业利润上升的好处，这个增值就是资本利得。企业利润的上升一般会带来股票价格的上升和股东获得资本利得。个人取得的分红和资本利得要纳税，但是如果股票没有售出，则资本利得税的缴纳可以延至股票售出时再缴。其结果是企业的盈利被征税两次，一次是企业就其利润缴纳企业所得税，另一次则是投资者以分红或者资本利得形式获得企业的利润时。因此，经济学家一直在探讨只对企业利润征收一种税的成本和收益。如果企业所得税保留不动，那么减少双重征税的一个办法就是降低对企业分红和投资资本利得征税的税率，在美国，2003 年，这些税率下降了，但是 2013 年又提高这些税率。总体上对企业分红和投资资本利得的边际税率仍然低于个人所得的顶级边际税率。降低对企业分红和投资资本利得的税率，可以增加从家庭到企业的可贷资金供给、增加储蓄和投资、降低均衡真实利率。

2. 税收制度简化对经济增长的益处

除了上述的减税给经济增长带来的好处，税收制度简化也能产生正面影响。因为税收制度本身的复杂性，使得报税等纳税准备已经成为一个产业，纳税人每年需要花费大量的时间来填报各种税收表格，美国的一家专门的报税公司 H&R Block 甚至拥有比星巴克门店还多的办公室。如果税收制度能够得到极大的简化，现在报税产业使用的各种经济资源就可以用于生产更多的其他产品和服务。除了浪费大量资源之外，税收制度的复杂性也可能会扭曲家庭和企业的决策行为。比如，对企业分红的征税，就明显地影响到企业是否分红的决策。美国 2003 年国会通过对企业分红征税的减税后，许多公司首次开始分红，这其中就包括微软公司。一个简化的税收制度，可以减少家庭和企业仅仅为了减少纳税而需要做的各种决策，而这将提高经济效率。

3. 税收改革对长期经济增长的影响

在总供给和总需求模型里，即便没有减税和税制简化，随着劳动力、资本存量和技术进步的发展，总供给一侧也会增加。但如果减税和税制简化是有效的，劳动供给、储蓄、投资和新企业的形成都会增加，经济效率也会得到改善。这些效应合在一起会带来各个价格层面上的真实 GDP 供给数量的增加，总的看，减税和税制简化对经济的好处包括增加产出、增加就业和降低价格水平。

大多数经济学家都同意减税具有供给侧效应，比如降低个人所得税的边际税率将提高劳动供给的数量，企业所得税的减税会增加投资支出。但具体效应的具体量化情况则在经济学家中存在着很大的争议，比如关于个人所得税的减税，有些经济学家认为，伴随减税的劳动供给数量的增加是有限的，因为很多劳动者工作时间是和雇主签订的劳动合同规定的，并没有机会增加额外的劳动时间。另外一些经济学家认为，减税和税制简化对储蓄和投资仅有很小的影响，他们认为，比起税收改变的影响，储蓄和投资更多地受到其他因素的影响，比如收入变化，比如因为未来技术进步和宏观经济环境改善，使未来新投资的盈利能力预期发生改变而带来的影响。

怀疑供给侧效应的经济学家们认为，受减税影响最大的是总需求，而不是总供给。这些经济学家认为，如果只是考虑减税对总需求的影响，而忽略任何对总供给的影响，可以准确地预测未来真实产出和价格水平的变动，这表明减税的供给侧效应很小。

上述的两种观点关于税收政策供给侧效应的大小，存在分歧，如果要准确地界定税收政策的供给侧效应，进而明确其对长期经济增长的影响，则需要研究不同税率对劳动供给、储蓄和投资决策的影响。

第5章 基于真实商业周期模型的消费、劳动及资本收入征税的经济增长影响

本章具体考察政府税收对经济增长的影响，主要是基于真实商业周期模型框架进行分析。我国的主要税收来源是消费型税种，包括地方中央共享的增值税，地方税主要税种的营业税。在当前财税体制改革的背景下，研究消费型税种征税的经济增长影响特别富于现实意义。在家庭预算约束里，从征税对象看，各国税务机关还对劳动和资本收入征税，因此，本章也考察对这二者征税的经济增长影响。

5.1 均衡商业周期模型框架下消费型税种减税的经济增长影响

增值税是我国的主体税种，如果以征税对象为划分依据，它和营业税一样是流转税，但是从对家庭预算约束组成部分的征税看，因为是对家庭的消费征税，所以它又是消费型税种，在我国，此类税种主要还包括营业税、消费税。近两年来，关于我国的宏观税负和微观税负的各种观点很多，大多数认为税负偏高，影响了企业的生产，特别是一些观点认为，税负偏高影响了容纳我国大量就业的中小企业经营活动，因此也影响到就业。从 2012 年起，我国在上海开展营业税改征增值税试点，这个试点实

际上是增值税改革和营业税改革的综合，首先是营业税改征增值税，可以消除征收营业税多环节全额征税的重复征收弊端，其次是新征的增值税设置 11% 和 6% 两档税率，低于原增值税的基本税率 17% 及低税率 13%，可见，本次试点实际是对营业税和增值税的减税。在我国进行减税，考虑到我国的主体税种是消费型税种，从消费型税种入手在数量上能更有效更见成效地体现减税，但是实际经济影响究竟如何呢？消费型税种减税究竟会对我国的宏观经济运行，特别是经济增长产生什么影响特别值得研究。把经济增长作为主要考察对象，是因为在诸多宏观经济变量里，经济增长是个重要的综合指标，经济增长指标在一定程度上与其他几个宏观经济变量联系紧密，比如就业、通胀等。本书试图用一个理论模型对此加以分析，通过模型分析诠释作为我国财政收入主要来源和主体税种的消费型税种减税的经济增长影响。

政府征收各种税收，并且进行各种转移支付，这会通过收入效应和替代效应影响家庭的决策，包括家庭的劳动供给、消费、储蓄和投资等，从而对总体经济运行产生影响。家庭作为要素的提供者，其经济行为通过预算约束下的决策和要素供给，会影响到整个经济的产出，考察消费型税种减税的经济增长影响，必然要从家庭要素供给对经济产出的影响出发进行研究，因为家庭是生产函数里两个要素资本和劳动的来源。因此，当研究税收对实际 GDP 的影响时，需要先要研究税收对资本和劳动这两个要素供给的影响和对家庭消费的影响，这主要是税收常常来自家庭的劳动收入，或者资本收入，或者直接对消费征税，税收的变动则必然直接对要素供给和消费产生影响。下面将首先建立均衡商业周期模型，然后分析消费型税种减税在这个模型框架下是怎么影响经济增长的，即如何影响 GDP 实际产出。

5.1.1 模型

在本书，为了研究减税对经济增长的影响，我们主要是要通过建立在微观经济学框架基础上的均衡商业周期模型（equilibrium business-cycle model）来对经济的波动进行分析，考察减税这样的冲击对 GDP 实际产出的影响。之所以被称为均衡商业周期模型，是因为模型是假定均衡条件来确定各种冲击如何影响宏观经济变量，比如 GDP 实际产出，消费，投资等，这个模型先假设生产要素劳动和资本的供给函数和需求函数，然后在均衡条件假设下，主要是劳动力市场和进入生产函数中使用的资本市场出清的假设条件下，探讨冲击如何影响宏观经济变量，而这主要是借助文中等式（5-9）述及的生产函数，即本模型要考察冲击如何影响要素供给，然后再通过生产函数影响产出。本书借助这个模型研究消费型税种减税这样的冲击是怎样影响 GDP 实际产出的。

要通过宏观经济模型研究市场，先要明确微观经济基础，对市场微观主体如何做选择的微观基础我们有两个假设，一是微观经济主体是市场价格的接受者，这样就可以通过个体决策的加总获得市场的供给或者需求函数；二是市场出清假设，由此，可以解决需求和供给函数如何决定经济中数量和价格问题，比如在市场出清的条件下，市场对劳动的供给和需求就取决于实际工资率，实际工资率的不断调整将使劳动力市场处于出清状态。

为了研究的方便，假定家庭在经济中发挥了所有的职能，既提供各种要素，又从事各种产品的生产，为了简化，把企业看作是家庭的一部分。本模型把市场结构分为产品市场，租赁市场、债券市场和劳动力市场。家庭则在这几个市场提供要素以获得收入，进行消费和投资。为了扣除价格因素的影响，在模型中假定 P 为价格水平。研究税收的经济影响，前面提到了要研究其对家庭各项决策的影响，然后传递到对整体经济的影响，这里我们首先考虑经济中一个代表性家庭的预算约束。

下面，分别分析家庭在四个市场的收入。家庭在产品市场上的收入为利润，但是因为市场出清假设，在完全竞争中，市场均衡时利润为 0。在租赁市场上，每个家庭凭借其拥有的资本 K 以实际租赁价格 R/P 获得租金收入，同时，还要扣除资本品的折旧，如果折旧率为 δ，则折旧值为

δK，家庭的净实际租金收入为（R/P－δ）·K，（R/P－δ）在这里表示的是以资本形式持有的每一货币单位的收益率。如果家庭每年向劳动力市场提供的劳动量为 L^s，并且名义工资率为 w，实际工资率为 w/P，则家庭的名义工资收入为 wL^s，实际工资收入为（w/P）· L^s。如果在债券市场上家庭的名义债券持有量为 B，利息率为 i，那么家庭每年的名义利息收入为 iB，实际利息收入为 i·（B/P）。这样得到家庭实际总收入为：

家庭实际总收入 =（w/P）· L^s +（R/P－δ）·K＋i·（B/P）

$$(5-1)$$

家庭提供要素取得收入的同时，还在产品市场上进行消费产生支出，假定家庭每年的实际消费支出为 C。接下来，本模型要考察家庭的预算约束情况，必须研究家庭的收入和支出与资产的关系。在这个模型里，我们假定家庭的资产主要包括货币 M、资本 K 和债券 B，一般情况下，家庭还会持有一定数量的货币，但是货币并不能带来收益，因此，假设家庭持有一个固定数额的货币量，其变化量 ΔM 为 0，这样货币资产不影响家庭的收入。至于一个家庭到底是以资本的形式还是债券的形式持有资产，取决于二者的收益率，家庭会比较资本的收益率（R/P－δ）和债券的收益率 i，只要这两个收益率不相等，家庭就会持有其中收益率较高的资产品种，这样最后必然使得市场上二者的收益率相等，即：

$$i = R/P - δ \qquad (5-2)$$

将式（5-2）代入式（5-1）得到：

家庭实际总收入 =（w/P）· L^s ＋i·（B/P＋K）$\qquad$（5-3）

在某个时点上，家庭的实际资产总和为货币、资本和债券三种资产和：M＋B/P＋K。而储蓄则为资产在某一段时间内实际总资产的变化量：ΔM＋（1/P）·ΔB＋ΔK，因为 ΔM＝0，所以家庭储蓄为（1/P）·ΔB＋ΔK。一个家庭的储蓄又取决于家庭的收入与消费，收入超过消费的部分会被储蓄，形成增量资产，当收入少于消费时，没有储蓄并且导致资产的减少。因此，家庭的总收入将用于消费或者储蓄，即消费和储蓄的分配受家庭总收入的约束。由此，得到家庭的预算约束：

$$C + (1/P) \cdot \Delta B + \Delta K = (w/P) \cdot L^s + i \cdot (B/P + K) \qquad (5-4)$$

式（5-4）左边是家庭的消费和实际储蓄，右边是家庭的实际总收入。接下来引入政府行为，研究政府行为对家庭经济行为的影响。政府为市场中的其他微观经济主体提供公共服务，并且以税收作为提供公共服务的公共支出的主要资金来源，同时政府还进行转移支付，在本模型中，假定企业是家庭的一部分，因此，政府服务的微观经济主体就是家庭。如果按照巴罗（Barro，1990）的开创性研究的视角，政府公共服务被分为生产型和消费型，进入生产函数和效用函数分别对效用和生产产生影响。在这里，为了研究的简便起见，我们假定公共服务对效用和生产的影响可以不予考虑，许多信奉新古典经济学的经济学家也是倾向于这个假定的。本模型研究政府税收和转移支付如何影响家庭的预算约束，从而影响家庭在要素提供，消费，投资和储蓄的决策。我们研究的是去除价格因素影响的家庭实际预算约束，而且在前面的分析中我们实际上隐含着一个假设，那就是价格水平为常数，从而可以忽略通货膨胀影响，因此，在前面的分析中，可以让名义利息率 i 等于实际利息率 r，但是在考虑存在通货膨胀时，式（5-4）依然成立，只是要做一些修正。如果考虑第 t 年的家庭预算约束，假定政府实际税收为 T_t，实际转移支付为 V_t，那么家庭第 T 年的实际收入必须减去实际税收，再加上获得的政府实际转移支付，以得到实际可支配收入。另外，这里将用考虑通货膨胀因素的实际利率 r 替代名义利率 i，同时，家庭在第 t 年据以获得利息和租金收入的债券和资本的数量应该是第 t-1 年底的存量，并且第 t 年的债券和资本的变化量是第 t 年底存量和第 t-1 年底存量的差额，所以 $\Delta B_t = B_t - B_{t-1}$，$\Delta K = K_t - K_{t-1}$。这样，我们得到考虑政府实际税收和实际转移支付后的家庭预算约束：

$$C_t + (1/P) \cdot \Delta B_t + \Delta K = (w/P)_t \cdot L_t^s + r_{t-1} \cdot (B_{t-1}/P + K_{t-1}) + V_t - T_t$$

$$(5-5)$$

接下来，从家庭实际预算约束出发，研究税收的变动，主要是税率变动情况下的经济影响。下面的分析将把税率，这里主要是消费型税的税率引入上述的均衡商业周期模型，将式（5-5）的下标年份拿去，家庭的预算约束可以表达为：

$$C + (1/P) \cdot \Delta B + \Delta K = (w/P) \cdot L^s + r \cdot (B/P + K) + V - T$$

$$(5-6)$$

在这样的一个模型框架下，各国税收的征收就是以式（5-6）等号两边各项为征税对象进行征收。对等式右边的前两项征税，政府可以得到个人所得税，个人所得税中劳动所得税来源于家庭的实际劳动收入（w/P）·L^s，个人所得税中的资本所得税，税基包括利息、股息、红利、资本利得等来自于家庭的实际资产收入 r·（B/P + K）。对等式右边的消费 C 征税，政府可以得到增值税、消费税和营业税等。

5.1.2 基于均衡商业周期模型的消费型税种减税的经济增长影响分析

以上述的均衡商业周期模型为基础研究消费型税种减税对经济增长的影响，还是要从消费型税种的征税行为如何影响模型中的家庭对两个要素劳动和资本的供给入手。消费型税收相当于是对家庭预算约束式（5-6）左边的 C 项征税，我们假定其边际税率为 t_c，即家庭每增加 1 单位的消费，则实际缴纳税款增加 t_c 单位，对 C 项征税在现实经济中的形式主要有增值税、营业税和消费税。考虑到我国的主体税种是增值税，同时，营业税在我国整体税收收入中也占了很大的分量，特别是在当前我国企业税负较大，减税，尤其是增值税和营业税的呼声较大，且增值税和营业税改革正在进行的背景下，通过理论模型分析消费型税种减税的经济增长影响有着重要的理论和现实意义。在这里，我们还假定家庭所能提供的可用于生产的资本存量 K 是给定的。在实际生产中，很显然，不是所有的资本存量都能够被充分使用，比如，在企业生产中，资本品常出现使用不足的现象，比较典型的情况是有的时候工厂机器开工不足，假定生产中资本存量的利用率为 θ，这样进入生产函数的资本数量为 θK。假设所有的家庭都是一样的，并且家庭不随时间变化，假设边际税率和平均税率一致，都是

t_c，这相当于对消费 C 按比例税率征税，征收的消费税和家庭的消费 C 成正比。为了研究上的简便，剔除对劳动收入征税而产生的影响，即这里假定对实际劳动收入（w/P）· L^s 不征税，这个假设显然和实际中各国基本都征收劳动所得税的事实不符，但是这个假设只是为了研究的方便，不影响结论。根据式（5-6），右边的收入增加，家庭才能增加消费，现在假定家庭增加了 1 单位不被征税的劳动供给，这样家庭的收入增加了 w/P，家庭增加的消费为 ΔC，同时，每 1 单位的消费政府征税 t_c 单位，所以消费税为 ΔC · t_c，增加的消费和税收之和应该等于增加的收入：

$$\Delta C + \Delta C \cdot t_c = w/P \qquad (5-7)$$

整理式（5-7），我们就可以得到消费的增加量和劳动的增加量之间的关系：

$$\Delta C = (w/P)/(1+t_c) \qquad (5-8)$$

式（5-8）说明，每增加 1 单位的劳动，家庭能够获得的消费增加量为 $1/(1+t_c)$ 单位。消费税率 t_c 越高，家庭每增加 1 单位劳动所能够获得的消费增加量就越小，t_c 越低，家庭每增加一单位劳动所能够获得的消费增加量就越大。在这里，式（5-8）表示的 ΔC 相当于以消费量表示的税后实际工资率，就是增加的 1 单位劳动的价格用消费的增加量来表示，而实际工资率将会影响家庭在工作和闲暇之间的选择，如果 t_c 下降，以（w/P）/（$1+t_c$）表示的税后实际工资率上升，家庭将放弃更多闲暇时间，增加工作，这样劳动供给 L^s 增加，在市场出清假设下，L^s 增加等同于进入生产函数的劳动力增加。当进入生产函数的资本数量 θK 给定时，L^s 增加会提高资本的边际产出，而资本边际产出的提高又会使得进入生产函数的资本数量 θK 增加，这是因为上述在资本数量 K 给定假设下，劳动供给 L^s 的增加会提高资本使用率 θ，比如，因为工人的增加会使得机器开工的时间增加。即便是在劳动供给没有增加的情况下，上述的分析也说明，如果消费型税种的税率 t_c 下降，则同样 1 单位的劳动能够购买的消费量增加，这在中国当前促进内需增长的背景下富有现实意义，即在劳动和资本要素供给给定情况下，通过消费型税种税率的下降，可以有效地提高家庭的消费。另外，这里模型还假设消费税率不随时间而变化，或者说，家庭没有预期到将来税收的变化。之所以这样假设，是因为家庭的预期会影响其选择，如果家庭可以预期未来消费税率的变化，那么将会选择在预期的低消费税率时期大量消费，这就产生跨期替代效应，我们假定 t_c 不随时间变化，就可以忽略跨期替代效应，便于分析当期消费型税种减税的影响。

接下来，我们引入实际国内生产总值 GDP（Y）的生产函数：

$$Y = A \cdot F(\theta K, L) \qquad (5-9)$$

即一个国家的商品和服务产出有由技术水平和生产要素的投入所决定，这里 A 代表技术水平，对于给定的生产要素投入 θK 和 L，A 增加会导致产出 Y 的增加。K 是前面提到的资本存量，θK 则是体现了资本存量使用效率的进入生产函数的资本投入，L 为劳动力，生产函数对生产要素 K 和 L 都满足一阶导数为正，二阶导数为负，即生产要素 K 和 L 的边际产出都为正，同时服从边际产出递减规律。现在回到上面讨论的消费型税种减税的情形下，在资本存量 K 既定的假设下，t_c 下降，会使得家庭的消费增加，家庭的劳动供给 L^s 增加，在劳动市场出清假设下劳动供给 L^s 就是进入生产函数的劳动力投入 L，因此，劳动力投入 L 增加，并且根据上面的分析，L 增加会使得资本边际产出 MPK 增加，在资本存量 K 既定的情况下会提高资本使用率 θ，从而使得进入生产函数的资本存量 θK 增加，如果我们假定技术水平 A 不变，那么根据式（5-9），θK、L 增加，产出 Y 上升，降低消费型税种的税率进行减税将导致实际 GDP 产出的增加。

5.1.3　结论

从上述的模型分析我们得出结论，那就是消费型税种税率的下降可以增加家庭的消费量，增加劳动的数量 L 和生产中使用的资本存量数量 θK，促进以实际 GDP 产出衡量的经济总量的提高，也就是可以促进经济增长。2011 年的中央经济工作会议对实施"十二五"规划承上启下重要一年的 2012 年的经济工作提出要实施积极的财政政策。我们认为，对消费型税种降低税率的减税就是积极财政政策的有效政策工具。通过本节的模型分析，可以发现消费型税种的减税，主要是降低税率，可以促进劳动供给，扩大家庭消费，促进经济增长。在此基础上，给政策制定者的启示是消费型税种有针对性的减税将对我国加快推进经济发展方式转变和经济结构调整，扩大国内需求，加强企业自主创新和节能减排等有着重要的推动作用。这里的针对性是指根据产业的不同征收不同税率的消费型税，不同产业区别对待，因此，这种减税也可以称之为结构型减税，这种结构型减税在体现总体减税和部分产业减税的同时，可以对某些产业的消费型税种提高税率而增税，以抑制对其产品的消费，抑制这些产业的发展。这种针对性减税的益处主要体现为：一是总体消费型税种税率的下降可以促进消费，在我国净出口和投资拉动经济增长潜力有限的情况下，以消费的扩大促进我国经济增长，增加就业；二是通过消费型税种有针对性的结构型减税，可以在国家鼓励发展的自主创新和节能减排效果突出的行业大幅度降低消费型税种税率，鼓励其消费和生产，而在高能耗、高排放和低效率行业不降低甚至可以提高消费型税种的税率，以抑制其消费和生产，推动实现经济发展方式的转变和经济结构的合理调整。在消费型税种总体税率下降促进消费和劳动供给，促进经济增长的同时，结构型的减税通过对产业区别对待，在用消费型税种减税的政策工具促进经济增长的同时，实现经济结构的调整和经济增长方式的转变，落实科学发展。

5.2　对劳动所得征税的经济增长影响

首先，假定劳动所得的边际税率为 t_w，为了研究上的简便，假设对劳动所得不征收许多国家通用的累进税，而是按照比例税率征收，这样 t_w 适用于所有收入水平。同时，假定 t_w 不随时间变化，这主要是为了避免家庭对政府的未来政策产生预期，因为一旦 t_w 会随时间变化，家庭预期到现在和未来税率的不同，将会在低税率的年份多工作，而在高税率的年份少工作，对 t_w 随时间变化的预期会使得劳动供给有跨期替代效应，t_w 不随时间变化的假定可以剔除跨期替代效应。

分析对劳动所得征税的经济增长影响，本书通过分析对劳动所得征税对劳动供给的影响，进而如何影响到进入生产函数的劳动要素，最后影响经济产出。首先，我们分析征收劳动所得税将如何影响劳动供给。家庭在闲暇和消费之间进行选择，闲暇和消费之间的替代效应取决于实际工资率 w/P，家庭如果增加 1 单位的劳动供给量 L^s，则劳动所得 （w/P）L^s 增加 w/P 单位，这样家庭就可以增加 w/P 单位消费，但是，劳动供给增加 1 单位，意味着家庭的闲暇时间减少 1 单位，因此，家庭以 w/P 单位消费代替 1 单位的闲暇。现在，如果 1 单位新增的劳动所得根据边际税率 t_w 增税，那么在上一节式（5-6）的等号右边税前实际劳动所得增加 w/P 单位，而实际税收也提高了 t_w 单位，这样式（5-6）的等号右边增加了 （w/P）·（1-t_w）单位，这表示税后所得的增加量。这个收入增加可以用来增加 （w/P）·（1-t_w）单位消费 C。这说明对劳动所得征税后，增加 1 单位的劳动，家庭可以用 （w/P）·（1-t_w）单位的消费来代替闲暇，（w/P）·（1-t_w）又被称为税后工资率，由于对劳动所得征税，劳动供给的替代效应此时取决于税后工资率。这样，由于对劳动征税，家庭增加 1 单位劳动供给，能增加的消费下降了，而且如果 t_w 上升，替代 1 单位闲暇的消费 （w/P）·（1-t_w）下降，这会使得家庭减少劳动，增加闲暇，从而劳动所得下降导致消费减少。

但是，征税对劳动还是产生另外一种效应，就是收入效应。收入效应指当家庭的收入增加时，会更多地消费和增加闲暇时间，减少工作，如果 t_w 上升，那么家庭的收入效应将如何呢？式（5-6）等号右边告诉我们，家庭的实际收入还取决于实际转移支付减实际税收 V-T，根据政府的预算约束条件 V-T=-G，当我们假设政府购买 G 不变时，则 V-T 不变，从这一项看，如果 G 不变，则 t_w 的改变对家庭没有什么收入效应，即式（5-6）等号右边表示的实际收入没有发生什么改变。在这里，为了研究的方便，我们考虑 G 给定时 t_w 上升所产生的影响，在这种情况下，没有收入效应，只有替代效应，t_w 上升使得税后工资率（w/P）·（1 − t_w）更低，因此，闲暇的价格下降，人们更愿意多消费闲暇，而不工作，这样就会导致劳动供给 L^s 的数量减少。同时，我们知道对劳动所得征税不会影响到劳动需求数量 L^d，因为厂商的决策依然是根据劳动边际产品等于实际工资率 MPL = w/P 进行利润最大化决策。在实际工资率 w/P 给定情况下，t_w 上升不影响厂商劳动投入数量 L^d 的利润最大化选择。根据这里的分析，因为 t_w 上升，会导致劳动供给 L^s 的数量减少，而劳动需求量 L^d 不变，这样在市场出清的条件下，由劳动供给量和需求量的均衡决定的实际工资率（w/P）随 t_w 上升而上升，因为劳动供给随 t_w 上升而减少，劳动需求量不变，则二者在新均衡处必然是价格上升，即实际工资率的上升。但是税后工资率（w/P）·（1 − t_w）必定是下降的，因为劳动供给下降，而劳动供给 L^s 是税后工资率（w/P）·（1 − t_w）的增函数，可见，必然是税后工资率（w/P）·（1 − t_w）下降，才导致劳动供给下降，由此我们也可以推导在税收工资率（w/P）·（1 − t_w）的两个组成部分里，由于 t_w 上升引起的（w/P）上升，不足以弥补 t_w 上升引起的（1 − t_w）的下降，所以税后工资率（w/P）·（1 − t_w）下降。

上述分析表明，对劳动所得征税，t_w 的上升会减少市场出清下劳动投入 L 的数量，同时，这将影响到资本服务市场，因为 L 的下降会导致资本服务的边际产出 MPK 减少。劳动投入 L 减少，在资本存量 K 给定的前提下，资本利用率下降，这样 MPK 下降，而在市场出清的条件下，MPK = （R/P），MPK 下降就等同于市场出清的实际资本租赁价格下降，资本利用率的下降会使得资本服务量下降，可见，对劳动所得的征税对资本服务市场产生间接影响，t_w 的上升减少劳动投入 L，降低 MPK，减少了资本服务量，既然 t_w 的上升同时减少劳动数量和资本服务量，那么当我们把这二者结合到生产函数，其结果必然是经济产出 Y 下降，因此，对劳动所得征税的税率 t_w 的上升会导致实际 GDP 衡量的经济产出的下降。

5.3 对家庭资产收入征税的经济增长影响

关于对家庭资产收入征税的经济增长影响，我们还是从本章第一节的式（5－6）的家庭预算约束条件开始，等号左侧的 $r \cdot (B/P + K)$ 项表示的是家庭的实际资产收入，如果仅对家庭的资产收入征税，则实际税收 T 就决定于家庭的实际资产收入 $r \cdot (B/P + K)$，实际资产收入包括家庭持有的债券的实际利息收入 $r \cdot (B/P)$，及资本所有权的收益 rK。rK 是家庭拥有资本的实际租金 $\left[\left(\dfrac{R}{P} \right) \cdot k - \delta(k) \right] \cdot K$，即 $r = \left[\left(\dfrac{R}{P} \right) \cdot k - \delta(k) \right]$。同时，$r \cdot (B/P + K) = \left[\left(\dfrac{R}{P} \right) \cdot k - \delta(k) \right] \cdot (B/P + K)$，即 $r = \left[\left(\dfrac{R}{P} \right) \cdot k - \delta(k) \right]$，这个结果源于在均衡市场下，家庭的理性决策必然使得债券和资本的实际收益率相同，否则家庭将增持一种资产而减持另一种，直至二者的收益率相同，在这里，k 指的是资本利用率。

假定对家庭资产收入征税的边际税率为 t_r，并且对所有形式的资产以同一边际税率征税，对债券收益和资本实际收益适用同一税率的假设，使得征税不会对家庭的投资决策产生扭曲，这样债券和资本的实际收益率相同的等式依然成立，即 $(1 - t_r) \cdot r = (1 - t_r) \cdot \left[\left(\dfrac{R}{P} \right) \cdot k - \delta(k) \right]$。

接下来，考虑税后实际利率对家庭跨期消费的影响。实际利率的跨期消费效应表明，如果家庭放弃第一期消费 C_1 1 单位，可以增加第二期消费 C_2 的数量为 1 + r 单位。r 如果上升，则放弃 1 单位 C_1，可以获得更多的 C_2，家庭就会减少 C_1。现在对家庭资产收入征税，那么放弃第一期消费在第二期多增加的 r 单位的资产收入将被按边际税率 t_r 征税，这样增加的 r 单位收入还必须从中扣除税收 $r \cdot t_r$ 单位。因此征税后，家庭放弃 1 单位 C_1，增加的 C_2 为 $1 + (1 - t_r)r$。可见，决定家庭跨期消费的是税后实际利

率 $(1-t_r)r$，当 r 给定时，t_r 上升会使得 $(1-t_r)r$ 下降，家庭推迟消费的激励下降，就会增加第一期消费 C_1。在第一期收入给定的假设条件下，t_r 上升会导致家庭在第一期增加消费，减少储蓄。

根据前述的 $(1-t_r)\cdot r = (1-t_r)\cdot\left[\left(\dfrac{R}{P}\right)\cdot k-\delta(k)\right]$，即税后实际利率等于家庭拥有资本的税后实际收益率，在资本服务市场出清的条件下，当实际租赁价格 $\dfrac{R}{P}$，和资本利用率 k 已知的情况下，结合其他外生变量，如边际税率 t_r、折旧率 δ，我们就可以得到税后实际利率。

接下来要分析的是，对家庭资产收入征税后，资本服务市场上供需变化情况。对家庭资产收入按边际税率 t_r 征税，不会影响资本服务市场的需求曲线 $(kK)^d$，资本服务市场的需求曲线取决于厂商的决策，因为在这里企业利润没有被征税，因此，决定厂商选择的条件，或者说利润最大化条件不变，为 $MPK = R/P$，资本服务边际产出等于实际租赁价格，这与 t_r 无关。资本服务的供给者是家庭，家庭的选择决定资本服务市场的供给曲线 $(kK)^s$，假定资本存量 K 是给定的，则家庭通过选择资本利用率 k 来使租金净收入 $\left[\left(\dfrac{R}{P}\right)\cdot k-\delta(k)\right]\cdot K$ 最大，租金净收入的表达式告诉我，资金利用率从正反两方面影响租金净收入，一方面是 k 上升，租金上升，另一方面是 k 上升，会导致更高的折旧率，但是租金必然大于折旧率。当实际租赁价格 $\dfrac{R}{P}$ 上升时，会提高资本利用率 k，从而在资本存量既定的前提下，提高资本服务的数量。资本服务市场供给的决定原理大抵如此，资本所有者最大化其租金净收入 $\left[\left(\dfrac{R}{P}\right)\cdot k-\delta(k)\right]\cdot K$ 的条件是令一阶导数为 0，得出的结果是 $\left(\dfrac{R}{P}\right)\cdot k=\delta(k)$。那么，我们考虑对家庭资产收入征税 t_r 后，资本服务市场供给的变化，征税后，税后租金净收入为 $(1-t_r)\cdot\left[\left(\dfrac{R}{P}\right)\cdot k-\delta(k)\right]$。资本所有者会最大化税后净收入，无论 t_r 如何，税后租金净收入的最大化的条件都是令其一阶导数为 0，即 $\left(\dfrac{R}{P}\right) \cdot k = \delta(k)$，

这个条件和不对家庭资产收入征税时的条件一样。可见，对于既定的实际

租赁价格 $\dfrac{R}{P}$，资本利用率的决定与边际税率 t_r 无关。资本存量 K 是给定

的，同时资本利用率 k 又不受边际税率 t_r 的影响，因此，资本服务市场的

供给曲线 $(kK)^s$ 不受边际税率 t_r 的影响。

上述分析说明，对家庭资本收入按边际税率 t_r 征税，不会影响资本服

务市场的需求曲线和供给曲线，因此，也就不会影响资本服务市场出清时

的资本服务量 $(kK)^*$ 和实际租赁价格 $\left(\dfrac{R}{P}\right)^*$。在资本存量 K 给定的情况

下，即便对家庭的资产收入征税，也不影响资本的利用率 k，资本服务市

场出清时的实际租赁价格和资本服务量仍然和征税之前一样。

既然资本服务的数量 kK 不变，即进入生产函数的资本数量不变，在

既定的技术水平下，进入生产的劳动也不变，因此劳动需求曲线 L^d 不变，

影响劳动供给的其他因素也没有发生变化，因此劳动供给曲线 L^s 不变。

那么，在市场出清条件下，由劳动市场需求和供给曲线共同决定的实际工

资率 (w/P^*) 和劳动数量 L^* 不变。市场出清条件下的资本服务量

$(kK)^*$ 和劳动 L^* 不变，那么根据生产函数 $Y = A \cdot F(kK, L)$，Y 表示的

实际 GDP 不变，我们的结论是对家庭资产收入按边际税率 t_r 征税不影响

整个经济体的实际产出。但是这是在假定资本存量 K 既定时的短期中的

情形。

实际租赁价格 $\left(\dfrac{R}{P}\right)$ 和资本存量 K 都不变的情况下，那么资本所有者

的资产收入税前收益率 $\left(\dfrac{R}{P}\right) \cdot k - \delta(k)$ 不变，因此，当 t_r 上升时，资产

收入的税后收益率 $(1 - t_r) \cdot \left[\left(\dfrac{R}{P}\right) \cdot k - \delta(k)\right]$ 下降。又由于税后实际利

率等于拥有资本的税后收益率，所以税后实际利率也下降。税后实际利率

$(1 - t_r) \cdot r$ 下降。实际利率的变动会对消费产生跨期替代效应，根据前面

的研究结论，$(1 - t_r) \cdot r$ 下降，家庭会缺乏推迟消费的激励，将增加第一期的消费 C_1，在第一期收入给定的情况下，家庭在第一期将增加消费减少储蓄。同样，根据上述分析，对家庭的资产收入按 t_r 的边际税率征税在短期内不影响实际产出 GDP(Y)，因此，第一期的实际 GDP 不变，根据国民收入恒等式：$Y_1 = C_1 + I_1 + G_1$，假定 G_1 也不变，那么 Y_1，G_1 不变，C_1 上升，必然是第一期的投资 I_1 下降，并且下降的数量与 C_1 上升的数量相同。可见，对家庭的资产收入按边际税率 t_r 征税时，当税率 t_r 上升，第一期消费 C_1 上升，而第一期投资 I_1 下降。总投资的减少意味着在长期中资本存量减少，根据生产函数 $Y = A \cdot F(kK, L)$，其他因素不变时，资本存量 K 的减少会导致实际 GDP(Y) 的下降。可见，对家庭资产收入征税，在短期内不影响实际 GDP，但是在长期中会使实际 GDP 下降。本节的分析结论说明，对家庭资产收入征税在长期中对经济增长产生负面影响，导致经济增长减慢。

第6章 基础教育财政投入的经济增长影响：理论模型和实证研究

　　财政政策工具主要包括税收、财政支出政策及转移支付政策，本书主要考虑前二者，上一章主要分析税收的经济增长影响。本章以基础教育财政投入为例，从理论模型和实证分析两个方面考察财政支出政策的经济增长影响。

　　一国经济增长的决定因素一直是经济学的研究热点，教育特别是基础教育对经济增长的影响一直受到人们的关注，罗伯特·卢卡斯在1988年的经典论文中对此做了阐述，本章将通过理论模型和实证研究两个方面，分析基础教育财政投入对经济增长的影响。首先借鉴卢卡斯关于学校教育的模型分析，说明基础教育财政支出对经济增长的影响，认为学校教育作为促进人力资本的积累的重要行为，对私人决策而言，需要配置一定的时间投入到学校教育，以提高个人效用；政府通过对人力资本外部性进行补贴，可以实现社会最优，提高福利，这是政府教育公共支出的重要依据。下文在实证分析部分，考察国家在教育领域的财政投入对经济的影响，分析教育经费支出与经济增长之间的因果关系，同时，鉴于我国不同地区发展状况的巨大差异性以及基础教育的特殊性，以下本书利用面板数据模型，重点研究不同阶段以及不同地区基础教育对经济增长的影响。研究结果表明，政府在教育领域的投入有力地推动了经济的增长，而经济增长又反过来为教育投入的上升提供了坚实的物质基础，二者互为因果。至于如何正确协调基础教育与经济增长的关系，研究结论认为，要拓宽投资渠道，加大对教育的投入；要缩小区域差距，促进基础教育水平均衡化；对教育经费级次不合理的问题，要根据各地实际情况，提高对基础教育的重视程度。

6.1　基础教育财政投入影响经济增长的理论模型分析

6.1.1　基础教育财政投入影响经济增长的相关研究现状

经济全球化加深了国家间的竞争，出于教育的发展可以奠定一国长期繁荣基础的想法，各国更加重视教育竞争，各国政府均高度重视政府财政的教育支出。那么，为什么教育可以奠定一国经济繁荣的长期基础，而政府财政在教育上的支出究竟能产生什么作用？为了说明这一问题，本节研究中国教育特别是基础教育财政投入和区域经济增长之间的关系。私人教育支出和公共教育支出共同构成一国的总教育支出。教育同时具有私人产品和公共产品的属性，受过良好教育的公民从教育中直接受益，这个收益是受教育者自身独享的，具备竞争性和排他性，因而是私人产品；受过良好教育的高素质公民能使全社会受益，比如，推动技术进步、减少犯罪、对整体文化素质的提高，这种利益外溢使教育又具备公共产品的特征。各国政府通过公共财政投入提供教育服务主要是基于这样的考虑，一是教育具有正外部性，政府为了实现社会资源的有效配置，应该对正外部性进行补贴；二是从公平的角度考虑，政府应该为社会成员提供均等的接受某些教育的机会；三是教育资本市场的不完全，导致私人产品属性高的高等教育难以从市场融资，容易剥夺某些居民受教育的机会。这其中，教育具有的部分公共产品属性是政府介入的最主要原因。

教育经济学的研究表明，不同层次的教育对经济的贡献率是不同的，如何客观理性地将有限的资金用于最有效率的教育类型上，是政府必须要面对的选择。实践表明，越是基础教育，其外部性越强，越有利于促进国民素质的提高，外溢的社会效益就越高，因此公共产品的属性也更多一些。在严格意义上看，基础教育不是纯公共产品，但是从世界各国的财政实践看，跟国防这类纯公共产品一样，基础教育的投入主要来自财政拨款，实行免费教育。基于对教育产品的认识，同时，考虑到其他教育产品支出是混合了公共教育支出和私人教育支出，并且考虑到数据搜集和处理上的困难，本书将研究的重点放在基础教育财政投入与经济增长之间的关系。

关于教育在经济增长中的作用有大量的研究。就国外学者的研究而言，肯尼斯·阿罗（Kenneth Arrow，1962）首先把知识存量引入经济增长模型，定义学习为知识的获得，并且认为学习是作为生产过程副产品发生的，就是所谓的干中学，他认为，这种学习会导致生产率的提高，教育和研究是比干中学更快的学习，应该有更全面的模型把教育和研究这些变量考虑进去。舒尔茨（Schultz，1963）强调劳动力质量随着时间推移的改善是生产率不断提高的源泉。罗默（Romer，1986）认为，因为知识积累导致的正的知识外部性使得规模报酬递增，使得经济在长期中能够以大于 0 的增长率持续增长，而在此之前，建立在规模报酬递减和规模报酬不变假设之上的经济增长模型均认为，经济在长期中会到达增长率为 0 的稳定状态。卢卡斯（Lucas，1988）构建了一个和经济发展主要特征一致的关于增长和国际贸易的新古典理论，包含三个模型并分别强调实物资本积累与技术改变、强调通过学校教育的人力资本积累、强调通过干中学的特殊人力资本积累，而教育投入的增加会强化人力资本的积累，通过人力资本的积累过程所产生的正的外部性又提高了生产率，这样人力资本外部性是内生经济增长的重要动力。国内的学者在这一领域也做了大量的研究，蔡增正（1999）使用 1965～1990 年 194 个国家和地区的数据，考察了教育在经济不同发展阶段的作用，其实证结果表明，教育对经济的贡献巨大而具实质性，同时，教育的作用在经济发展的过程中表现为先弱、后强、最后稍有降低的趋势。于凌云（2008）分析政府教育投入和非政府教育投入在均衡条件下与长期经济增长之间的关系，他认为，两种教育投入对于人力资本积累和经济增长具有短期效应；在教育投入比较低的地区，物质资本是经济增长的主要推动力，而非政府投入的增长在人力资本积累方面的作用更显著。

6.1.2　基础教育财政投入影响经济增长的理论模型

本书诠释基础教育投入与经济增长关系的模型源自卢卡斯，在那个模型里，包括了两个部分，一部分是学校教育中学得的知识，一部分是干中学学来的知识，其中，第一部分更多受到关注，这里我们研究基础教育与经济增长的关系，所以主要借鉴第一部分的模型来说明基础教育财政支出对经济增长的影响。

假定一个封闭经济中，家庭在消费和储蓄的选择上观点一致。一个代表性无限期存在家庭的效用函数为：

$$U = \int_0^\infty u(c) e^{-\rho t} dt \qquad (6-1)$$

在这里，c 是人均消费，$\rho > 0$ 是时间偏好，同时，即时的效用函数为：

$$u(c) = (c^{(1-\theta)} - 1)/(1-\theta) \qquad (6-2)$$

在这里，我们假定 $\theta > 0$，因此，边际效用就有不变的弹性 $-\theta$，假定家庭在经济中发挥了所有的职能，既提供各种要素，又从事各种产品的生产，为了简化，我们把企业看作是家庭的一部分。假定家庭按照科布道格拉斯生产函数从事生产，生产函数为：

$$y = Ak^\beta [\mu h]^{1-\beta} h_\alpha^\gamma \qquad (6-3)$$

这里，h 是人力资本，μ 是代表性家庭花在产品生产上的部分时间，$(1-\mu)$ 则是花在学校教育上以获得人力资本的时间，h_α 是平均人力资本，h_α^γ 表示的是平均人力资本的外部效应。β 和 γ 是要素产出的弹性系数。家庭的生产和消费的预算约束决定了资产随时间的变动为：

$$\dot{k} = Ak^{\beta} [\mu h]^{1-\beta} h_{\alpha}^{\gamma} - c \qquad (6-4)$$

致力于人力资本积累的努力 $(1-\mu)$ 应该与人力资本的变动率紧密联系，这样，我们假定人力资本的变动 $\dot{h}$ 取决于既有的人力资本和为了获得更多人力资本而付出的努力，表示为：

$$\dot{h} = G(1-\mu) h \qquad (6-5)$$

这里，G 是一个增函数，并且 $G(0) = 0$。

对式（6-4）和式（6-5）我们假定初始的资产 k_0 和初始的人力资本 h_0 是给定的。接下来，我们考虑受约束于式（6-4）和式（6-5）的家庭效用最大化，求解家庭效用最大化，我们必须先构建汉密尔顿方程：

$$H = \left[\frac{c^{(1-\theta)} - 1}{1-\theta} \right] + \lambda_1 \left[Ak^{\beta} [\mu h]^{1-\beta} h_{\alpha}^{\gamma} - c \right] + \lambda_2 G(1-\mu) h \qquad (6-6)$$

式（6-6）中的 λ_1 和 λ_2 分别为实物资本和人力资本的影子价格，另外，横截面条件为：

$$\lim_{t \to \infty} \lambda_1 k e^{-\rho t} = 0 \qquad (6-7)$$

$$\lim_{t \to \infty} \lambda_2 h e^{-\rho t} = 0 \qquad (6-8)$$

式（6-6）的汉密尔顿方程的控制变量为 c 和 μ，方程的一阶条件为：

$$c^{-\theta} = \lambda_1 \qquad (6-9)$$

$$\lambda_1 (1-\beta) Ak^{\beta} [h]^{1-\beta} h_{\alpha}^{\gamma} \mu^{-\beta} = \lambda_2 Gh \qquad (6-10)$$

$$\dot{\lambda}_1 = \rho \lambda_1 - \lambda_1 \beta Ak^{\beta-1} [\mu h]^{1-\beta} h_{\alpha}^{\gamma} \qquad (6-11)$$

$$\dot{\lambda}_2 = \rho \lambda_2 - \lambda_1 (1-\beta+\gamma) Ak^{\beta} [\mu]^{1-\beta} h_{\alpha}^{\gamma} h^{-\beta} + \lambda_2 G(1-\mu) \qquad (6-12)$$

式（6-4）~式（6-12）描述的是任何给定的实物资本和人力资本的最优演进路径。但是在均衡状态下，人力资本的外部效应 h_{α}^{γ} 在私人部门的生产决策里被当作是给定的，同时，市场出清又要求进入生产的人力资本 h 等于平均人力资本 h_{α}，这样式（6-4）~式（6-11）对均衡路径和最优路径一样，都是必要条件，只是式（6-12）在这里对均衡路径不再成立，而是根据私人部门生产决策和市场出清条件演变为：

$$\dot{\lambda}_2 = \rho \lambda_2 - \lambda_1 (1-\beta) Ak^{\beta} [\mu]^{1-\beta} h^{-\beta+\gamma} + \lambda_2 G(1-\mu) \qquad (6-13)$$

可见，在最优路径和均衡路径下，只要 $\gamma > 0$，对人力资本配置的估值是不一致的，根本原因在于，只要 $\gamma > 0$，外部性的存在导致代表最优路径的式（6 - 12）的社会估值与代表均衡路径的式（6 - 13）的私人估值的不一致。而这最终会导致私人决策决定的产出、消费和实物资本增长率低于社会最优路径下的增长率，因此，整体社会福利也低于社会最优。

由式（6 - 9）和式（6 - 11）可以得到资本边际生产率条件：

$$\beta A k^{\beta-1} [\mu h]^{1-\beta} h_\alpha^\gamma = \rho + \theta \frac{\dot{c}}{c} \qquad (6 - 14)$$

式（6 - 4）~式（6 - 11）对均衡路径和最优路径和共有的条件，因此，由这几个等式推导的结果也是二者共有的，这样式（6 - 14）就是对均衡路径和最优路径都成立。对式（6 - 14）求导可以得到两种途径共有的消费增长率表达式：

$$\frac{\dot{c}}{c} = \left[\frac{1-\beta+\gamma}{1-\beta} \right] G(1-\mu) \qquad (6 - 15)$$

在最优路径或者说稳定状态下，存在一个在产品生产上的最优时间配置 μ^*。

由式（6 - 5）可以得到最优路径，即稳定状态下的人力资本的增长率：

$$\frac{\dot{h}}{h} = G(1-\mu^*) \qquad (6 - 16)$$

对式（6 - 14）求导可以得到稳定状态下的消费、产出增长率：

$$\frac{\dot{c}}{c} = \frac{\dot{y}}{y} = \beta \left[\frac{1-\beta+\gamma}{1-\beta} \right] G(1-\mu^*) + (1-\beta+\gamma) G(1-\mu^*)$$

$$= \left[\frac{1-\beta+\gamma}{1-\beta} \right] G(1-\mu^*)$$

$$= \frac{\dot{k}}{k} \qquad (6 - 17)$$

以上卢卡斯建立的模型告诉我们几个结论，一是学校教育作为促进人力资本的积累的重要行为，对私人决策而言，需要配置一定的时间

（1 - μ*）投入到学校教育，以提高个人效用；二是由于外部性的存在，私人决策会使得产出、消费和实物资本的增长率低于社会最优增长率，社会福利不能到达到社会最优，但是政府通过对人力资本外部性进行补贴，可以实现社会最优，提高福利，这是政府教育公共支出的重要依据。考虑到基础教育的外部性最强，所以本节研究的公共教育支出，主要是针对基础教育的财政投入。

6.2　基础教育财政投入影响经济增长的实证研究

本章的实证研究分为两个部分，第一部分是考察国家在教育领域的财政投入对经济的影响，分析教育经费投入与经济增长之间的因果关系；第二部分鉴于我国不同地区发展状况的巨大差异性以及基础教育的特殊性，本章利用面板数据模型，重点研究不同阶段以及不同地区基础教育投入对经济增长的影响。

6.2.1　国家教育经费投入与经济增长之间的相关性和因果分析

1. 变量选择和检验方法

一国之教育经费投入有很多不同的来源，就中国而言，主要包括国家财政性教育经费支出、民办学校办学经费、社会捐赠、事业收入和其他经费等。本章主要关注政府在教育领域投入，即教育财政投入的必要性以及对经济增长的作用。由于 2009 年之后国家教育经费财政投入细分数据获取存在困难，本章选取 2010 年之前数据进行实证分析。本书选取 1992～2009 年的国家财政性教育经费投入（以下的模型中用 EDU 表示）这一指标代表教育财政经费投入，而经济增长衡量则使用同一阶段的国内生产总值（GDP）来衡量，两者均以 1992 年为基期，按居民消费价格指数进行平减处理（所引数据均来源于 2010 年的《中国统计年鉴》）。为了消除异方差，本章在相关性分析中对上述变量取对数进行分析。如图 6-1 所示。

通过对 1992～2009 年的国家财政性教育经费支出和 GDP 进行相关性分析，可以得到图 6-1，它表明两者从长期的发展趋势看，存在很强的正相关性，相关系数高达 0.996234。

较强的正相关性并不能说明国家财政性教育经费支出和 GDP 之间必然存在因果关系，或者说，GDP 的变化是由国家财政性教育经费支出的变化引起的。需要利用格兰杰因果检验对其进行实证分析，为我国政府在教育领域的投入提供理论支撑和实证依据。

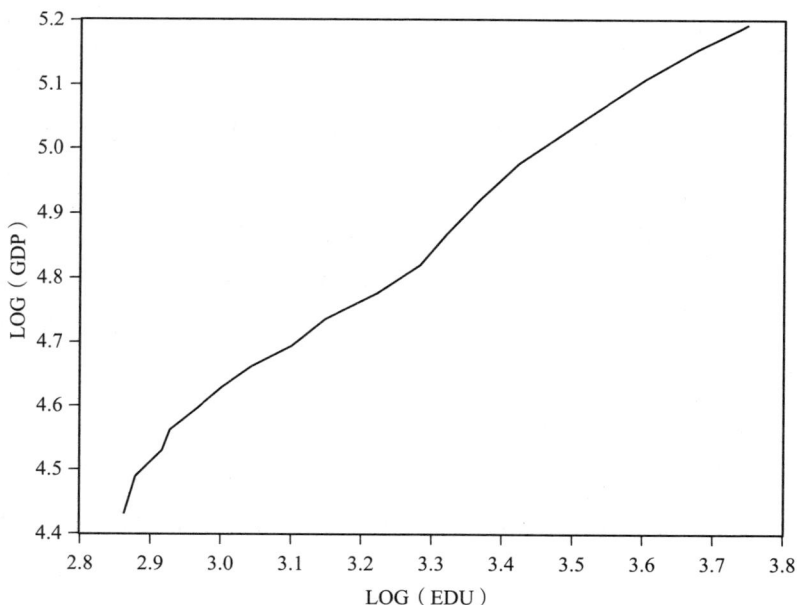

图 6-1　国家财政性教育经费支出和 GDP 的相关性

2. 格兰杰因果检验

格兰杰因果检验的基本思想是判断现在的变量 GDP 能够在多大程度上被过去的变量 EDU 解释，如果 GDP 受到 EDU 的滞后影响，则称 GDP 是由 EDU Granger 引起的；反之，则称 EDU 是由 GDP Granger 引起的。通过对 1992 ~ 2010 年的国家财政性教育经费支出和 GDP（两个变量均用居民消费价格指数进行平减）做格兰杰检验，得到的结果如表 6 - 1 所示。

表 6 - 1　　　　　　　　　　　格兰杰检验结果

Sample：1992 ~ 2009

Lags：1

Null Hypothesis：	Obs	F – Statistic	Prob.
GDP does not Granger Cause EDU	17	4. 19524	0. 0598
EDU does not Granger Cause GDP		6. 70725	0. 0214

结果显示，在滞后 1 期的情况下，如果是在 10% 的显著性水平下，可以拒绝原假设，结论为，国家财政性教育经费支出和 GDP 之间互为因果，国家在教育领域投入的增加促进了经济的增长，而经济的增长反过来推动了国家财政性教育经费投入的提高；如果是在 5% 的显著性水平下，通过格兰杰检验，表明国家财政性教育经费支出是经济增长的原因，经济增长对国家财政性教育经费投入没有显著影响。

这一结论和本章的理论观点是一致的，即国家在教育领域的投入可以有效地推动经济增长。但是，必须指出，现阶段我国财政资金在教育方面的投入还是远远不够的，教育支出占 GDP 的比重较低，这一点从图 6 - 2 可以看出，实际上全国财政性教育经费支出要占 GDP 的 4% 的目标到 2012 年才实现，和许多经济发达国家相比依然有较大差距，如图 6 - 2 所示。

（%）

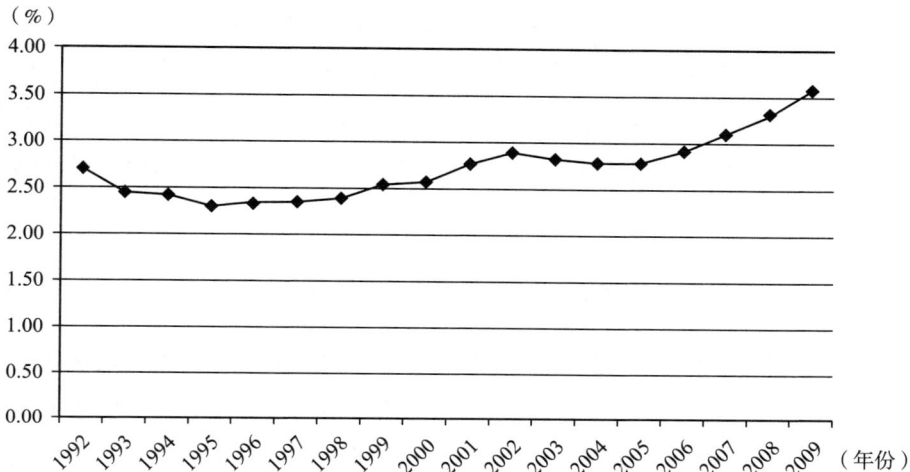

图 6 - 2 国家财政性教育经费占 GDP 的比重

6.2.2 基础教育投入对经济增长贡献率的省际面板数据分析

我国教育财政经费投入不仅面临总量不足的问题，而且在其层级分配和区域分布上也存在不合理性。

首先，各级教育财政投入比重失衡，基础教育经费不足，呈现出极不合理的倒金字塔结构。长期以来，我国在教育经费支出方面明显偏向于高等教育，没有给予基础教育足够的重视。一般而言，基础教育的效率和公平性均强于高等教育，普及基础教育对经济增长更具意义。基础教育财政投入比重的严重不足是我国基础教育薄弱和落后的重要原因，同时，投入的不足也诱发了基础教育发展路径的偏差，使得学生在基础教育阶段只能受迫性地接受应试教育，缺乏创新能力，不利于实施创新驱动发展战略。另外，这种投入比例不合理导致中层次人才短缺和高层次人才积压的现象并存，同我国现阶段的产业结构不适应，阻碍了我国经济结构的转型和升级。

其次，教育财政经费投入在东中西各地区间存在不平衡，这种不平衡在基础教育阶段表现得尤为明显。由于具备较强的公共产品属性，基础教育在许多国家都是以义务教育的形式推行的。政府在基础教育方面的财政投入主要是通过提高劳动力素质以增强人力资本，保障受教育的机会公平从而达到降低社会运行成本的目的，促进经济增长。我国各地区经济发展水平差异巨大，相应地，基础教育的发展状况及其对经济增长的影响也存在显著差异，如何评判基础教育阶段教育财政经费投入对不同地区经济增长的影响值得深入研究。

1. 变量选择和数据来源

本章在理论模型部分阐释了人力资本 h 和实物资本 k 演进的最优路径和均衡路径，在国内外的许多实证研究中，通常把教育作为人力资本 h 的替代物，而实物资本 k 则由全社会固定资产投资额来衡量。我国各地区经济社会发展水平差异巨大，且人口分布密度不一，如果单就各指标的总量数据进行时间序列分析，可能会因忽略区域差异而不能准确地反映现实情况，因此，本书将全国分为东、中、西三个区域（东部地区是指京、津、冀、辽、鲁、沪、浙、苏、闽、粤、琼；中部地区包括晋、黑、吉、皖、赣、鄂、豫、湘；西部地区包括蒙、桂、渝、川、滇、藏、陕、甘、青、黔、宁、疆），采用各指标的人均数据进行面板数据分析。

根据研究目的和数据的可获得性，本章选取了 2000～2009 年全国各省市（除港澳台外）的相关数据，实证分析基础教育阶段的财政投入对东中西地区经济增长所产生的影响，并比较其异同。具体的变量选取情况如下：（1）用人均 GDP 来衡量各省市的经济发展水平；（2）用基础教育阶段生均教育经费 FUNDS 来衡量各省市在基础教育领域的财政投入，这主要是由于基础教育的公共产品属性最强且正外部性非常显著，最能反映政府在教育乃至人力资本培育方面所做的努力；需要说明的是，本书中基础教育不等同于义务教育，它包括小学、初中、高中和特殊教育，这主要是基于现阶段高中教育已非常普及，在某些地区甚至已成为义务教育这一事实而确定的；（3）用人均全社会固定资产投资额 INV 来衡量实物资本投入。为消除价格变动因素的影响，以 2000 年为基期，对人均 GDP、基础教育阶段生均教育经费 FUNDS 按居民消费价格指数进行平减，全社会固定资产投资额 INV 则按照固定资产投资价格指数来进行平减。为了消除异方差，本书对上述变量均进行取对数处理。

本章中，基础教育阶段生均基础教育经费的数据来源于 2001~2010 年的《中国教育经费统计年鉴》，其余数据均来源于 2001~2010 年的《中国统计年鉴》。

2. 单位根检验和协整检验

为了检验时序变量的平稳性，避免伪回归现象出现，保证面板数据模型的有效性，需要对相关数据进行单位根和协整检验。由于本书的数据在水平情况下是非平稳的，所以考虑对数据进行一阶差分之后再做单位根检验，其结果如表6-2所示。

表6-2 单位根检验结果

地区	变量	ADF-Fisher Chi-square	PP-Fisher Chi-square
全国	D(LOG(GDP))（括号内为伴随概率）	532.149 (0.0000)	571.700 (0.0000)
	D(LOG(FUNDS))（括号内为伴随概率）	133.287 (0.0000)	143.623 (0.0000)
	D(LOG(INV))（括号内为伴随概率）	204.170 (0.0000)	269.772 (0.0000)
东部地区	D(LOG(GDP))（括号内为伴随概率）	161.661 (0.0000)	171.218 (0.0000)
	D(LOG(FUNDS))（括号内为伴随概率）	56.6782 (0.0001)	61.3199 (0.0000)
	D(LOG(INV))（括号内为伴随概率）	58.1907 (0.0000)	60.4947 (0.0000)
中部地区	D(LOG(GDP))（括号内为伴随概率）	145.196 (0.0000)	158.178 (0.0000)
	D(LOG(FUNDS))（括号内为伴随概率）	35.4937 (0.0034)	42.9559 (0.0003)
	D(LOG(INV))（括号内为伴随概率）	55.9943 (0.0000)	75.7890 (0.0000)

续表

地区	变量	ADF – Fisher Chi-square	PP – Fisher Chi-square
西部地区	D(LOG(GDP))（括号内为伴随概率）	225.291 (0.0000)	242.305 (0.0000)
	D(LOG(FUNDS))（括号内为伴随概率）	41.1155 (0.0162)	39.3471 (0.0251)
	D(LOG(INV))（括号内为伴随概率）	89.9854 (0.0000)	133.488 (0.0000)

由表 6 - 2 可以看出，在显著性水平为 5% 之下，伴随概率均小于 0.05，所以上述数据均可以拒绝原假设，即不存在单位根，满足一阶单整的条件，可以进行进一步的协整检验，其结果如表 6 - 3 所示。

表 6 - 3　　　　　　　　　　协整检验结果

地区	Panel ADF – Statistic	Panel PP – Statistic
全国（括号内为伴随概率）	- 25.05981 (0.0000)	- 7.788213 (0.0000)
东部地区（括号内为伴随概率）	- 10.30784 (0.0000)	- 18.19525 (0.0000)
中部地区（括号内为伴随概率）	- 11.54258 (0.0000)	- 10.53860 (0.0000)
西部地区（括号内为伴随概率）	- 4.084163 (0.0000)	- 14.46176 (0.0000)

检验结果显示，在 5% 的显著性水平之下，伴随概率均小于 0.05，所以可以拒绝原假设，即 LOG(GDP)、LOG(INV) 和 LOG(FUNDS) 之间是协整的，它们之间存在长期稳定的均衡关系，因此，可以将数据代入面板数据模型中去进行分析。

3. 模型选择

面板数据模型通常可分为固定效应模型、随机效应模型和混同回归效应模型三类。在本章中，由于 31 个省市的人均 GDP、基础教育阶段生均教育经费 FUNDS 和人均全社会固定资产投资额 INV 不存在随机抽样问题，一致性检验无显著性差异，因此，可以直接排除随机效应模型。在混同回归模型和个体固定效应模型之间，可以使用 F 检验加以判别。原假设 H_0 为模型中不同个体的截距相同（即建立混同回归模型），若是计算得到的 F 统计量大于设定的显著水平（5%）的临界值，则拒绝原假设，选择个体固定效应模型更合适；反之，则接受原假设，建立混同回归模型。

以全国的数据为例，通过计算可以得出 F 值为 33.14912，而在给定 0.05 的显著性水平下（d = 0.95），查表可以得到相应的临界值 $F(30,298) = 1.49758$，所以 $F > F(30,298)$，拒绝原假设。对东、中、西地区分地区进行 F 检验，其结果和全国一样，均拒绝原假设，所以应当建立个体固定效应模型。根据截距和系数是否会出现变化，固定效应模型可以分为常系数方程、变截距方程和变系数方程。但是，考虑到过多地引入变量和估计斜率系数可能会导致多重共线性问题，而且考虑到各省市之间的差异性及诸如自然环境、人文传统和比较优势等因素短期内不会有较大变动，本章选定个体变截距固定效应模型进行分析。

综上所述，建立如下基本模型：

$$LOGGDP_{it} = \alpha_i + \beta_1 LOGFUNDS_{it} + \beta_2 LOGINV_{it} + U_{it}$$

$$i = 1,2,\cdots,31,\ t = 2000,2001,\cdots,2009 \qquad (6-18)$$

其中，β_1、β_2 分别表示基础教育阶段生均教育经费和人均全社会固定资产投资额 INV 的弹性系数，即基础教育阶段生均教育经费和人均全社会固定资产投资额 INV 每增加 1%，会引起经济增长 β_1%、β_2%。同时，每个方程还必须引入时间哑变量。

4. 实证结果

表 6-4 的实证分析结果表明，所有变量的 t 统计量都通过了显著性水

平为 0.05% 的置信度检验，系数显著不为 0，模型的拟合优度均高于 96%，回归效果非常好。就全国而言，LOGFUNDS 的系数为 0.486796，这说明，基础教育阶段生均教育经费每增加 1%，全国的人均 GDP 就可以增长 0.487%，基础教育对经济增长的贡献率非常高。LOGINV 的系数为 0.325728，说明人均全社会固定资产投资额对经济增长的作用也比较显著。人力资本和实物资本的投入共同拉动经济快速增长，这不仅符合本书的理论框架，也是对中国现实国情的真实写照。

分地区而言，由东向西进行横向对比可以发现，基础教育阶段生均教育经费对经济增长的正面影响是逐渐递减的，而固定资产投资在经济增长中扮演的角色却越来越重要。具体来说，东部地区的 LOGFUNDS 系数为 0.669650，远远高于全国的平均值，即基础教育对人力资本的提升有力地促进了东部地区的经济增长，基础教育的正外部性非常显著。中部和西部的这一系数分别为 0.201479 和 0.497460，均落后于全国的平均水平；但不能就此否定基础教育在中西部地区的重要地位，可以看出，基础教育阶段生均教育经费每增加 1%，就能够带动经济增长 0.2% 以上，其正面效应还是非常显著的。这种现象的存在既有历史、区位和市场发育程度等因素的影响，也同各地区在教育财政经费支出方面的严重失衡有关系。中西部地区囿于经济实力不足，对教育的投入总量本就不如东部地区多，在分配上又存在向高等教育倾斜，对基础教育重视不足的问题，所以基础教育阶段生均教育经费的弹性系数出现这种变化趋势也不足为奇。

人均全社会固定资产投资额的变动趋势则反映出各地区经济增长对固定资产投资的依赖程度，东部地区由于经济发展水平较高，且消费和出口在经济中所占比例大，因此，人均固定资产投资额的提高对经济的影响不如中西部明显。但从总体上看，由于我国仍然是发展中国家，现阶段又面临着内需不足、出口受阻等问题，固定资产投资在可预期的范围内仍将对经济增长发挥重要作用。

表 6 - 4

实证分析结果

地区	全国	东部地区	中部地区	西部地区
常数 C （括号内为 t 统计量）	2.952052 （26.39882）	2.754509 （13.10806）	4.028633 （18.27512）	2.465737 （15.33108）
LOGFUNDS （括号内为 t 统计量）	0.486796 （13.38230）	0.669650 （9.929561）	0.201479 （2.845220）	0.497460 （9.578294）
LOGINV （括号内为 t 统计量）	0.325728 （13.63173）	0.206246 （4.546801）	0.455000 （10.51982）	0.349401 （9.881532）
R^2	0.978166	0.972164	0.965002	0.968261
观测值	31×10＝310	11×10＝110	8×10＝80	12×10＝120
备注	FEM （固定效应模型） Cross-section Weights （截面加权估计法）	FEM （固定效应模型） Cross-section Weights （截面加权估计法）	FEM （固定效应模型） Cross-section Weights （截面加权估计法）	FEM （固定效应模型） Cross-section Weights （截面加权估计法）

6.2.3　结论和对策

本章首先探讨教育产品的性质，然后以卢卡斯的模型为基础建立本书的理论模型，在这些分析的基础上，确定研究的目的是为了考察基础教育财政投入与经济增长之间的关系。在实证分析部分，研究国家财政性教育经费支出和经济增长之间的关系，并采用格兰杰因果检验法予以验证，结果表明，政府在教育领域的投入有力地推动了经济的增长，当显著性水平区间扩大到10%时，经济增长又反过来为教育投入的上升提供了坚实的物质基础。鉴于基础教育的特性及其在整个教育体系中的特殊地位，本章利用2000~2009年全国31个省市的面板数据，建立个体变截距固定效应模型，比较分析东、中、西三个地区基础教育阶段生均教育经费对地区经济增长的影响及其差异。计量分析结果表明两点：一是基础教育财政投入对经济增长具有显著的正面效果，且对经济增长的贡献率远高于固定资产投资对经济增长的贡献率；二是从横向对比看，基础教育财政投入对经济增长的影响在东部地区表现得最为明显，中西部地区相对较弱，这反映出基础教育财政投入在促进区域经济增长上的差异。

根据上述关于教育产品性质的探讨、理论模型框架分析和实证分析的结论，我们提出如下政策建议：

1. 拓宽投资渠道，加大对教育的投入力度

教育尤其是基础教育财政投入既然可以推进我国经济增长，那么在"做大蛋糕"，也就是提高经济总量，确保高速经济增长依然是我国主要任务的前提下，并且在当前教育经费不足问题严重地制约我国教育的健康发展和人才培养的形势下，加大对教育的投入力度已刻不容缓。首先，要增加对教育的财政投入，提高财政教育支出占GDP的比重。在努力提高教育财政支出总量的同时，还要致力于改善财政资金的使用效率，加大教育经费预算的透明度，严格审核审查机制，切实保障教育财政支出能够落到实处。其次，要拓宽教育投融资渠道，引导民间资本和社会公益资金流入教育领域，正如前文述及，不同教育产品的产品属性不同，因此财政教育支出应该多投入到基础教育支出中，同时，引导其他资金投入公共产品属性较小的教育产品。

2. 缩小区域差距，促进基础教育财政投入水平均等化

地区间基础教育水平存在差距的原因，主要源于各地经济发展水平的差异和教育管理水平的差异。中西部地区经济发展水平相对落后，增加基础教育财政支出存在较大难度，应通过加快中西部地区经济增长速度和加大转移支付力度的方法加以解决。中西部地区可利用"中部崛起"和"西部大开发"战略机遇，争取中央财政对其基础教育的政策支持力度，并努力完善本地基础教育管理水平，缩小基础教育财政投入同东部地区的差距。中央和东部地区则应通过纵向和横向转移支付加大对中西部地区教育的支持力度，缓解其教育经费紧张问题。

3. 提高各地区对基础教育的重视程度，解决教育经费级次支出比例不合理问题

我们的研究结论是，基础教育财政投入对一个国家或者地区的经济增长有着促进作用，因此，应提高我国各地区对基础教育的重视程度。首先，要深化教育支出的财政管理体制改革，改革现行的主要由县级财政负担基础教育财政投入的做法，强化中央和省级财政在基础教育财政投入中的责任，这样既可保障基础教育经费的资金供给，又能协调区域内基础教育的均衡发展。其次，要在各个级次教育经费之间选择合理的分配比例，提高基础教育经费的支出比例。

第7章 激励创新推动经济增长的税收政策

7.1 技术进步驱动的内生经济增长模型

最早的内生经济增长模型放弃了新古典增长模型的资本边际报酬递增的假设，这意味着在不存在技术进步的前提下，资本边际报酬不递减，则长期人均产出的增长是可能的。但是另外的观点却认为，仅仅通过资本积累——即便是更为广义的包括人力资本在内的资本概念——也不可能使经济持续增长，因为资本的积累最终必然会遇到回报率下降问题。这一观点表明，要寻求经济长期增长，我们必须转向探讨技术进步因素对经济增长的影响，即生产方法和产品类型与质量的持续发展，以避开长期中的边际收益递减。在接下来的分析中，我们将改变前几章的把技术进步当作外生因素的分析，而把技术改进的过程内生化，从而模型能有效地解释技术进步因素的来源，进而可以解释政府的政策和各种要素如何影响一个经济体的长期人均增长率。

本章探讨的技术进步驱动的内生经济增长模型，将把技术进步当作产品种类的一种拓展，我们把产品数量的这种改变视为基础创新活动，类似于开创一个新产业。但是把产品数量的增加作为技术进步只是一种隐喻，这只是技术进步的一个方面被选择出来，以提供一个容易解决的研究长期经济增长的基本框架。也有另外的模型把现有的各种产品的质量改善作为技术进步的象征，并据此建立模型（Barro，2006），这种质量改善或多或少代表着既有产业的持续升级过程，对于把产品数量的增加当作技术进步的模型而言，是一种补充。本章以保罗·罗默 1990 年的关于技术进步和经济增长的论文为基础，解释来自追求利润最大化经济主体有意投资产生的技术进步，并解释这个技术进步如何促进经济增长。

7.1.1　模型的三个假设前提

罗默的模型首先提出三个假设前提。

第一个假设是技术变革，就是合成各种原材料的各种操作指南的改进，这是经济增长的核心。罗默的模型建立在索洛的新古典模型基础上（Solow，1956），但是技术进步由新古典模型的外生变量变成了可变的内生变量。技术进步为持续的资本积累提供激励，并且技术进步和资本积累一起解释了每工作小时产出增长的大部分。

第二个假设前提是技术进步大部分是因为人们对市场激励做出回应而有意采取的行动。因此，这个模型的技术进步就是内生的，而不是外生的。但这不意味着每个人对技术进步的贡献都是由市场激励激发的，比如政府拨款支持的学者的创新行为，可能就跟市场激励无关。但这个假设说明，无论如何，市场激励在把新知识转变成有实际价值的商品中扮演着重要的作用。

第三个并且是最基本的假设就是对原材料的加工的指南，内在地不同于其他经济产品。一旦形成一套新指南的成本发生了，这套指南就可以不产生额外成本地反复使用。开发新的和更好的指南等同于产生一个固定成本。这一性质被视为是技术的特定特征。

这三个假设会给此处要说明的技术进步带来的经济增长模型，与比它更早的模型具有不同的特点。早期的模型，即便是那些有外部性效应的模型也假定模型中的各种经济行为的主体是价格接受者。但在这三个假设下，在价格接受下的均衡却是不能成立的，以下模型将说明具有研发优势的企业实际上具有定价权。

7.1.2 模型

本模型的四个基本要素是资本、劳动、人力资本和技术水平指标。

假设模型所处经济体中有三个部门。一是研究部门，研究部门使用人力资本和现存的知识存量生产新知识。并且这种新知识包含这样一个内容：生产者在生产中如何使用新耐用品的相关设计工艺，也即生产者使用的新耐用品的设计相关知识是研究部门生产的。二是中间产品生产部门，使用研究部门生产出来的设计工艺，结合那些不被用于生产最终产出的要素，来生产大量的生产者使用的耐用品，这些耐用品可随时在最终产品的生产中使用。在实际生产中，可能新设计工艺的研究和新产品的生产发生在同样的公司，罗默的模型包含了这种情况的可能存在。也就是说，设计工作可能在生产企业内部发生，也可能在一个独立的卖专利给予生产实际产品企业的独立企业内发生。三是最终产品生产部门。最终产品生产部门使用劳动力、人力资本和获得的生产中使用的耐用品生产最终产品。最终产品既可用于消费也可作为新资本而加以储蓄。

上述第二个部门就是研发部门，其通过中间产品的设计，贡献发明新产品的资源，新产品一旦发明，则创新性的研发公司可获得永久的专利，这让企业可以其选择的任何价格销售产品，并以利润最大化来确定选择什么价格。经济体中的其他微观经济主体还包括受自身的预算约束制约并最大化其效用的家庭。

同时，模型为了分析的简化及强调研究重点的影响，使用了一些简化假设。一是人口和劳动力供给是不变的；二是人口中的人力资本总存量是固定的，并且，提供给市场的部分也是固定的，因此，总的劳动力供给 L 和人力资本 H 的供给是固定的。

最终产出 Y 在模型里表达为劳动力 L、用于生产最终产品的人力资本

H_Y 和实物资本的函数。而生产技术的特征在这里假设其可将资本分为无限个不同类别的生产者生产中使用的耐用品，用整数 i 表示每个不同耐用品的序号，并假设 i 是连续变量，这些作为潜在要素的、只有有限个数的耐用品被发明并设计出来，且在任何时候可在生产中使用。因此，假定存在 x_i，i 从 $1 \sim \infty$，是某个公司用于生产最终产出的一系列耐用品要素，假定存在一个整数 A，使得 $i \leqslant A$，如果 A 发生改变，即提高了，就说明发明了新的生产者生产中使用的耐用品，则最终产出可以描述为一个所有设想的投入要素的静态函数，如以下所表示的 Cobb – Douglas 生产函数的拓展形式：

$$Y(H_Y, L, x) = H_Y^{\alpha} L^{\beta} \sum_{i=1}^{\infty} x_i^{1-\alpha-\beta} \qquad (7-1)$$

式 (7 – 1) 显示的生产函数表明这个生产函数实际上是所有不同类型的资本品 x_i 独立函数的加总，因此，没有一种资本品的额外投入对于另一种要素的边际生产率不会产生影响，这和传统的生产函数假设不同耐用品投入要素是完全替代的不同，这里的情况是所有的耐用品投入要素对最终产出有着加总的各自独立的效应。同时，因为式 (7 – 1) 表示的生产函数是一次齐次方程，因此，最终产品部门的产出相当于可以由一个独立的、作为价格接受者的企业的加总的生产行为表示，即一个代表性企业统一描述这个部门的行为。但是生产中间产品，也就是制造生产者耐用品的中间部门的行为无法用一个代表性企业进行描述。对于每个不同的耐用品 i，存在着不同的生产企业 i。在这个生产能够商业化前，企业必须为商品 i 购买或者生产一定的设计工艺。拥有这一设计，企业就可以把 η 单位的最终产出转变成一个单位的耐用品 i。这样，这个模型在这里描述的资本品的生产部门，即中间产品生产部门，就如同一个黑盒子，最终产出从黑盒子的一端进入，而资本品从黑盒子的另一端出来。这也可以解释为那些进入这一生产过程而放弃的消费，即等同于进入这一生产过程的最终产品，从来就没有被生产出来过，因为本来可以用来生产这些被放弃用于消费的最终产出的资源，被用于生产资本品了。如果资本品的生产函数和作为最终产品的消费品的生产函数是同样的函数形式，则用一定数量的消费品来换一个单位的资本品是可能的。

一个企业一旦生产出耐用品 i 的设计工艺，则可获得这一设计的无限期专利。如果企业生产出 x(i) 单位的耐用品，就可以把这些耐用品出租给最终产品的生产企业以获得租金 P(i)。企业 i 将是资本品 i 的唯一卖家，且面对着向下倾斜的需求曲线。因为耐用品在这里假设为没有折旧，一个单位的耐用品 i 的价值是它所产生的无限期租金现金流的现值。

.假设拥有耐用品 i 的设计工艺专利的企业是唯一的，且不管专利的所有者自己生产耐用品或者授权其他企业生产，都可以获得同样的垄断利润。新耐用品的设计和生产可以发生在同一家公司内部，但如果公司研究和发展部门被按照独立的公司看待，并且其设计被以明确的价格转让，则模型能够更容易地描述均衡情况。同时，假设购买设计工艺并生产不同的生产者耐用品的企业出租其耐用品而不是把它们直接销售。这表明，存在着可以避免通常出现的耐用品垄断问题的市场机制。假定耐用品的生产商能够信守产出水平的承诺，则如果耐用品是用于销售而不是出租，情况也不会发生变化，即不会有垄断情形出现。这里的分析还进一步简化，假定耐用品不存在折旧问题，而这个假定是可行的，因为增加折旧实际上只是增加相当于资本使用者成本的一项，但是不需要考虑折旧则可以简化模型。

依据以前的模型和国民收入计算传统，总资本 K 可以用累计的放弃用于消费的产出来表示。因此，k(t) 的演进情况根据以下规律：

$$\dot{K}(t) = Y(t) - C(t) \qquad (7-2)$$

这里，C(t) 代表时间 t 时的总消费。因为需要花费 η 单位放弃的消费品来生产 1 单位任何类型的耐用品，总资本的核算度量因此与生产中实际使用的耐用品相联系，其关系表示为：

$$K = \eta \sum_{i=1}^{\infty} x_i = \eta \sum_{i=1}^{A} x_i \qquad (7-3)$$

模型假设 H 和 L 是不变的，而 K 的增长，根据式（7-2），就是放弃作为消费的最终产出部分。同时，也明确了新设计的积累过程，即 A(t) 的积累过程。如上述所指出，研究的产出取决于用于研究的人力资本的数量，也取决于进行研究的个人所能获得的知识存量。按照前面的等式，如果设计被视为离散的不可分割的研究对象，而不是由确定的连续性生产函数生产的，那么，就需要对生产技术考虑整数的约束和不确定性。在短期内，不可分割和不确定性从微观层面看，是有一定道理的，但这种假设对于总体水平的技术进步分析意义不大。因此，关于各个不同类型商品的指标 i 被视为一个连续的变量，式（7-1）的加总则由一个积分取代，而式（7-1）则转化为：

$$Y(H_Y, L, x) = H_Y^\alpha L^\beta \int_0^\infty x(i)^{1-\alpha-\beta} di \qquad (7-4)$$

在式（7-4）中，x 被视为一个函数，在其函数结构中，某个研究者 j 生产的新设计的产出，可以写成是所采用的投入要素的连续函数。如果这个研究者 j 拥有一定数量的人力资本 H^j，并且能够获得以前设计的资本总存量的 A^j 比例，这样新设计中，研究者 j 所生产的比率为 $\delta H^j A^j$，这里，δ 是劳动生产率参数。同时，这里 A 的增加本身会增加研究部门人力资本的劳动生产率。

虽然还应该考虑知识产权和保密的假设，但是本模型的均衡是建立在致力于研究的每个人都能自由获得整个知识存量的假设上的。不过这样的假设实际上是可行的，因为知识是非竞争性的投入要素，因此，所有的研究者都可以在同一时间使用知识存量 A。研究者的产出因此是 $\delta H^j A$，如果把所有致力于研究的人进行加总，则设计的总存量的演进体现为下式：

$$\dot{A} = \delta H_A A \qquad (7-5)$$

在这里，H_A 指的是研究中使用的总人力资本。

式（7-5）包含两个性质假设和两个函数形式假设。性质假设一是研究中投入的人力资本越多，则可以导致越高比例的新设计的生产；二是设计和知识的总存量越大，在研究部门工作的工程师的劳动生产率也将越高。同样大学毕业的两个工程师一个今天工作，一个 50 年前工作，他们有同样的人力资本，这是根据他们为获得人力资本而放弃的劳动市场的参与情况来衡量的，所以是相等的，但是现在工作的工程师具有更高的劳动生产率，因为这个工程师可以利用过去 50 年来设计问题解决后累积的所有额外的知识。两个函数形式假设是在其他因素不变的情况下，设计的产出和 H_A 及 A 呈线性关系。这两个线性关系的假设主要是为了研究上的方便。H_A 与产出的关系如果不是线性的，对模型的动态分析没有影响，但是需要对收入在研究部门如何分配给参与者进行详细界定。A 与产出的线性关系使得无边界的增长成为可能，这让无边界的增长更像是假设而不是结果。后面的分析将明确生产部门使用的人力资本 H_Y 与 A 成正比例。如果式（7-5）中的 A 由某种凹函数表示，也就是说，如果研究部门中的人力资本的边际产出不是与 A 成正比例地持续增长，那么随着 A 逐步增大，研究中使用的人力资本将逐步转出而进入生产部门，这将导致增长率的下降。

经济理论并没有解决属于实证研究的一个问题，那就是，通过研究以获得新设计工艺的机会是不是逐渐减少。但这里对于式（7-5）的界定，表明无边界的经济增长以一个不变的增长率进行是可行的，而之所以这么界定函数，是因为近来的经验研究并没有证据支持研究机会将逐步递减的观点。而且 A 与产出的线性关系的假设，对于研究与其本身当前值极大相关的未来 A 值有帮助，因为这将使得它和一个问题关系不大，即模型中的其他变量是如何影响 A 的增长率的，这样可以简化 A 值的变化路径。

这里的界定让知识以两种独特的方式进入生产，一是使得新产品生产成为可能的各种新设计，可用于生产最终产品；二是新设计会提高知识的总存量，因此，能提高研究部门的人力资本劳动生产率。一个设计的所有者拥有其在新生产者耐用品生产中使用的知识产权，但不拥有其在研究中使用的知识产权。如果发明者对部件的设计拥有专利权，则任何人不能没有得到发明者的许可就制造或者销售该部件。但是，其他研究者却可以免费地研究该专利的应用，从而学习有助于其他设计发明的知识。部件设计的发明者无法阻挡其他发明者对其专利设计的学习。这意味着，一方面，新设计在生产上带来的好处完全是排他的，另一方面，其为他人学习的好处确实完全非排他的。也就是说，总体看，非竞争性的设计这一投入要素只是部分排他的。

在理论和实践上，一个新的与现有商品不同的商品的设计，与现有设计的复制版本存在着模糊不清的地方，但是在本模型里，这种模糊可以通过生产函数 Y 的形式予以解决。因为所有的生产者耐用品以加总独立的形式进入生产，这意味着新产品不是现有产品的替代品。虽然模型的这个假设简化了分析，但是这并不是现实中的实际情况，比如技术老化的可能被排除了。不过这里重要的是模型能够表示出知识是部分排他的由私人提供的非竞争性产品。

从总量层面看，H_A 和 H_Y 通过等式 $H_A + H_Y = H$ 联系在一起。根据这一等式，任何人可以将其人力资本要么用于最终产品生产部门，要么用于研究部门。但是这个规定忽略了 H 和 L 常常是一起被供给的事实。要在这里直接使用这个关系等式，必须假定一些具备技能的人专注于人力资本的积累而不供给劳动力。

关于价格，这里规定某个时点的价格以当前的产出单位来衡量，并且以 r 代表以产品表示的贷款的利率。P_A 表示新设计的价格，W_H 代表每单位人力资本的租金。因为产品和资本之间可以一比一进行转化，资本的价格是 1，而回报率是 r。因为前面假设说任何进行研究的人，可以免费利用现有的设计总存量，来进行研究以生产新的设计，这样与式（7-5）一样，P_A 和 W_H 的关系可以表示为：

$$W_H = P_A \delta A \tag{7-6}$$

新设计生产出来后，大量潜在的新产品供给者将投标以获得这一新设计用于生产新产品。每个企业获得新设计的价格是 P_A，而资本的价格是 1，并且利息是给定的，当开始进行生产时，则会设定价格以使得利润最大化。从而这样的选择有助于企业把第 i 个耐用品的租金价格 p(i) 落在一个 0 ~ ∞ 间的一个整数,但如果没有企业生产这一耐用品,则其价格 p(i) = ∞。所有的生产出来和未能生产出来的耐用品价格落在 0 ~ ∞ 之间。

一个代表性的最终产品生产企业会选择一个使得利润最大化的耐用品使用数量 x(i)。因为我们前面假设这是一个规模报酬不变的企业,投入要素需求的决定是在企业营业的规模确定之后。L 和 H_Y 分别是用于最终产品生产中的劳动和人力资本总量。而根据前面的界定,总的人力资本 H 分为分别进入研究部门和最终产品生产部门的两个部分,H_A 和 H_Y。根据给定的 H_Y 和 L,就可以得出以这两个变量为基础的利润最大化条件。利润最大化下,生产中使用的耐用品的总需求量,表示如下式:

$$\max_x \int_0^\infty \int_0^\infty [H_Y^\alpha L^\beta x(i)^{1-\alpha-\beta} - p(i)x(i)] di$$

对定积分项求导可得到反需求函数如下:

$$p(i) = (1 - \alpha - \beta) H_Y^\alpha L^\beta x(i)^{-\alpha-\beta} \tag{7-7}$$

式(7-7)表示的需求函数对于每种专业化的耐用品的生产者而言,可以视为是给定的,当他们根据价格来决策使自己的利润最大化时,面对给定的 H_Y,L 和 r 的值,已经进行了用于生产某个设计的固定资本投资的企业,将选择某个产出水平 x,然后以其收入减去成本,实现利润的最大化。如下式所示:

$$\pi = \max_x [p(x)x - r\eta x] = \max_x (1 - \alpha - \beta) H_Y^\alpha L^\beta x(i)^{1-\alpha-\beta} - r\eta x \tag{7-8}$$

新设计的租金收入为 p(x) 乘以 x,而成本是生产 x 单位耐用品所需要的 ηx 单位最终产品的利息。为了简化分析,假定资本可在耐用品生产和最终产品之间随意转换,这样如果提供的耐用品少时,则不需要承担更多的利息成本。无论何时,沉没成本都只有那些在设计这一产品生产上的最初支出。式(7-8)表明的垄断定价问题是边际成本不变的企业面对着弹性不变的需求曲线。垄断价格是边际成本的标志,而这一标志决定于需求的弹性,$\bar{p} = r\eta / (1 - \alpha - \beta)$。垄断利润则为 $\pi = (\alpha + \beta)\bar{p}\bar{x}$,这里的 $\bar{x}$ 是式（7 - 7）表示的需求曲线根据 p̄ 决定的需求数量。

每个专用耐用品的生产者必须将其产出出租给大量的能以任何规模进行经营的最终产品生产者。同时假定，这些耐用品的生产者无法监督其生产的耐用品的使用情况，这个假设是为了不发生价格歧视，或者说，为了让耐用品生产企业无法使用价格歧视策略。耐用品生产企业的最佳策略就是简单地收取统一的垄断价格。

生产新的专用耐用品的投入要素的决策，决定于该新设计的折现的净收入流，和起始投资的成本 P_A 的比较。因为设计市场是竞争性的，设计的价格会在市场上竞标，直到它等于垄断者能够获得的净收入的折现值。在每个确定的时间 t，以下等式必须成立：

$$\int_t^{\infty} e^{-\int_t^{\tau} r(s)ds} \pi(\tau) d\tau = P_A(t) \qquad (7-9)$$

如果 P_A 是固定的，这个条件就是更易于让人理解的形式。对时间 t 求导，则可以得到下式：

$$\pi(t) - r(t)\int_t^{\infty} e^{-\int_t^{\tau} r(s)ds} \pi(\tau) d\tau = 0$$

把式（7 - 9）的 P_A 表达式代入上式，则可得到：

$$\pi(t) = r(t)P_A \qquad (7-10)$$

式（7 - 10）表明，在每个时间点，即时的收入超过边际成本的部分必须正好足以覆盖一个设计起始投资的利率成本。

以上的分析是关于技术进步的，就是研究部门和最终产品生产部门的行为，后面我们还会提到，但是要解出最佳增长路径，模型还得界定消费者效用最大化的函数，而这个函数表示的是消费者的偏好，同时，能够表示消费增长率和代际间边际替代率的关系。这一关系可以很容易地从固定弹性偏好的拉姆齐消费函数中得出。因为本章要说明的是激励创新、推动经济增长的税收政策，所以这里的模型我们主要是为了说明技术进步在研究部门和最终产品生产部门如何实现的，因此，模型只要分析到以上式（7 - 10）即可。

7.2 激励创新、推动经济增长的税收政策

劳动生产率的增长对于一国经济、劳动者和家庭的福利至为重要。劳动生产率的增长意味着劳动者等量劳动可以生产更多产品，这又可以通过更高的工资、更低的价格和更多的创新产品而形成更高的生活水平。在前面关于经济增长长期决定因素对于技术进步的分析中，我们已经谈到了劳动生产率——以每小时产出衡量——其增长来源于三个因素，资本的增加、劳动质量的改善和更高的全要素生产率。而这三者中最重要的是全要素生产率，在前面自 1953 年以来劳动生产率的演化分析中，我们已经进行分解，并得出了结论。同时，关于技术进步要素如何进入生产函数，最终影响产出，影响经济增长，在前一节的模型中，我们已经详细分析。因此，现实经济运行中，公共政策不仅关注企业投资和劳动者技能的提升，而且还更加关注以全要素生产率衡量的基础创新的情况，而如果要提升中产阶级的收入，这是最重要的。因此，下面我们将探讨创新政策及政府扮演的角色。

7.2.1 创新政策与政府的作用

私人部门在创新中扮演核心角色。但是私人部门本身不能体现经济活动所产生的所有的正外部性，因此，私人部门生产的创新大大低于经济上有效率的数量。其结果是，政府的政策可以在帮助驱动创新发展上起到重要作用，包括直接为创新进程贡献相关投入要素及改进对创新活动的激励。

政府在创新驱动发展的进程中可以发挥重要作用的相关政策包括：一是促进竞争的政策；二是有效的知识产权保护制度；三是直接投资于研究开发活动的相关政策；四是使得企业能够把更多其研发的社会范围收益进

行内部化的税收政策。各项政策具体如下。

1. 促进竞争的政策

来自新企业或者现有企业的竞争在新技术和创新的创造和应用中起着重要作用。设立新企业是创新的新思想和新产品商业化的重要途径。设立新企业或者新企业的可能准入，这种潜在竞争对手的引入，也强化已设立企业进行创新或降低成本的激励。50 多年前，诺贝尔奖得主经济学家肯尼思·阿罗（1962）认为，垄断者可能具有相对弱的创新动机，因为其创新并不能让其从竞争者那里"偷"走业务。另一方面，创新活动推动企业投资于新技术和创新，而这些新技术和创新有助于降低成本及改进现有产品的质量。

自 20 世纪 70 年代以来，准入的新企业比例和退出的现有企业比例都稳步下降，这种现象部分反映了现有的大型企业不断增长的市场势力。这种情况下，竞争尤其显得重要。在确保要求现有的企业按照规则开展商业活动中，政府需要扮演重要角色。在企业所得税改革中，竞争也是一个需要考虑的因素，在企业所得税改革中，竞争一般被认为可以促进新投资并且有利于小企业的经营活动，而不仅仅是设计用来为根基深厚的现有企业提供更大好处。

2. 知识产权保护制度

虽然竞争对短期效率至为重要，而且也可以在长期动态的效率中发挥一个通常被低估的作用。但是在某些情况下，对现有企业的暂时性保护也可以促进社会受益的创新活动，这就是为什么各国都给专利和版权以暂时性的垄断权力。然而，知识产权的法律制度面临着如何在短期和长期的创新激励之间进行权衡的内在挑战。

大量的研究确认政府需要用专利权、版权或者商标保护知识产权、奖励创新者和创造者。美国宪法认为，知识产权保护实际上就是好的公共政策，比如，授权国会，"通过保证作者或者创造者对他们的相关作品或者发明在有限时间里的排他权利，以推动科学和有用艺术的进步。"

但是我们也清楚了解，无效率的知识产权制度会阻碍创新。比如，琐碎的专利需求许可证书和法律诉讼使得企业不得不支付知识产权相关款项，以避免当这些企业不得不对于过度宽泛的专利权索求而为自己辩护时，产生巨大的时间和金钱成本。这样的低效率会扼杀创新和经济增长，限制竞争，并且减少来自于并入新思想和建立在新思想基础上的追随式创新。所有这些都告诉我们，需要有一个健康的、良好运作的知识产权制度。出于这些原因，美国政府在 2015 年，中国政府在 2016 年，都出台创新发展战略，支持进一步的改革，以鼓励创新。

3. 研究开发的公共投资

对创新的公共融资支持，以国家资助研发的形式出现，可以提供一种进行短期效率和长期效率之间权衡的方法，同时，把创新的融资支持从消费者转向纳税人。也就是说，通过创新的公共融资支持，可以避免我们因为暂时的知识产权垄断而支付更高的消费者价格，取而代之的是用我们缴纳的税收投资于创新。

基础研究通常因其更广泛的应用而具有更大的社会价值。然而，因为私人公司难以获得基础研究的好处，他们倾向于不按社会最优水平投资于基础研究及应用研究和试验开发（Nelson，1959）。

近来有一些经验研究试图度量外部性的效应，这些研究发现，社会最有水平的研发投资——即可以导致最大经济增长率的投资数量——是实际支出的 2 ~ 4 倍（Van Reenen，2013），而投资不足在基础研究领域特别严重（Akcigit et al.，2012），基础研究因为可以为未来的创新提供基本架构，意味着它可以产生最大的外部性。或者也可以从另一个角度来进行理解，就是基础研究相关研发具有某种公共产品的基本特性——能够产生不为某一特定经济主体所独有的好处，同时，也可以被其他经济主体无成本地共享。

20 世纪 60 年代以来，经由国家拨款资助研发的创新公共融资计划，从其作为 GDP 份额看，普遍下降，这个事实是值得关注的，因为例如在美国，政府负责大约 55% 偏基础类的研究，而只负责 22% 的偏应用开发类研究。因此，进一步加大研发的公共投资特别重要。美国 2015 年的创新战略规划提出要加大投资基础科学、先进制造业、网络安全、能源和医疗科学。2017 年，美国财政年度预算提出的公共研发投资资金比 2016 年上升了 4%。

正是因为基础研究具有最大的外部性并因此具最小的私人融资基础，因此，大量的政府研究基金用于资助这些活动。

但是相对数量较少的对应用研究的投资也会有很大的回报。比如，美国的先进制造业伙伴关系协定（Advanced Manufacturing Partnership）已经带来了 3 年富有价值的实施行动，使得来自联邦机构如美国国家航空航天局（National Aeronautic and Space Administration，NASA）的数十亿美元与私人产业和学术研究者结合起来，通过这种政府基金介入，私人产业和学术研究者因此参与到开发新兴制造业技术中来。

同时，从美国的实践看，还有两个特别值得注意的政策工具，就是竞争和奖励。到 2012 年 9 月，奥巴马政府组织了超过 200 个竞争项目。而奖励推动也在相关项目中发挥了重要作用，比如，推动无人驾驶汽车的发展、开发石油泄漏清洁的新技术及开发有助于改善统计调查回应率的数学模型。奖励也是通过拨款进行直接资助的一种替代方法。比如，对发明专利来说，奖励旨在吸引私人资金进入以参与解决方案的探寻，做法则主要是通过在一些领域提供激励，比如，在可授予专利的标的范围之外的数学算法的开发领域提供奖励，从而对专利制度起到补充作用。

7.2.2　税收政策与创新

以上分析了政府在创新中起到的一些作用。虽然政府的直接融资负责大部分的基础研究，但是企业在基础研究中也扮演重要角色，并且在更偏应用的研究中占支配地位。从 2015 年情况看，私人研发的增长以其占 GDP 比例衡量，是自 2008 年来最好的一年。外部性固然要求政府财政政策在研究中进行直接投资，同时，也要求政府政策对于私人投资研发的有效水平提供正确的激励。

政府政策的这一激励体现在税收政策上就是要求税收制度的扭曲性较小，对于各类研发活动有着同样的税率，从而让资本配置到劳动生产率更高的地方，而不是税负较低的地方。

当企业行为产生影响其他企业和公众的外部性时，税收政策可以协调对这些行为的社会和私人激励。税收政策可以通过适当补贴那些明显产生正外部性的行为，或者惩罚那些明显产生负外部性的行为，从而有助于解决私人市场因为外部性而产生的扭曲。

但是，我们这里要探讨的是税收政策如何能够更好地支持创新活动。已经使用的一些工具包括：一是研究和试验的税收抵免（R&E Credit, Research and Experimentation Credit），这是对研究投入要素支出的补贴；二是创新盒（Innovation Box）政策，这一政策采用单独的低税率用于特定所得，这些所得源于专利和其他类型的企业无形资产，如版权、商标、商业机密和其他类型知识产权。虽然这两种方法都使得创新对私人企业更有吸引力，并能增强企业的竞争力，但考虑到创新本身的内在不确定性，这两种方法对企业有着不同的影响。而且，从税收管理看，它们也有不同的影响。

前者对投入要素的补贴意味着把财政资金花在创新活动上，不管这些创新活动是否能够以企业利润或者社会应用方式获得回报。而后者意味着对一些影响因素提供奖赏，即对更高的研究支出及其相伴随的运气、市场势力等。美国税收政策过去倾向于更多地使用前者，这样就通过研究支出和研究试验税收抵免补贴研究投资，从而形成对研究活动的激励。现在，美国已经在法律上 R&E 抵免永久化，并且还有对小企业更为有利的抵免政策，即允许他们用研究投入抵社会保险税。而英国、法国和荷兰近来则采用创新盒的方法，对于不同对象有不同的税率，比如，对合格的知识产权、合格范围内的收入及对于知识产权相关费用的处理，分别适用不同税率。

美国的方法得到大量研究的支持，比如布鲁姆（Bloom，2013）等人的研究发现，研究的税收抵免政策在促进研究支出提升上高度有效，因为税收抵免而放弃的每 1 美元税收收入一般可以引导企业投资在研究开发上至少 1 美元，而有些研究发现要更大得多的效果。这些研究发现其弹性大概大于 1，并且经常高达 2。而创新盒作为相对新鲜发展的事物，还没有很多学者对它进行广泛研究。

7.2.3　研究试验税收抵免与创新盒区别

相比创新盒而言，扩大研究试验税收抵免的政策，是促进创新活动进行合理成本收益对比的有效方式。而如果采用创新盒政策，一些国家会将税收政策引向错误的方向，提高了税收政策的复杂性和成本，且不能获得相应的推动创新的效果。以下从经济和税收管理与此二者相关联的六个方面，对此二者的区别进行解释。

（1）研究试验税收抵免更好地解决了潜在的正外部性问题。这些可以产生正外部性的研究具有社会价值，但是可能如果没有政府支持，却将不会发生。通过直接补贴研究投资，研究试验税收抵免可能在促进研究开发上有更大的影响。特别是在国家直接拨款的研究开发基金长期减少的情况下，研究试验税收抵免就显得特别重要，不过国家直接拨款的研究开发基金倾向于支持那些具有较大社会收益但可能难以直接商业化的创新投资。

而相比之下，创新盒政策主要形成对于那些致力于进行具高盈利研究的企业的激励，因为创新盒政策下的税收收益与创新产生的收入成正比。研究投资的社会收益可能与其预计的商业潜力相比较不会成一定比例，这样创新盒政策显然就不能直接作用于研究投资。而在那些创新性活动中，我们预计可以让自身最容易商业化的那些活动，并不是私人企业投资最不足的活动，这样实际上没必要太多的政府介入，因此，创新盒政策与商业化的结合，实际上一定程度上并不利于推动真正需要政府激励的那些创新。然而，确定无疑的是，这些最容易产生利润的行为就是创新盒主要补贴的活动。

（2）研究试验税收抵免与研究的量成比例，而创新盒则和与研究的回报成比例。虽然从理论上看，关注回报而不仅仅是奖励研究活动的实施，有一定的好处。在实践中，除了外部性之外，还存在一个问题，那就是大多数创新所获得的报酬更多地靠的是运气、市场势力或者其他超常回报的结果。因此，对其回报进行补贴只是创造一种从天而降的飞来横财收益，并不能形成对实施这些研究活动的激励。

（3）研究试验税收抵免把它的整个补贴重点都放在新研究上，但是转向使用创新盒时，取决于其具体规定，把意外收获的补贴给予已经实施的研究，以及给予已经存在的知识产权，这是一种给予企业的但是税收政策并没有从中得到相应收入的好处从而能进行抵消的补贴。

（4）研究试验税收抵免可以改善现金流而创新盒却不能。比如，当前，一个小企业可能不能从资本市场获得对其研究的投资。而研究试验税收抵免减少了当前企业税收义务，这相当于腾出一些资本，令企业可以进行研究投资。而相比之下，创新盒提高了企业可以从研究投资中获得的潜在未来收益，却无助于帮助这个企业获得研究投资的融资支持。

（5）扩大研究试验税收抵免的成本与实际实施的研究的数量成一定比例。美国奥巴马政府2015年提出的研究试验税收抵免扩大计划预计10年要多支出270亿美元，这个成本将在企业所得税改革的背景下全额支出。相比之下，创新盒的成本高度不确定且可能很大，不仅决定于所进行的创新活动的数量，而且取决于运气、市场势力，并特别取决于它便于跨国公司进行税收筹划的程度。

在英国，低税收的创新盒政策的引入减少了企业所得税收入，即使企业申报了更多的创新相关的收入（Griffith et al.，2014）。在美国，一个相似的税收激励的税收收入流失成本可能特别大，因为美国跨国公司较大比

例的创新相关收入，这些收入主要从纳税后的国外特许权支付及大得多的
美国国内市场赚得。

（6）虽然研究试验税收抵免面临着过于复杂和管理方面的挑战，这些
挑战主要源于如何定义有资格获得抵免的支出，但它的内容更能贴切地解
决它寻求解决的外部性问题，并且政府提出的简化和抵免的扩大也能减少
复杂性。相比之下，确立创新盒政策则会带来更大量的复杂性。它将产生
新的税收规则，并带来税收依法守法方面的检查的要求，而这是准确界定
与特定的创新相联系的收入有多少所必需的。但这些规定将出现许多问
题，这些问题同样会出现在转移定价中涉及纳税人和税务机关的时候。比
如，确定一个技术公司的收入有多少是因为开发新芯片的投资，又有多少
是因为计算机设计的投资或者广告和市场营销活动的投资。企业可能有强
烈的把尽可能多的收入归因于有税收优惠待遇的创新活动的动机，以利用
优惠的税率。存在的这些问题会引起国内收入署和纳税人之间的争执，导
致用于进行税收筹划和证明其正当性的资金增加，而不是创新活动的增
加。符合创新盒优惠税率的收入应该予以全面的明确界定，以减少这方面
的顾虑，但是却是以进一步削弱对那些有大量外部性收益行为的激励为
代价。

转向使用创新盒政策将势必带来相互比拼谁更低税率的竞争，而对于
这个结果创新盒相关经济学并未证明其是如此的，当然，如果存在着一种
已经证明有效的且可以鼓励更多的投资创新的方法，则更不能证明创新盒
会引起那样的结果。而有一种看法认为，如果不加以改变，采用税收方式
的美国，在开放的背景下，研发会转移到国外低税率的地方，实际上是夸
张说法，因为税收方面的考虑会同时涉及实际的研发行为发生地点的考
虑，更不用说相关的扣除政策就没那么具有价值了。而且，考虑到立法的
问题，这些最好通过一个更广泛的税收改革来确定一个统一的低税率，而
不是对各种税率的修修补补，因为这将难以确定，难以巡视。

7.3 结 论

创新和研发投资二者对劳动生产率的持续增长都很重要，而劳动生产率增长对于收入的增加和一国生活水平的提高至关重要。设计良好的推动创新的政府政策，既可以促进消费者和劳动者福利，还可以确保一国企业繁荣发展，从社会整体的立场看，这是一个双赢的政策。但是，更大意义上的经济政策框架还应该确保创新的好处能通过促进创新和对其获取，而被更广泛地共享。因此，政策制定者持续推动那些不会阻碍创新发展的政策十分重要，并且鼓励劳动生产率的增长应该以一种不会加重诸如收入分配不公等长期问题的方式进行。

第8章 收入分配与包容性经济增长

经济增长决定人们的收入水平，而收入水平的不断增长反过来又对经济增长有促进作用。从人均收入水平看，不同人群一定存在着收入差异。传统上许多经济学家认为，经济增长与收入不均等之间是此消彼长的权衡关系，也就是说，促进经济增长的政策常常不能同时减轻收入不均等问题。但是，经济学最新研究和政策经验告诉我们，这二者的关系实际上要复杂得多。要理解收入不均和经济增长之间的关系，无论在理论还是经验研究上，关于二者之间关系都很难有令人完全信服的因果关系结论，但是，这二者毫无疑问会相互影响，收入分配功能是财政的三大职能之一，财政政策中包含大量的收入分配相关内容。以下探讨收入分配与经济增长的关系、财政政策如何促进收入分配公平以促进经济增长并且使得经济增长为更多的人群所共享。

8.1 收入分配不均与经济增长相互影响分析

奥肯（Arthur Okun）在 1974 年多次探讨市场经济国家存在着的一对内在矛盾，即政治、社会制度追求的权利均等与经济领域报酬的不公平分配之间的矛盾。他认为，在分配公平与经济效率之间是一种此消彼长的权衡关系。他用一个视觉上的比喻来描述在把钱从富人向穷人进行转移支付的再分配活动中出现的现象，"钱是装在一个漏桶把它从富人向穷人进行转移的。在运送过程中，其中的一些钱就消失了，因此穷人并不能得到从富人那里拿来的所有的钱。"换句话说，就是任何通过规范的政策途径减轻分配不公的努力（如累进税制或对贫困家庭的收入支持）都会以牺牲经济效率为代价（Okun，1975）。

8.1.1　收入分配不均对经济增长的影响

传统微观经济学研究发现，一些针对低收入家庭的收入支持项目是在公平和效率之间的一种不可兼得的选择。但是，现代微观经济学的某些经验研究则发现，有时候收入支持项目可以同时促进公平和效率。微观经济学研究的这种关于对个人的公平和效率影响的结论，在将其加总为市场一般均衡时，是否也能得出同样的结论却是一个问题，因为在总体市场的一般均衡下，收入分配不均和经济增长之间的联系有更多的可能性。而且，对政策变化的微观研究本身，并不能告诉我们，作为外生变量的收入不均情况改变对总体经济增长的影响究竟是怎样的。

从宏观经济学研究看，传统的宏观经济学研究也强调公平和效率之间的不可兼得，其中一个理由是高收入家庭的储蓄更多，因此收入分配越不均等，储蓄和投资就越多，从而产生更高水平的产出。并且联系微观经济学基础，传统宏观经济学认为，收入分配越不均等，越能产生试图抓住收入超额收益的教育、投资和企业家精神的激励机制的动机，这就越能促进经济增长。

更多的理论文章也提到各种机制，在这些机制下，收入分配越不均等，越能提升产出和经济增长水平。这些研究从传统的经济增长理论强调资本数量的观点出发，认为即便二者关系确实如此，但其作用机制也受到资本的质量、技术和企业家能力的影响。而且，普遍存在的市场失灵和不完全市场意味着产出的效率可能也决定于收入分配。这种分析方法还特别强调了收入分配不均通过什么途径损害经济增长：一是通过减少全部人口获得全面发挥其潜力所必需的教育的机会；二是减弱企业家精神和风险承担能力；三是损害分散化的市场机制所必需的信任机制，并且提高了监督成本；四是导致更大的政治不稳定、不利经济增长的政策和更大的未来不确定性。

虽然至今宏观经济学的经验研究依然在二者的关系上有些模糊，但是至少它可以排除更具累进性从而有利于收入分配公平的财政政策，对经济增长的负面效应。国际货币基金组织（IMF）的几位经济学家（Ostry，Berg and Tsangarides，2014）的研究结论发现：（1）收入分配不均等不利于经济增长的水平和持续性；（2）累进性的收入分配政策本身对经济增长水平和持续性是中性的，除非进行大量的收入再分配，也就是说，当75%以上的收入进行再分配，才会对经济增长水平和持续性产生较小的不利影响；（3）累进性收入分配政策改善了收入分配状况，它们可以提升经济增长的水平和持续性。

另外，根据杰森·福尔曼（Jason Furman，2016）的研究，美国自2009 年来在累进性政策，主要是税收及财政支出相关政策方面做了大量工作，这些工作在促进收入分配的公平上发挥重要作用，而根据上述的 IMF 的研究，这将会增加美国的年度经济增长率0.06%。

虽然，我们不能轻率地把收入分配不均对经济增长的影响简单地依赖几个研究就得出结论，但是这些研究至少让很多人不能轻易下结论，说减轻收入分配不均的行为不利于经济增长。而实际上看起来越来越可能是有利于经济增长。

8.1.2　经济增长对收入分配不均的影响

相比于对收入分配不均对经济增长影响的研究，相反方向因果关系的经济增长如何影响收入分配不均的研究则引起的关注要少得多。虽然曾经有一个研究结果，就是"库兹涅茨曲线"，来说明经济产出对收入分配的影响，但是在经济学理论界，二者之间现在基本上被视为不存在这种关系。

托马斯·皮凯蒂（Thomas Piketty, 2014）的研究虽然没有明确指出经济增长可以降低收入分配不均的程度，但是其潜在含义却是如此。而且更具体点看，如果能提高经济增长率 g 与资本收益率 r 之间的比率，将会降低收入分配不均的程度。在这里，直觉告诉我们，在资本收益率 r 不变情况下，提高经济增长率 g，可以提高工资对于财富的相对价值，而这意味的劳动所占的份额提升，从而减少收入分配的不均。

相比于前面收入分配不均对经济增长关系的探讨，经济增长对收入分配的作用分析更多的是推测性的，但是在理论上有较多的研究，而在经验研究上则较少。托马斯·皮凯蒂对此就有较为深入的研究，他认为，未来因为人口结构或者其他因素原因而带来的经济增长率的减缓，将不可避免地导致收入分配不均的持续加剧。而且他还认为，财富的分布是资本税后回报率 r 减去 GDP 增长率 g 的函数。财富随着 r 的增加而增加，而工资随着 g 的增加而增加。皮凯蒂认为，下一个世纪因为人口及其他方面的原因，经济增长率 g 会下降，如果 r 没有和 g 同样下降，则皮凯蒂认为，在收入分配的权重比例中，人们原先拥有的财富的重要性，相应地比起整体收入的重要性将会提高，从而提高分配到资本上的收入，并因此加剧了总体收入不均，他还进一步提出，财富价值的提升会导致继承财富价值的提升。归结起来，就是皮凯蒂预测收入的资本份额会提高，推动收入不均程度提高。但这只是一个因素，另一个重要的影响因素是劳动收入的不均等。实际上，很难预测劳动收入的未来发展，因为它是不可以预测的技术发展、各种标准、制度和公共政策的函数。

而且，经济理论尚不能明确是否经济增长下降会导致 r - g 的上升。一般说来，当经济增长率下降，资本对收入的比率上升，而资本的丰裕则会降低其回报率。资本回报率的下降究竟会是高于或者低于经济增长率的下降，取决于资本和劳动在多大程度上可替代，可替代性越低，则意味着多余资本的用处越小，因而导致其回报的下降越多。关于这种替代性的研究尚未明确给出结论。但是皮凯蒂认为，那些主张这种替代性足以阻止资本回报率大幅下降的研究，只是对总体数据的简单解读。

此外，资本的回报同时还决定于个人提供资本的意愿，也就是储蓄。在长期中，部分源于更长时间的退休期，消费的增长将逐步减慢，因而在给定的利率下，人们会有储蓄更多的意愿，而这将进一步压低利率及资本回报率。

以上的分析结果体现的是资本回报率向相反的发展可能，使得 r－g 在更低的经济增长率之下到底会上升还是下降没有定论。而事实上，许多经济增长模型都隐含着一层意思，就是资本回报率 r 的下降要大于经济增长率 g 的下降，因此，经济增长率的降低实际上会导致 r－g 的下降，从而推动收入分配不均的情况减轻。

8.1.3　收入分配不均与经济增长相互影响的政策启示

本书研究财政政策与经济增长的关系。收入分配的均等是财政政策的一个重要政策目标，因此，这里在上述关于收入分配和经济增长关系相互关系的探讨之后，主要分析影响收入分配的财政政策如何促进经济增长。

1. 同时促进经济增长和给各种人群提供公平机会的政策

不管对于上述的收入分配不均及经济增长之间的关系持何观点，人们都应该会对于同时直接推动收入分配公平及经济增长的政策持支持态度。这种政策的一个例子是学前教育，在公共投资领域里，这是具有最高回报率的。有些国家学前儿童差不多有 100% 的受教育报名率，而另一些国家则没有，美国正在推动让所有美国人都有高质量的学前教育。另外一些政策，比如，扩大大学入学率和改善需求导向的培训，也具有既促进经济增长又保证增长的好处为人们所共享的潜力。

2. 第二类政策是提升经济增长的政策

经济学家一般认为经济增长三要素：资本、劳动和技术。一是要增加劳动供给，许多国家采取各种不同的方式以增加劳动力供给。比如，法国采取政策以鼓励更多生育。而在日本，安倍经济学致力于提高女性的劳动力参与率。爱尔兰 25～54 岁女性劳动参与率从 20 世纪 90 年代早期的低于 50% 上升到 2010 年的超过 70%。这个上升是几个因素的反映，包括更早地扩大针对女性受教育的投资、父母更早脱离子女和儿童托育制度、20 世纪 90 年代劳动力需求的上升等。而美国除了获得扩大妇女劳动参与的益处，而且还通过移民改革来扩大劳动力供给。二是促进资本要素投入，而这需要改进投资，不仅是投资的数量还包括投资的质量，这方面许多国家是通过企业税收改革来实现的。并且，这样的税制改革旨在使税收制度更加中性，从而企业的决策是为了最大化投资回报，而不是最小化税收。以美国的改革情况看，奥巴马总统的改革把最高企业税率降到了 28%，并且扩大和改革税基，同时，改革美国的国际税收制度，以减少税基流失并且提高竞争力。促进投资的各项政策改善不仅仅对私人投资如此，还需要改进如基础设施投资等公共投资领域。几乎每个经济合作与发展组织（OECD）国家在这方面的投资都很少，仅是 GDP 的一个很小的比例。但是，很多国家或机构已经成功地示范了如何影响私人资本，以引导其投资于基础设施，包括欧洲投资银行、英国和加拿大在这方面都有成功的经验。澳大利亚这些年非常重视完善其已经非常发达的公私合作经营模式（public private partnership，PPP）。美国奥巴马政府也提议大量增加投资于基础设施建设。第三个重要领域是技术提升，这决定于一个鼓励创新并给予其回报的法律和监管环境，及对研究进行公共投资和对企业研究进行补贴的政策。对研究的税收激励机制可以矫正研究相关的外部性，这个外部性源于企业层面的创新会产生对整体经济范围的外溢性这一事实。经济合作与发展组织国家均有对研究的相关税收激励政策，其中，美国是最早实施的先驱，但是以税收激励占 GDP 的比重进行衡量，美国仅仅在经济合作与发展组织排第 13 位，因此，美国政府已经提出要把研究和试验的税收抵免政策永久化，并改革和扩大这个政策，使之成为税收收入中性的企业税制改革的组成部分。对于技术而言，提高全要素生产率的另一种方式是贸易，因为贸易会促进更大的分工和专业化，从而专注于有比较优势的领域，这就凸显了国家之间贸易协定的重要性，比如，对美国而言的泛太平洋伙伴关系（trans pacific partnership，TPP）（这一准备长久的协定意向已被特朗普总统取消）和泛大西洋贸易与投资伙伴关系（transatlantic trade and investment partnership，TTIP）。在这两个协定之下，多个国家在同样的贸易和投资承诺与义务之下开展工作，提高了国际贸易的标准并且减少了监管带来的各种瓶颈阻碍。这些扩大和改善劳动、资本及技术的政策可以提升整体经济规模。而且，通过提高经济增长率 g，这些政策会将缩小 $r - g$，从而提高劳动对于资本的相对价值，并提高劳动所得在收入中的份额。

3. 第三类政策旨在于确保每个人都能分享经济增长的好处

从经济合作与发展组织国家的情况看，许多国家都致力于提高最低工资。美国奥巴马政府把最低工资从每小时 7.25 美元提高到每小时 10.10 美元，从而使 2800 万工人受益，也使得这一标准更加接近其过去通胀调整后的实际价值及接近其他经济合作与发展组织国家的标准，因为美国过去的 7.25 美元标准随着通货膨胀，实际价值一直在下降，而提高到 10.10 美元则修复了通胀对其实际价值的侵蚀。美国值得其他国家学习的一个政策是针对低收入家庭的劳动所得税收抵免（earned income tax credit，EITC），这一政策对于低收入家庭每挣 1 美元，给予最高 0.45 美元的配套资金。劳动所得税收抵免（EITC）政策成功地减少贫困、奖励工作和促进劳动参与率。要保证每个人都能分享到经济增长的好处，而不是随着经济增长而收入分配不均益发加剧，还必须确保强化中期和长期财政可持续性的进程不与收入分配公平的目的反向而行。增加财政可持续性的其中一个做法，是出于预算平衡考虑而采取一些减少财政赤字的措施，这些除了权利项目的改革外，还应包括政府对高收入家庭征收更多的税收，以增加财政收入。比如，美国政府提出的政府额外收入来源相关政策，就是主要集中在限制针对高收入家庭的税收优惠上，特别是对高收入家庭在住房、医疗和养老领域的税收优惠有一个总体上的限制，即不能超过收入的28%，这远低于目前的最高每1美元收入可以有39.6美分的扣除和免税项目的规定，这样可以减少税式支出，增加高收入家庭的税收负担，增加税收制度的累进性。保证每个人充分享受到经济增长的好处是这些政策的主要动机。但是，这些旨在促进收入分配公平的政策也可能带来额外的好处，那就是提高经济增长率，即增强经济扩张的持续性。

4. 第四类政策涉及财富问题

如前面分析所示，收入分配不均越来越多地是由于人们财富上的差异及这些财富的回报所引致的。解决财富相关问题的一个方法是对个人的征税。在美国，主要是提高高收入家庭的资本利得及分红的税率，并且提高大额遗产的税率，但目前，这些税率仍然低于1997年以前的相应税率。同时，关注公司层面上的征税也同样重要，特别是要防止在企业所得税上竞相降低税率。当各个国家相互之间在降低企业所得税税率和提供税收优惠上进行竞争，不仅会有损及其财政状况的风险，而且扭曲资本的全球配置，并有通过提升资本所得不均而导致的那部分收入分配不均程度提高的危险。二十国集团（G20）国家认可的经济合作与发展组织内部的税基侵蚀和利益转移议程，是对这一广泛存在的一系列问题的重要解决办法。美国根据日本等国的做法，对企业海外子公司的收入征收一个规定下限的税收，这样可以防止出现在任何地方都不被征税的无国籍收入，也可以减少其他国家进行税收竞争的动机。但是和本章所关注财富不均等同样重要的是，我们还应该关注可以做些什么来帮助中等收入阶层及一些收入相对稳定的家庭积累财富。近些年来，一些国家已经在利用行为经济学研究所教给我们的一些做法，比如，自愿报名和理智的违约选择，包括提前退休或者延后退休的选择，以提高退休保障、促进财富创造。因此，有些国家的部分社保项目考虑采取自愿报名，而非强制性的。美国奥巴马政府的法律也提出，在确保几乎所有的工人都能够有工作相关的养老金的同时，让那些没有雇主资助养老金计划的工人可以自愿报名加入享受税收优惠的养老金账户。

同时，我们可以乐观的是，许多国家都具有劳动生产率提升的潜力。从既减少收入分配不均又提高经济增长率的角度看，我们有许多唾手可得的政策可以使用。这些政策可以自己证明自身可以推动包容性增长，即以更高的中位收入、更低的贫困率及受益面更宽广更包容的经济增长来证明。

8.2 收入分配不均来源及其经济增长影响分析

在前面分析关于经济增长与收入分配不均之间关系的基础上，以下分析不同类型的收入分配不均，包括收入、财富和机会，并分析其不同根源，包括竞争性市场和经济租金。各种减轻机会不均等和减轻经济租金影响的针对性政策，能够以一种有效的方式，在改善收入分配不均等的同时，促进劳动生产率的提高，还可以催生有减轻收入分配不均和提高收入潜力的政策。

8.2.1 收入分配不均的形式

实际上，收入分配不均等的结果为个人的努力提供激励动力，并因此可以在经济中扮演有用的角色。较大的报酬会激励创新者、企业家和工人并且对他们所承担的巨大个人风险进行补偿，承担风险是因为一些选择，而这些选择在某些情况下会广泛地惠及整个经济中的一些家庭。比如说，勤奋工作和个人资本的投入开发出第一台个人电脑，其开发者得到了巨大的回报，但是整体的劳动生产率也一样受益。收入分配不均也可能反映的是两个其他情况一致的人做出的不同选择的结果，他们在如何平衡工作与闲暇，或者一个高薪水而不舒适的工作与一个舒适但是薪水少的工作之间做出的不同决策。

但是，过度的收入分配不均可能相当程度地反映从运气到经济租金的一系列因素。而且，虽然适度的收入分配不均可以在经济增长中发挥作用，但是过度的收入分配不均对经济增长并不具有必不可少的重要性，甚至可能阻碍经济增长。特别是当收入分配的不均源于对竞争性市场的干预或者用各种市场壁垒保护资本及劳动的高回报，不管是自然的还是其他方式，则尤其可能阻碍经济增长。为了能更好地理解如何促进广泛共享的经济增长，区分各种形式的经济不公平对于更好地理解其根源和相应的政策解决方案，是极为重要的。

1. 收入不均等

收入不均等是一个全球问题，较大的发达国家经济体数十年来见证了持续上升的收入分配不均趋势，就是最高收入的那些人获得了总收入的很大比例。

2. 财富不均等

当不公平分布的收入出现之后，随着时间的推移，其结果就是不公平分布的财富。以美国为例，其不断增长的财富不均等，所反映的是和不断上升的收入分配不均同样的趋势和同样的理由。但是，财富不均等特别难以准确衡量，因为我们没有如同跟踪收入那样，跟踪财富的变化。并且财富不均等的趋势更加积聚在少数家庭。

根据美联储的调查，自 2007 年来，美国前 3% 的家庭持有总财富的 50%。这个比例自 20 世纪 80 年代后期来就一直持续向上增加。接下来的 7% 的家庭拥有大概总财富的 20%，这一比例则一直相对稳定。

3. 机会不均等

认为收入分配不均是正常经济竞争结果的传统观点，其观点的论据依赖于获得不均等分布报酬的竞争会鼓励生产这一想法。但是，如果收入分配不均等变得根深蒂固时，会一代代发展下去，因而限制个人的公平发展机会，缩小能够参与竞争的人力资本集合。这种机会压制对经济增长是不利的，阻碍潜在的创新者和劳动者全面参与经济活动，从而影响劳动生产率的增长。而且，根深蒂固的利益集团如果能够通过影响政策制定过程，或者通过滥用他们的市场势力，以限制未来的竞争，则劳动力市场的活力和企业准入的机会将减少。机会分布不公平的含义比收入及财富的不均等更简单——不管是对公平还是对效率都是不利的。

了解这些机会不公平的表现形式，并且研究使这种模式长期存在的制度结构，有助于各国对症下药地为公民创造公平机会。就美国而言，这些制度不利因素包括低收入家庭的儿童面临的贫困制约、司法体系的不公平及女性面临的挑战等。在这些例子里，以及在不公平的机会限制全面经济参与的许多例子里，公平和经济增长之间需要进行此消彼长的权衡的情况要弱得多，也就是说，推进公平机会的同时实际上可以促进经济增长，而不需要以牺牲经济增长为代价。因此，这些机会不公平的情况，在其他条件公平的背景下，毫无疑问对经济增长是不利的。

4. 各种形式不公平之间的相互影响

以上三种形式的不公平现象，并不是在概念上严格区别的现象，他们相互之间有着紧密的相互影响关系。财富不均在某些方面是收入不均的结果，因为不均等分布的收入的储蓄产生不均等分布的财富。但是机会的不均等在许多方面既是收入和财富不均的原因，又是结果。因此，不均等分布的机会本身会强化收入的不均等分布，而不均等的收入分布又导致低收入和低财富家庭的孩子面临着机会的不公平。

艾伦·克鲁格（Alan Klueger，2014）展示了收入不均等与机会不均等之间的关系，其研究发现在美国收入越不均等的区域，来自于低收入家庭的孩子的流动性就越差，这里的流动性指的是成年后其收入在社会的排序位置与其父母收入在社会排序位置比较的变动结果。而不均等与较低的流动性有很大关系，其传导机制在于机会是否均等，机会越不均等，贫困家庭的孩子越难以改变现状，社会流动性就越差。当教育、培训、社会关系和司法制度分布的不公平与总体财富那样是不均等的，越穷的家庭要在经济上取得成功就越是不容易，需要付出巨大的努力。

8.2.2 收入分配不均等的来源：竞争性市场和经济租金

收入分配不均等部分源于竞争性市场本身演化的结果。在一定程度上，一些力量，比如技术变化和全球化，反映的是促进劳动生产率增长的某种进步。技术可以提高劳动技能的回报、如果社会整体受教育程度的提升没有跟上技术进步的步伐，那么劳动技能最强的工人将会获得更大的收益。扩大的收入分配不均因此反映的是不同工人之间扩大了的劳动生产率之间的差异。但是如果竞争对最广大的潜在劳动力和可用于投资的资本开放，则竞争的方法会发挥最大效果。因此，显而易见，对公共政策而言，重要的是，要通过促进机会公平，保证竞争的方法，更好地发挥其作用。这些政策包括投资于教育、医疗和低收入家庭的儿童福利，改革司法制度，也包括为那些在不断演化的竞争性市场中面临阻碍其成功的障碍的人，提供一个社会保障网。建立社会保障体系的政策主要包括提供工作培训、失业保险、可靠的养老保障、获得医疗保险及其他的一些政策。

与此同时，大量的证据表明，收入分配不均等的上升现象大部分出现在那些市场不能有效竞争的地方。当竞争的某些障碍，如垄断倾向和政府管制，阻碍了新参与者的市场准入时，原有的市场主体可以得到比他们的劳动生产率应得的要多的收入，即经济租金。研究证据也表明租金的产生和租金本身不断增加的不均等分布，促成了近来收入分配不均等的上升。当更多的租金被特定的少数投资者和高收入者取得，收入分配不均等的状况就会恶化，并且劳动生产率没有上升，这和包容性增长完全是背道而驰的。

1. 租金的分割

租金对收入分配不均等的影响不仅通过租金本身总体水平，而且以他们被分割的方式进行。当一个企业雇用工人时，企业愿意支付的最高工资和工人愿意接受的最低工资之间的差距——工作匹配度之间产生的剩余——是一种经济租金。企业和工人之间的租金分割取决于他们相互间的谈判能力。随着市场更加集中及某些形式劳动力的市场化，谈判能力的天平向企业倾斜。工会和集体谈判——伴随着的是如最低工资之类的政策——有助于实现公平竞争，促使企业与劳动者共同分享这些租金。这个过程传统上有助于提高低工资和中等工资收入工人的工资水平，因而可以降低收入分配的不公平。

但是自 20 世纪 70 年代以来，工会的成员一直在持续减少。1955 年，美国大约有 1/4 的工人参加工会，但是到 2014 年，工会成员人数已经降到低于总体雇员的不到 10%，和 20 世纪 30 年代中期差不多。甚至在美国的某些州，只有 3% 的工人参加工会（CEA，2015）。研究表明，工会作用的下降解释了自 20 世纪 70 年代以来的收入分配不均等的 1/5 ~ 1/3（Western and Rosenfeld，2011）。工会有助于提高工人获得各种好处及在安全的环境下工作的可能，即在租金的分割中帮助工人获得较大份额的租金，而不仅仅是由企业家获得。

2. 经济租金的增长

租金带来挑战，不仅仅在于基于工人和企业家相对谈判能力的租金分割的改变。而且，各国经济和市场本身产生了更大的租金，并且这些租金向企业利润和有盈利的企业倾斜。

租金上升的一个重要证据是，企业利润的上升或下降与真实利率之间的背离。如果没有经济租金，企业的利润的总体趋势一般应该跟随着利率的发展路径的发展的，而利率反映的是经济体中资本普遍的回报率。但是从美国过去 30 年的情况看，企业利润在上升而利率在下降。这表明有些企业利润反映的是企业获取的经济租金的上升，而不是纯粹的资本回报。当然这种背离也可能是其他因素的影响，比如信贷风险，但是这些因素不足以解释整个差距。

经济整体租金上升的另外一个重要证据是多个产业的市场集中度的上升。1997～2007 年，大多数产业中最大企业的收入，占该产业总体市场收入份额均提高了（Jason Furman，2015）。这个发现是对那些发现航空业、电信、银行、食品加工和经济中的其他部门集中度上升的研究的补充。上升的行业积聚，是一些重点企业投资的回报特别大且相互间有较大差异的重要原因（Furman and Orszag，2015）。

同时，也有证据显示，在职业许可领域存在着不断增加的寻租行为，所谓职业许可指的是在某些职业，被雇用的人需要有政府颁发的许可证。克莱纳和克鲁格（Kleiner and Krueger，2013）的研究显示，在 20 世纪的下半叶，美国劳动力需要遵守州许可证法的增长 5 倍，从 20 世纪 50 年代早期的不到 5% 增长到 2008 年的 25%。虽然州许可证占了职业许可证制度的大部分，需要联邦政府及州以下地方颁发证书的职业进一步增长，其份额达到了 29%。

虽然，职业证书制度在保护消费者健康和安全方面发挥重要作用，但有证据显示，一些职业许可证制度的要求，对那些需要领取许可证的劳动力而言，可产生经济租金，这个经济租金是由那些被排除在外的工人和消费者支付的，这种产生经济租金的许可证制度既降低效率，而且又潜在地加剧了收入分配的不均等。

土地使用的管制也在经济租金的增长中发挥作用。房地产市场的这种管制可以出于合理的、促进福利提升的目的，比如，那些阻止在住宅社区附近或者住宅社区里进行工业活动的限制，或者因为薄弱的地方供水而对住所规模的限制。但是，当过度限制土地使用并且主要转向保护当下土地所有者的利益，包括他们的财产价值时，土地使用管制降低住宅的购买能力并且降低整个国家范围内的劳动生产率和经济增长。而且，房产市场寻租租金的存在，也可能限制劳动力的流动性，并使收入分配不均等更加恶化。

8.3　促进包容性经济增长的财政政策

根据上述经济学家所理解的经济增长和分配不公之间的关系，选择一种能以包容性的方式促进经济增长的增长模式，及选择能以一种有效的方式降低收入分配不均等的政策至为重要。对各种形式的收入分配不均等及其来源的分析，有助于阐明特定的促进经济增长的政策减轻收入分配不均状况的机制，这种机制要么通过竞争渠道，要么通过租金渠道。促进包容性经济增长的政策可以被归结为四类：促进整体经济总需求的政策；通过促进机会公平从而使竞争性方式更好地起作用的政策；通过减少低效率租金和寻租行为而降低无生产效率的收入分配不均等的政策；能够更好地保护工人及其家庭免予受到收入分配不均不利影响并同时作为提高劳动力流动性工具的政策。

8.3.1　促进总需求

当一个经济体的运行未达到其完全的潜力，比如，劳动力未达到充分就业，那么，那些有助于缩小实际产出和潜在产出缺口的促进经济增长政策天然就能抑制收入分配不均。事实上，失业及次优的就业本身就是一种收入分配不均现象，因为这将导致部分劳动者无劳动所得或者劳动所得不足。通常用于促进经济增长或者使经济回到充分就业状态的宏观经济政策，毫无疑问能减少这种周期性的收入分配不均的现象，即失业本身和经济周期紧密联系，提高总需求进而增加就业的财政政策，本身就能缓解失业加剧的收入分配不均问题。所以积极主动实施的需求管理政策在这种背景下也可以被视为收入分配政策。比如，美国 2009 年应对全球性危机时的政策就涉及通过财政扩张大规模支持帮助低收入家庭，并在一些项目中扩大失业保险。扩张性财政政策及合适的货币政策共同产生作用以提高总产出和收入，其结果是维持那些在危机中失业的人的收入，减轻收入分配的不均，保障他们的福利水平。

8.3.2　促进机会公平

当竞争是对尽可能多的潜在劳动者和可投资资本开放时，竞争性市场能够最好地发挥作用，但这又取决于机会公平，因为机会公平可以让参与各方发挥自己全面的潜力参与到经济中，这样的机会公平就带来了全面的竞争。在这方面，教育和培训至关重要，以及那些对低收入家庭的儿童进行投资，为贫困者集聚的社区提供发展机会的政策。在美国，这方面具体的政策包括：促进工薪家庭的儿童获得照顾，投资于高质量的早期学习和入学前教育，以帮助年轻学生，特别是那些来自低收入家庭的学生，取得成功。同时，美国的政策还包括社区大学对那些认真学习的学生免费，以及在工作培训、就业服务和成年人教育项目中改进企业的参与度、问责制、可获得性和针对性。这些措施有助于提高高技能劳动者的供给，并允许更多的人获得劳动技能的好处，同时，也可以提高对技能较低劳动者的需求，提高他们的工资并且减轻人们之间收入的差异。

8.3.3　抑制市场势力集聚和寻租行为

因为市场势力增长导致的总租金上升加大分配不公，改变各种市场势力之间的平衡或者推动形成更具竞争性的市场，将在提高效率的同时降低收入分配不均状况。提高最低工资及对集体谈判的更大支持，有助于帮助实现工人更公平地和雇主谈判。因为这些政策改变租金在不同群体间的分割比例，因而可以减轻收入分配不均，同时不会降低整体效率。实际上，如果这些政策设计合理，则可以推动实现我们前面提到的经济增长的一些好处，比如可以获得更多教育的收入更高的劳动者，比如企业家精神的提升等。

市场势力、就业许可证要求的合理化、减少区域及其他土地使用限制，知识产权制度的合理平衡，所有这些均有助于减少过度的寻租租金。具有广泛市场势力的企业可以采取许多反对竞争的行动，来创造各种寻租租金，但这损害经济效率。通常，会有一些监管法规来禁止这些行为。管理部门精心管理这些反寻租的法规可以同时提高效率并改善收入分配不均的状况。

此外，金融部门的增长在损害经济效率的寻租租金的发展中扮演着潜在的特别大的作用。多德－弗兰克（Dodd－Frank）华尔街改革法案在促使金融体系更加安全及改进消费者保护上，取得了长足的进步，但是美国政府提议进一步改革，包括提出一个新的财务费用，以抑制最大型金融机构过度规模或者过大风险，并提出堵住金融体系税收制度漏洞的措施，如附带收益可以如同普通收入一样免税这样的税收漏洞。

最后，对那些会带来寻租的管制措施，政策制定者应该通过政治改革或者其他措施来减少管制相关游说行为的影响力，从而降低个人或者企业成功寻租以获得租金的能力。和前两种方法一样，减少这些寻租租金的政策在提高经济效率的同时也能减轻收入分配不均。

8.3.4 保护家庭不受收入分配不均不利影响的同时推动流动性

累进的税收制度与现有的一些重要社会保障制度一起，包括失业保险、医疗保险、工资保障等社会保障制度，既有利于减轻收入分配不均，又保护那些在市场中面临各种挑战的人，不管是在特定经济不景气的年度，还是长期中面临的不利条件下。在许多情况下，这些政策不仅仅影响税后收入，而且随着时间推移还可以提高税前收入。劳动所得税抵免已经显示可以提高单身妈妈的劳动参与度，提高她们的劳动所得和税后收入。

而且，越来越多的经济研究已经帮助确认那些支持低收入家庭的项目，不但可以帮助家庭改善境遇，而且对于长期的劳动生产率也有很大的好处，这些项目包括公共医疗补助制度、住房券制度、补充营养资助计划（Brown et al.，2015；Hoynes et al.，2012；Chetty et al.，2011）。实际上，经济增长与收入分配公平之间的联系在社会收入分配人群的底端更加明显，因为对这些人群而言，机会的不公平对他们影响更大。低收入人群的子女更多地获得大学教育和需求驱动的培训，有助于提供公平机会，既可以促进经济增长，又可以让经济增长为更多的人所共享，同时，这种机会公平能够使得收入分配上的流动性增加。

8.4　经济增长下人们依然有较多不满的原因及政策选择

8.4.1　为什么经济增长的国度人们仍然有许多不满

在我们关注经济增长的同时，我们必须注意到，即便经济增长相关指标是比较积极正面的，但是一个国家的经济和社会的趋势发展上仍然存在一些长期挑战，也就是说，伴随着经济增长依然有一些对民众的经济困扰。由此，我们看到在美国 2016 年选举中民粹主义（populist）的抬头，而这正是政策制定者在过去的几十年里对于这些长期趋势挑战的忽视而引发选民的强烈反应的。美联储前主席伯南克（Bernanke）2017 年 6 月 26 日在葡萄牙辛特拉（Sintra）发表的演讲就提出了当光有经济增长本身是不够的时候怎么办。

根据伯南克的分析，美国 2017 年 6 月已经从 2008 年的金融危机中复苏，持续进行到第 9 个年头了，即便当时的衰退极深并且复苏也极慢，现在的实际 GDP 已经超出危机前的高点达 12.5%，实际可支配收入则超出 13%。而美联储也已接近其法定的最大就业和价格稳定目标：从 2010 年的就业谷底的失业率 10% 到现在的失业率低于 5% ，已经创造了超过 1600 万的新工作岗位，最新的失业率 4.3% 是 2001 年以来的最低失业率，通货膨胀率介于 1.5% ~2% 之间，虽然偏低，但是也靠近美联储的 2% 的通货膨胀目标。

除了上述周期性经济复苏的积极指标，美国经济的一些长期基础指标也表现强劲。一是美国是一个高度一体化的大陆经济体，这个经济体有着很大的国内市场并且商品、资本和劳动力在内部自由流动。二是联邦政府提供一个全国性的财政政策，包括不同地理区域的风险共担，和对金融部门的统一监管。三是对移民的良好吸收改善了美国总体的人口结构。四是拥有硅谷之类充满活力的高科技集聚地，及在世界领先的研究型大学中占很大份额的大学，使得美国一直是技术的领导者。五是劳动力市场和资本市场总体是富有弹性的，金融体系也比较健康。六是新技术的应用使得能源生产飞速发展。这些均是美国长期经济增长的重要基础和较大的优势。

即便有上述的持续性短期复苏和长期经济增长基础优势，美国人依然对经济并不满意。究其原因，并不完全是经济上的，伯南克（2017）认为，有四个方面的原因可以解释。

（1）工人中位劳动收入停滞不前。自 1979 年以来，美国人均实际产出增长了 80% ，但是在这段时间全职工人的中位劳动收入扣除价格因素则只增长了 7% 。而且这个工资增长主要归因于妇女更高的薪水和工作时间。男性工人中位实际工资相对于 1979 年则是下降的。也就是说，即便经济在增长，美国中产阶层仍然需要努力维持生活水平。

（2）社会和经济流动性下降。可以拥有美国梦本来是美国的重要形象，也就是每个人只要有决心并且努力工作就可以进入社会顶层。但是自第二次世界大战以后，美国经济收入分布的向上的流动性在下降，拉吉·切蒂等（Raj Chetty et al. ，2016）的研究发现，生于 20 世纪 40 年代的美国人 90% 在成年后，可以取得比起父母高的收入，而 20 世纪 80 年代出生的年轻人只有 50% 可以实现这一点。迈尔斯·科拉克（Miles Corak，2013）的研究则发现，美国现在的代际间流动性，如果以父母及其子女劳动收入的相关性进行衡量，是发达国家中最低的。被假定为无阶级社会的美国，恰恰通过包括居住和教育的隔离、社会关系网和选择性门当户对匹配的婚配等方式，推动着社会的阶层固化。

而这种停滞的中位工资和下降社会流动性必然会和收入及财富不均等总体趋势上升相联系。并且通过提升那些收入较高阶层的教育和社会优势，越高的分配不均越会阻碍经济的流动性，停滞的劳动收入和社会阶层受到局限的向上的流动性给美国人带来的挫折感要大于收入分配不均本身带来的挫折感。

（3）伴随着经济状况不佳区域和人群的不断增长的各种社会功能紊乱现象。凯斯和迪顿（Case and Deaton，2017）研究仅有高中文凭的美国白人工人阶层的发病率和死亡率情况，他们发现，相对于其他美国人群和欧洲的工人阶层，美国中年白人工人阶层的死亡率急剧恶化。凯斯和迪顿称，过多的美国白人工人阶层的死亡率为"绝望死亡"，因为这种过多死亡伴随着经济和社会福利指标的下降，及诸如类鸦片药物的滥用、酒精中毒和自杀等因素在其中扮演重要角色。根据伯南克的统计，2015 年，死于毒品过量使用的美国人，这其中有 60% 与类鸦片毒品有关，比起因机动车事故、枪支相关死亡事件和犯罪等而死亡的美国人加起来的还要多。鉴于白人工人阶层在近来的选举中的重要性，其所面临的各种问题得到一定程度的重视，但是经济状况不佳人群的社会功能紊乱问题依然越来越严重。25 ~ 54 岁的男性中，最令人担心的一个经济问题是劳动参与率的下降，这个人群在 1960 年大概有 97% 是在劳动力人群里，但是到 2016 年仅有 88% 还在劳动力人群里，而且研究还发现，这些人中没有在正式部门工作的大部分是空闲的，也就是说，并不是在照顾孩童或者老年人（Black et al.，2016）。经济合作与发展组织（OECD，2016）的研究也发现，美国 25 ~ 54 岁男性的劳动参与率是 88.5%，而英国、德国、法国、西班牙和意大利这个人群的劳动参与率分别为 92.3%、92%、92.7%、92.5% 和 88.2%，也就是说，即便欧洲的就业情况远差于美国，但多数国家这个数据要高于美国。欧洲国家和美国在这个指标上的差异的可能解释是因为司法制度的差异，美国的高监禁率使得很多男性，特别是非洲裔的男性，有过入狱记录，这会导致他们在被释放后的很多年依然在就业机会上受到一定的影响。

（4）对公共机构的公开或者非公开的政治疏远及不信任。美国人一般对政府在一定程度能够代表他们的能力几乎没有什么信心，特别是对联邦政府，更不用说有信心政府能帮他们解决问题了。霍克希尔德（Hochschild，2016）在其书中描述路易斯安那州的情况，她发现路易斯安那人不愿意支持联邦政府保护当地环境的各种努力，尽管他们面对着因为炼油厂和其他产业的污染而带来的危害健康风险。这种反对情绪既部分反映自力更生和独立的传统价值观，也反映民众对政府官员诚实度和他们能否以合理经济成本实现环境改善能力的怀疑。

8.4.2　经济增长为更多人所共享的财政政策选择

上述的四个原因共同作用下形成极大不利影响，经济增长速度虽然还比较可观，但是社会依然有着各种不满，并且部分人群的生活水平得不到实质提高。而形成这四个原因的影响因素本身也是复杂的，可能是第二次世界大战后全球发展及美国对这些发展的应对政策的产物（Bernanke，2017）。看上去健康的总体经济数据会掩饰潜在的不健康趋势，所以，一方面经济增长，另一方面光有经济增长却是不够的。增长过程中，经济体的发展必然涉及对人力和社会资本的破坏，及新市场、新产品和新工艺的创造。独立的运作良好的市场当然在促进经济调整和调配资源上扮演着重要的角色，但在一个存在着不完全资本市场和公共产品难题的世界里，无法保证技能获得、移民和区域发展方面的投资是最优的或者是公平的。

这时，税收和转移支付政策就可以部分解决这种经济增长中出现的问题，比如帮助支持那些流离失所者，但是这些政策也有局限性，局限性既包括传统上人们所担忧的以人们的收入为基础依据的转移支付产生的逆向激励影响，也包括和自力更生社会准则的冲突。人们一般能够接受暂时性的帮助，但是对几乎类同于"发放救济品"的转移支付政策常常是持怀疑态度或者是痛恨的。

因此，合理的积极干预财政政策是对这种经济增长过程中出现的不利现象的各种回应政策组合的一个必不可少组成部分。给那些在经济发展变化过程中被取代的人们或社区提供有效帮助是完全必要的，但同时，也应该看到政策制定和实施的难度。比如，前面提到的滥用类鸦片药物和25～54岁人群的低劳动参与率问题，这些问题的解决需要以实际经验研究为基础的政策措施，并且要谨慎而坚持不懈地执行，但是一些政治家本身缺乏耐心，并且对专家不信任，导致他们几乎没有什么能力能够解决这个问题。而且，为了使政策既在成本收益上高效，又具有政治上的合法性，这些政策需要相当大的地方政府的投入和不同层级政府间的协作，还需要公共部门和私人部门的协作。

归纳起来就是，经济增长本身自然是好事，因为它能促进很多居民福利指标向好的方向发展。更快速的经济增长也能改善一国的财政状况，从而给予政府更大能力和灵活性。但是显然仅仅经济增长是不够的。因为经济增长之本身会产生很多改变和可能的人力及社会资本的折旧。经济增长本身导致的各种重新调整就很不好应对，可能要求同时进行自上而下、自下而上、公共和私人的介入。但是，如果经济发展变化所释放出来的资源能够被高效地重新调整，如果经济增长的好处能够被广泛共享，如果经济政策本身被广泛地视为在经济上是成功的且政治上是合法的，那么可以说，政府在成本效益比上有效的政策干预，对政策制定者而言就应该是首要选择。

8.5 结 论

中产阶层及底层民众的收入形成主要受到劳动生产率的增长、劳动力参与及产出分配公平情况的影响。推动这三个要素的合理发展，则可以实现包容性经济增长。以上的分析区分收入分配不均的各种形式和来源，这有助于更好地谋划实现包容性经济增长的方法。同时，以上分析还说明了经济增长下人们依然很多不满的原因，如果仅仅是经济增长是不够的，那么政府财政政策介入是一种有效的政策选择。通过促进机会的公平及解决经济租金的影响——同时努力促进总需求及保护工薪阶层家庭——则可以实现长期经济增长是强健、可持续和共享的。

第9章 财政改革促进长期经济增长的作用机制和政策

9.1 财政改革促进长期经济增长的作用机制

财政改革主要指的是在微观层面上对财政收入和支出政策进行的改革。理论上看，财政改革促进经济增长通过四个主要传导途径，包括劳动供给、人力资本投资、实物投资和全要素生产率。以下分别说明通过税收和支出政策的结构性改革影响中长期经济增长的四个主要途径。

9.1.1 劳动供给

税收优惠制度，包括劳动所得相关税收优惠政策和一些转移支付政策，会影响劳动的决策。广义上看，税收优惠政策影响劳动者关于是否工作的决定，而更精确地看，则进一步影响劳动者用多少时间在工作上的决定。经验研究表明，这种传导机制在收入分配的低端人群和一些特殊群体如妇女及年老劳动力，表现得更为显著（IMF，2014；OECD，2011）。而且更早的一些理论方面的研究也证明了这一传导机制，比如，用内生经济增长模型揭示财政政策通过对劳动所得的减税，可以促进劳动者增加劳动供给，即带来正的劳动供给效应，因此促进长期经济增长（Devereus and

Love，1994；Turnovsky，2000）。

9.1.2 人力资本

关于人力资本存量的增加是如何促进经济增长的，经济学家进行了大量研究。卢卡斯（Lucas，1988）、巴罗（Barro，2001）论证人力资本是长期经济增长的主要驱动因素之一。在内生经济增长模型中，人力资本既直接作为投入要素进入生产活动从而促进经济增长，又间接地通过外部性推动技术进步从而有利于经济增长。由于人力资本存在的这种正外部性及信贷市场的不完善，适当的税收和支出政策将有助于提高人力资本存量。医疗和教育方面的投资常常就是这种旨在通过人力资本存量的增加而促进经济增长的财政改革方案的重要组成部分。佩科里诺（Pecorino，1993）、金和里贝罗（King and Rebelo，1990）用内生经济增长模型说明所得税的减税是如何通过增加教育的回报而鼓励人力资本的积累从而促进经济增长的。

9.1.3 实物资本

对资本收入的征税直接影响投资回报率，所以影响私人储蓄和投资决策。从个人层面看，资本所得税减少储蓄回报。从公司层面看，对企业利润的征税会降低投资项目的回报率，而且对企业融资行为的差异性的税收处理方法，比如，利息支出可以从税基中扣除，导致了企业更多偏向债务融资。而企业的这种偏好，导致很多企业形成低效率的高债务－股权比率，并且相比于股权融资，债权融资的这种税收上的优惠待遇，不利于主要依赖股权融资的创新和创业企业的发展。财政支出方面，有效率的公共支出可以提高私人投资的回报，并因此推动经济增长。大部分国家在财政改革中都会实施对投资行为予以优惠待遇的各种税收政策和推动公共资本支出的政策。里贝罗等人（Rebelo，1991；Devereus and Love，1994）的研究说明资本税收的减税如何鼓励投资和促进长期经济增长。

9.1.4 全要素生产率

推动劳动生产率提高的一个重要途径是通过技术进步。而强有力的证据表明，因为源自研发活动的正的外部性，政府应该介入研发活动。政府对于研发活动的介入，要么通过直接的研发支出，要么更多的是提供税收激励以鼓励私人的研发支出。如果有很好的政策设计和相应的政策执行，那么这些政策会产生高社会回报。同时，公共基础设施和公共服务对私人部门的劳动生产率也有着直接的影响，并且可以促进技术进步。而对教育的公共支出有助于促进对新技术更好地吸收。拜尔和格鲁姆（Baier and Glomm，2001）的内生经济增长模型研究中，公共投资提升了全要素生产率进而最后促进长期经济增长。

9.2 财政改革促进经济增长的各项主要措施

以上分析了财政改革进而影响长期经济增长的四个主要途径，下面根据这几个途径说明推动这四个影响长期经济增长主要变量发展进而影响长期经济增长的各项财政改革政策。

9.2.1 激励劳动供给的政策

根据不同国家的不同现实经济情况，应该对于劳动供给采取不同的激励政策。在一些发达国家和新兴发展国家，持续的高速经济增长要求财政政策采取措施以抵消劳动力老化及低劳动参与率特别是妇女低劳动参与率的负面影响。这可以通过对劳动征税的减税，重新设计社会福利项目和强化积极劳动市场计划（active labor market programs，ALMPs）。在低收入国家，主要政策应该是提供平等的受教育机会，去除对于妇女劳动力参与的各种合法障碍。具体的政策措施如下。

（1）减少对劳动的征税可以增加劳动力供给。劳动力供给对于劳动所得税减税的反应情况取决于劳动力供给的弹性、要素市场和产品市场各自的竞争程度。

（2）失业保险应设计成不减少其社会保障作用前提下能强化失业者寻找工作的一种激励机制。在发达国家，失业保险在保护个人不要遭受暂时性和结构性失业带来的收入损失上发挥重要作用。但是，失业保险项目如果设计不好，对于寻找工作的积极性和就业结果将产生不利影响。失业保险这种受益者一找到工作就取消的制度设计，更像是一种对劳动所得的征税，因此不利于激励劳动者劳动，即不利于劳动供给，特别是对低工资的劳动者和有孩子的家庭而言，尤其如此。有效的失业保险设计则对于促进劳动供给是有帮助的。这些失业保险项目的内容一般主要包含这些方面：①获取失业保险的受益资格。受益前的缴费和参与积极劳动市场计划能够更好地支持和激励劳动力重返就业岗位。②受益期限。缩短有资格受益的最长期限可以促进劳动力重返就业岗位。约 1/3 的经济合作与发展组织（OECD）国家有超过 12 个月的最长受益期限。缩短失业期间受益金额的替代率也可以提高工作激励。设计的失业保险项目受益慷慨程度可以通过受益水平和受益期限的不同组合来体现。③个人失业储蓄账户（individual unemployment savings accounts，ISAs）。增加这些账户的使用，有助于减少缴费的扭曲影响，因为可以增加缴费与受益之间的联系，而且在存在大量非正式部门的发展中国家经济体中，可以让失业保险计划的扩大化更为容易。在这种制度下，部分失业保险缴费可以存入个人账户，从而个人可以从账户中获取利息（Bovenberg et al.，2012）。失业期间，个人可以从他们的账户支取现金，而一旦账户资金用光，他们可以按同样的利息向政府借钱。个人账户在许多新兴国家经济体使用，包括巴西和智利（Hijzen and Venn，2011）。

（3）发达国家通过积极劳动市场计划（ALMPs）和劳动补偿（inwork benefits）来减少失业。对于重返就业的激励有消极影响的那些社会保险受益政策，发达国家可以用积极劳动市场计划和劳动补偿进行替代，这些替代改革在多数发达国家能够起到降低失业率的作用。两项政策的具体做法如下。

①对积极劳动计划的参与设定资格审查条件。在大多数发达国家，获得持续的失业受益是以参与积极劳动计划为条件的，包括个人就业服务、培训、就业辅导及公共就业计划等。严格的计划适用措施对于寻求就业者和提供工作激励特别重要。计划适用的要求应该随着失业时间的增加而提高，从而允许有一个寻找工作的起初阶段，而后对这些寻求就业者进行工作辅导方面的帮助，及让他们可以获得根据不同个人量身订造的培训机会。工作辅导和培训机会对于年轻失业者及长期失业者而言，尤为重要。一些国家还对积极劳动计划不断加以完善，如德国除了引入计划适用条件，还通过一些劳动力市场改革措施予以补充，包括提高寻找就业岗位的效率、提高就业积极性、提升对劳动力的需求等（OECD，2014）。

②扩大劳动补偿措施的使用。许多关注劳动力市场参与率的国家采用劳动补偿措施，规定其受益随着劳动所得和就业时间的增加而逐步退出。这些措施可以减少增加的劳动所得的净税收，甚至可能使低收入群体的纳税成为负税收，也就是净补贴，从而对就业、公平和减少贫困都有较大益处。

（4）对特定群体的针对性税收和支出政策措施可以带来具正经济增长效应的劳动供给增加的效果。许多国家女性和老年劳动者的劳动参与率依然很低。劳动力参与率的性别差异从中东、北非的51%到南亚、中美洲的31%到经济合作与发展组织国家的12%（Cuberes and Teigner，2014）。不同收入群体劳动参与的障碍各不相同，在发展中国家，教育的获得、法律障碍和落后的基础设施对于女性劳动参与率的影响，比产假的影响更大（Das and others，2015）。尽管人均寿命在上升，但是大多数国家却还面临着老年人就业率的下降。针对性措施可以促进女性、年老劳动者和低技能劳动力的劳动供给。

①针对妇女的措施。女性劳动供给对于税收的反应比男性劳动供给更加敏感。因此，对女性的税收减征，具有正面效应，可以带来女性劳动供给的增加，即便这是用对男性劳动力的征税增加来支持的。印度采用给予女性更多免税的制度来实现性别差异待遇，大多数发达国家用个人所得税代替对家庭所得征税，来减少家庭居于次要位置收入者的税收负担，而次要收入者一般是妇女。税收优惠也可以给予单亲家庭。在财政支出方面，对于提高女性劳动参与率有重要作用的政策包括缩小教育上的性别差距；设计更为合理的家庭受益项目，比如，对产假的受益支付时间提高到两年；对劳动力的劳动选择采取更为灵活的政策；扩大儿童受益项目的受益人群。

②针对年老劳动者的措施。老年劳动者比年轻劳动着对财政激励更为敏感。低税率对于提高老年劳动者留在劳动者队伍具有激励作用。一些国家采取针对老年劳动者的特别所得税，以提高劳动力市场的参与率。财政支出方面，年金制度的改革也可以促进老年劳动力的劳动供给。这些财政支出措施包括提高实际退休年龄、在不影响劳动参与决策的基础上提高精算公平水平上的年金受益。比如，按照额外多增加的工作年份的缴费对未来年度的年金受益进行全面调整，以去除对提前退休的激励。还有许多发达国家和新兴国家颁布法律提高法定退休年龄。针对老年劳动者的措施还应该保护老年贫困人口，包括扩大对低收入劳动者的社会年金，并且通过一般财政收入而不是劳动所得税对这种年金提供资金支持。

③针对低劳动技能劳动者的措施。实证研究表明，因为低劳动技能的劳动者比高劳动技能劳动者有着更高的劳动供给弹性，因此，针对性的措施对于就业有正面影响（IMF，2014）。大多数发达国家采用的措施是对低劳动技能者进行工作税收抵免。更为累进的税收制度也是减少低劳动技能劳动者税收楔子（tax wedge）的一种收入中性（revenue-neutral）的方法。就业补贴或者对社保缴费这样的非工资劳动成本的抵扣，可以刺激对低劳动技能劳动者的需求。

9.2.2 促进实物资本投资的政策

公共和私人实物投资在所有的国家都是经济增长的重要驱动因素，同时，也是劳动生产率改进的关键。以下分析私人资本积累的税收政策驱动因素及有效的公共资本投资对于经济体增长潜力的作用。

（1）对资本收入的征税影响私人储蓄和投资决策。通过提高资本使用成本，企业所得税对国内投资及外国直接投资产生负面影响（Abbas and Klemm，2012）。使用内生经济增长模型的收入中性政策模拟显示，减少资本所得税 5%（同时增加消费税以保持财政收入不变）会增加长期经济增长 0.2%，因为这种减税增加私人资本的税后回报率，从而促进投资和经济增长。

（2）改革企业所得税以对超额收益（excess return）进行征税会产生显著的增长红利。虽然企业所得税的扭曲效应被广泛承认，但是在许多国家它是财政收入的一个重要来源。如果把企业所得税限制在仅对超额收益（excess return）或者租金征税，则可以减少对投资的扭曲影响，而且还能够取得财政收入。在公司股权计划免税政策下，通过给予公司股权一个应有的收益率，并且征收时进行扣除，此做法对获得正常收益的投资予以免税（Mirrlees et al.，2011）。

（3）除非正确设计并且予以一定的适用限制，否则税收优惠政策将显著侵蚀税基，同时，并不能通过增加的投资来获得抵消税基侵蚀的好处。税收优惠政策主要包括免税、特殊区域的优惠税收待遇或者特定投资的针对性免税。具体激励的选择和细节的设计对这种税收激励的有效性至为重要。目标明确的税收激励政策直接降低资本成本，比如，加速折旧政策、投资税收抵免和特别抵扣，都在发达国家有过成功的应用。相比之下，无确定目标和基于企业利润的免税政策的效果就相对较差，并且会无限期地侵蚀税基。而且可能成本巨大，库贝杜等（Cubeddu et al.，2008）估计 15 个加勒比国家企业所得税税收激励的成本平均约为 GDP 的 5.5%；维莱拉等（Villela et al.，2010）估计拉丁美洲所得税优惠政策的成本大概在 GDP 的 0.5%~6%之间。这说明，极有必要对税收优惠政策进行成本效益分析。投资环境更是主要影响外国投资水平的决定因素，詹姆斯（James，2013）的研究表明，良好投资环境的国家，其外国直接投资是投资环境差的国家的 8 倍。世界银行 1991 年对马来西亚 1986 年所采用的税收优惠政策的评估结论说明，虽然其税收优惠政策成功刺激国内投资，但外国投资者则主要受到其他因素的影响，包括宏观经济的稳定和基础设施的质量等，同时，这种税收优惠政策的成本很高（World Bank，1991）。

（4）缺乏国际协作会侵蚀税基，并且挤压财政政策空间。一个国家的税收政策常常具有跨境的溢出效应，比如，更多的优惠税收激励措施会把外国直接投资从其他国家引向本国，因此，会减弱其他国家的增长前景，并侵蚀其税基。而且，跨国企业会使用会计技巧把利润从高税收区域转向税收更低的区域，从而进一步恶化税基侵蚀问题。在低收入国家，因为税基被侵蚀带来的税收收入减少，将严重限制促进经济增长的公共支出的规模，而且还加大了通过限制跨国公司的避税行为以提高收入，及其与鼓励投资之间进行权衡的难度（IMF，2014c）。在一个税收竞争增加的世界里，可能出现所有的国家情况都变糟的结果。为避免出现这样的不利结果，就需要国际税收协调，类似经济合作与发展组织（OECD）或二十国集团（G20）的税基侵蚀和利润转移项目（OECD/G20 base erosion and profit shifting project）之类的计划应该予以鼓励，该计划旨在保护税基并确保可预测性（OECD，2014a）。然而，鉴于执行和最终实现有效协作的难度，协调在一开始应该集中于较小的一些措施，比如，通过公告源于税收优惠的税式支出数据和报告国家间用于估计企业内交易的转移定价，来提高透明度。

（5）公共资本，特别是投资于基础设施的公共投资，能提高经济体的生产能力和增长潜力。公共资本和经济增长之间有着正相关关系，基础设施缺口较大的发展中国家可以从增加的公共资本中获得更大的回报（Bom and Ligthart，2010）。内生经济增长模型里，公共资本产生一个永久的直接经济增长红利（Futagami et al.，1993）。而且公共资本还有提高私人资本使用寿命的间接效应（Agenor，2010）。更高水平的基础设施投资估计可以提高发达国家的产出高达3%，但前提是宽松的货币政策和有效的公共投资（IMF，2014b）。而且研究也发现，在促进增长的各项公共投资支出里，最可能带来后续经济增长加速的是交通和通讯支出。波兰的交通基础设施扩张带来了更高的经济增长率。马来西亚则在1985～1995年加速基础设施建设，大多数部门都是原有服务供给能力的2倍（World Bank，2000），因此在此期间，马来西亚的经济增长率增至近8%。

（6）公共投资的效率可以提升劳动生产率。并不是所有的公共投资都能产生经济上有价值的资本（Dabla‐Norris et al.，2012）。在那些公共投资管理程序薄弱的国家，公共投资不可能完全转变成有成效的资本和经济增长（Agenor，2010）。另一方面，如果能够实现资本转化，则潜在的好处也是可观的，古普塔等（Gupta et al.，2014）的研究表明，在低收入国家，资本的边际产出特别高。因此，富有成效的投资可以带来高经济增长红利。IMF的研究发现，在投资过程中，各国因为无效率，平均大约损失了公共投资价值的30%。减少这个效率缺口获得的经济红利将有较大益处，同样是IMF的研究发现，大多数公共投资有效的国家比起效率最低的国家，可以获得高其2倍多的经济增长红利。改进分配公共投资项目的相关制度安排对于提高效率是最重要的。坦桑尼亚在扩大基础设施支出之前，先实施投资过程的改进，包括中期规划、改进项目选择和设置优先项目。在马来西亚，国有企业的低效率项目被取消，并且公共投资重新集中于对私人部门的发展极为重要的公共基础设施项目。

9.2.3　支持人力资本发展的政策

人力资本积累是经济增长的一个重要贡献力量。与此同时，无论在发达国家还是发展中国家，教育和医疗产出的不平等长期存在。这部分探讨促进民众平等地获得教育和医疗保险机会的公共支出和税收政策。

（1）财政政策在促进人力资本投资上可以发挥重要作用。由于教育的正的外部性，私人部门自身无法提供最优水平的人力资本，而这为政府介入教育服务的供给提供了支持的理由（Fisher and Keuschnigg，2002）。允许把教育支出从税基里扣除，或者提供税收抵免可以减少累进的所得税对人力资本积累的负面影响（Heckman and Klenow，1997）。教育公共支出直接影响教育产出和人力资本的存量。鲍尔达奇等（Baldacci et al.，2008）的研究更具体地表明，教育支出在发展中国家对产出增长有显著的影响，2/3 的影响会在头 5 年里实现，而余下的部分则在接下来的 5 年期间里实现。经济增长加速情况的分析发现，教育支出份额的持续增加，在1/4 的改革案例里都伴随着经济增长的加速。坦桑尼亚大幅增加教育支出，对在本国欠发达地区设立的新学校提供资助，并且把管理学校的权力下放以提高效率。这些改革有助于增加入学率并且带来持续的经济增长。从 20 世纪 60 年代起，爱尔兰的大量教育投资帮助创造出一支高技能的劳动力队伍，而这样的一个高技能劳动力队伍是爱尔兰 1987～1989 年全面的财政和结构性改革实施之后，外国直接投资流入的一个重要影响因素。

（2）发达国家和发展中国家经济体的教育改革都应该把重点放在贫困群体受教育机会的改善上。发展中国家的低收入群体和女童受教育的机会较低，特别高中教育和大学教育，导致教育支出的好处主要被高收入群体获得。在大多数发展中国家，低于 40% 的教育支出被最穷困的那 40% 家庭所获得。发达国家教育支出总体上是累进的，但高等教育的支出是累退的，并且教育产出的严重不均等长期存在（OECD，2014d）。发展中国家和发达国家受教育机会的不均等降低了不同人群间机会的公平，并且使不公平在代际间持续扩大，从而进一步不利于经济的长期增长。爱尔兰、坦桑尼亚和乌干达大范围的支出改革重点在于改善受教育的机会，这有助于释放弱势群体未被开发的生产能力，并且有利于推动实现教育支出对收入分配的积极影响。这些教育改革的具体措施包括如下几项。

①提高对低年级教育的投资。在发展中国家，相对比较高份额的教育预算被分配给高年级教育，低收入群体经常无法进入高年级教育，而这些

教育常常更多地由高收入群体获得。这要求改善小学和初中教育的入学机会和质量，特别是对于女童而言。发展中国家和发达国家，都需要提高学前儿童的受教育机会，特别是基于大量证据表明学前儿童教育对更高层面的教育绩效有重要影响。

②增加高等教育的成本回收。发达国家和发展中国家高等教育需求都已迅速增长，并且常常快于公共融资能力的增长。这导致公立机构教育质量的下降和私人教育机构的发展（Woodhall，2007）。因为高等教育的大部分受益都由受教育者获得，以更高的工资和其他非货币收益的形式体现，因此，有强有力的证据表明，高等教育的部分成本应该来自学费。由将来的收入补偿的学生贷款，即一旦学生开始赚取工资就得开始偿还，可以缓解高等教育的融资压力，并且可以为将来的某些学生贷款因低收入而无能力偿还贷款提供保险（Barr，2012）。高等教育学费支出更多地通过私人融资可以在不增加公共支出的前提下扩展高等教育。

③针对性的有条件现金资助。对贫困群体的针对性现金资助，并且以一定的教育产出作为这种现金资助的条件，有助于减少收入对教育形成的障碍并改进整体教育水平。有条件现金转移支付（conditional cash transfer，CCI）战略在发达国家和发展中国家都越来越多地使用。其中，最大的项目在巴西，向 1400 万家庭或者说 5000 万人提供资助，被评价为自其在 2003 年引入以后减少了不公平并且使极端贫困减半（World Bank，2013）。英国则引入了需要进行资格审查的以教育表现为条件的教育助学金。纽约城则提供针对性的教育和医疗补贴（IMF，2014e）。然而，CCI 项目在管理上要求较高并且可能要求有一些辅助改革，比如，对高质量医疗和教育服务进行投资，针对性的宣传活动以提高有资格获取人群对这些项目的认识（Fiszbein and Schady，2009）。

（3）对医疗保险的投资也有利于人力资本的积累。越健康的人可能更多地投资于他们自己的教育和健康上，因而能进一步促进劳动生产率提高和人力资本积累（Aghion et al.，2010）。贾米森等（Jamison et al.，2013）的经验研究确认了健康投资对经济增长的潜在回报，据他们估计，

2000～2011 年，发展中国家经济体人均寿命上升的经济价值相当于每年GDP 上升 1.8%。IMF 关于促进经济增长的分析指出，在所有的支出项目中，医疗方面的支出是最可能伴随着经济增长的，大概有 40% 的可能性。

（4）在发达国家，保障穷人在支出能力不足时能够获得医疗保险服务是优先要考虑的。2013 年，公共医疗支出大概占发达国家基础财政支出的17% 或者说占 GDP 的 6.5%，而且预计在 2015～2030 年会上升约 GDP 的3%（IMF，2015a）。因此，进行医疗保险改革，以抑制不断上升的医疗支出增长将是许多国家财政调整计划的必要组成部分。其中，一些改革可能采取私人部门承担的医疗成本比例提高的方式，比如，通过增加受益人支付部分或者通过减少公共部门提供服务的范围。这些改革应该设计成可以保证穷人能获得医疗保险服务的项目，比如，如果受益人是穷人，则受益人支付部分可以免交。

（5）在发展中国家，应以一揽子基本医疗服务普遍可获得为重点，这将产生最大的经济增长红利。建立全面可获得医疗服务，并且其相关的财政支出可持续的改革进程可以通过以下措施实现：

①扩大对低收入家庭的医疗覆盖。《柳叶刀》（Lancet）委员会的报告（Jamison et al.，2013）强调，一个财政上可持续、公共资金支持且包括基本医疗服务的一揽子医疗保险项目，能够使穷人受益并且提高公共医疗支出的累进性。在许多发展中国家，穷人经常在患病的早期阶段放弃或者延误了必要的治疗，而此时的治疗在成本收益上是最有效率的。许多家庭因为高自费支出或者灾难性疾病而陷入贫困。获得医疗保险可以提供财务上的保护措施并且可以把家庭从需要积累非生产性的出于预防动机的储蓄中解放出来。

②减少或者免除低收入家庭的使用费。一揽子基本医疗服务之外的医疗服务项目可以由公共与私人共同承担的机制来支付，包括保险缴费、使用费和共同支付等方式。然而，通常医疗保险计划下的那种受益人付费部分，对低收入家庭而言，依然过高。为了进一步改善医疗服务的支付能力，有必要减少或者免除特定群体或者特定服务的使用费。特别是预防医

疗，比如种痘，考虑到他们能产生较大的社会收益，应该免费提供。此外，把预防医疗的使用与获得其他社会受益项目的资格联系在一起，可以帮助提高其对低收入家庭的覆盖。

③解决欠发达区域医疗服务供给侧方面的障碍。因为很多低收入家庭居住在欠发达区域或者社区，医疗服务设施和医疗服务专用人员可使用的程度——特别是那些与更富足区域相似质量的——可能是他们获得医疗服务的主要障碍。这就需要在这些地区，把医疗服务的公共供给作为必要手段，或者给予私人服务提供者额外的激励。坦桑尼亚和乌干达设法扩大医疗服务的可获得。这两个国家都显著提高医疗公共支出，并且通过改进公共支出框架引导资金投入医疗服务。坦桑尼亚提高公共支出接近 3 倍，从 1998 年占 GDP 的 1.3% 到 2006 年的 3.8%。乌干达公共支出的增加也是显著的，从 1998 年占 GDP 的 0.1%，在引入基础医疗服务免费以后，2003 年医疗公共支出约占 GDP 的 1.2%。

9.2.4 提高全要素生产率的政策

财政政策可以通过以下这些途径提高全要素生产率，包括刺激研发和提供重要的基础设施等。

（1）一些重要公共产品的供给可以提高全要素生产率。实物基础设施的公共投资，除了前面讨论的可以促进经济体的生产能力，还可以改进私人资本的生产率，并提高其回报率（Easterly and Rebelo，1993）。与此类似，教育公共支出，可以通过促进国内劳动力从全球经济中吸收先进技术而提高劳动能力，进而可以加速技术赶超并提高本地的劳动生产率（Everaert et al.，2014）。

（2）明确面向研发的税收激励有利于长期经济增长。大量的研究表明，研发支出和经济增长之间存在着正相关关系。研发税收激励一般采取两种方式：①可以减少研发成本的税收抵免；②特殊的知识产权安排，可以减少从专利和商标上所获取利润的税收负担。前者确实适合用于激励创新活动，而后者似乎更可用作不同区域间税收竞争的工具。研究发现，在发达国家，研发相关的税收激励条款对全要素生产率有正面影响，尽管这种影响还比较小，对那些研发密集型产业而言，这种影响更大（OECD，2010a）。分国别研究显示，提供税收抵免和扩大从税基扣除研发相关支出的一些国家取得一定成效，如爱尔兰、马来西亚和波兰。在爱尔兰，2003年开始引入研发税收抵免制度，2003～2012年，企业研发支出增长了80%（Hynes and O'Connor，2014）。在波兰，5年的实际研发支出增长率从改革前的1994～1999年的32%，提速到改革后的2005～2010年的63%。除了税收措施，许多国家增加研发的公共支出。例如，在20世纪80年代中期，荷兰即便许多公共支出进行紧缩，研发公共支出依然增加了8%。

（3）然而与一般意义的税收激励相似，研发税收激励政策如果没有认真设计，可能会是扭曲性的并且无效益。除了一般意义上的设计税收激励政策时应该注意的事项（如同前面讨论促进实物资本投资时提到的那些），旨在促进研发的税收激励政策的设计有一些特殊的要求应该注意。这些税收激励对创新和经济增长的正面效应的经验证据还比较少。这可能因为研发支出实际上只仅仅转变成少许社会收益。更值得注意的是，在那些受限于相对落后的人力资本状况，从而开展研发活动的能力有一定局限性的国家，采取这样的税收激励政策就不那么有效，而通过财政改革以采用其他一些措施，比如，促进技术转化的措施，可能更适宜推动全要素生产率的提高。

9.3　有利于促进经济增长财政政策改革的财政空间

在某些情况下，那些有利于经济增长的财政改革的实施将要求有一定的财政空间。财政收入方面的改革措施应该重在减少其对经济行为的扭曲，支出方面的改革则应该主要解决支出的无效率。从而这些财政政策改革措施将不仅提供财政空间，而且直接对中期和长期的经济增长有所贡献。减少能源补贴和征收环境税的政策可以解决负外部性问题，并且由于省下的补贴资金和获得的税收收入，可以得到更多的为了促进经济增长而进行的政府干预所需要的资金。对于那些扩大财政空间存在困难的国家而言，应该重点实施预算中性的财政改革。

9.3.1　促进增长的财政改革可能会要求有一定的财政空间

在一个比较严格的预算限制下，降低诸如对劳动征税的这种高度扭曲型税收所带来的税收收入的损失，将需要通过其他税收举措或者支出的减少来进行抵消。同样，在公共基础设施、医疗保险和教育上的增加的支出，需要要么通过额外的税收收入，要么通过其他公共支出的减少，来提供资金。对于那些具备财政可持续性并且不必担心债务延期偿还的国家而言，增加举债也是一个选项。

9.3.2　选择通过税收措施创造财政空间的国家，应该使用扭曲性小、并且能够扩大税基的税种

这些税收措施如下：

（1）应该使组成税种转向更有利于经济增长的税收。前面提到，企业所得税对经济增长的负面影响最大，其次是劳动所得税，再次是间接税，最后是房地产税（IMF，2013a）。在许多国家，缩小增值税税收政策和纳税遵从之间的缺口导致的税收流失，既可增加税收收入，又可以减轻税收制度的低效率（IMF，2013a）。提高对酒精、烟草甚至糖所征收的货物税，以这些商品对健康的可能危害为依据。而为了减轻累退程度更高的间接税的累退效应，可以通过扩大穷人相对受益较多的项目支出来弥补。在波兰，总体税收中直接税的份额从45%降低到36%，使得投资和就业有

了显著增加。在智利，早期引入的税基扩展并且限制免税措施的增值税，帮助减轻销售税的扭曲效应并获得增加大量税收收入的好处。伴随着改革，这两个国家的经济增长都有所改善。

（2）拓展税基的措施。这些措施一般包括使免税政策和税收优惠制度更加合理化。去除税收优惠待遇或者改善其针对性可在获得更多的税收收入和改进横向公平的同时，促进经济增长。许多国家把降低税率和扩展税基结合在一起。澳大利亚 20 世纪 80 年代在农业、林业和电影制造领域，实施了降低税率和减少免税措施的改革。20 世纪 80 年代的后期，马来西亚的促经济增长的利润税和贸易税的减税，则部分通过销售税税基的拓展来进行抵消。同样在 20 世纪 80 年代后期，乌干达则把公务员的工资列为应予以征税从而扩展税基，同时，还对免税政策进行限制。

（3）改善税收征管。税收遵从情况会影响税收收入，以及税收制度的效率和公平（IMF，2015b）。高效益的税收征管改革包括引入风险管理技术，及纳税人的细分化，比如针对大的纳税者机构的设立。此外，法律和程序的简化，有助于减少纳税人遵从的成本。例如，在智利，各种纳税人表格、填报流程和支付程序，对执法和税收征收的改善有很大的贡献。坦桑尼亚和乌干达创立统一的税收机构。专项资金支持的一些项目下设定限制调节也会有所帮助，克里韦利和古普塔（Crivelli and Gupta，2014）估计，在那些专项资金支持的项目包含税收政策及管理方面限制性条件的国家，在某一年度里，税收收入大概可以增加 GDP 的 0.5%。

9.3.3　选择通过支出措施创造财政空间的国家，应该重点关注如何使支出合理化并且提高效率

这些支出措施如下：

（1）支出合理化。在发达国家和新兴国家，在工资、补贴和各种社会受益项目上的支出大约占总支出的 3/4。因此，可以优先进行检查并加以合理化的支出领域包括政府工作人员的工资账单，特别是公共部门工资和

雇佣行为与私人部门具有高度相关性的领域,以及各种社会支出,特别是当这些社会支出的目标针对性较差的领域。例如,2011 年,发达国家经济体花在家庭受益的总支出中只有 1/5 是进行资格审查的(means-tested);而在低收入国家,社会补助项目通常很容易漏损,而且对有资格获取人群的覆盖也不足(IMF,2014f)。IMF 的国别研究显示,在荷兰、爱尔兰、德国和马来西亚,公共雇员工资账单的合理化有助于创造财政空间并能对工资的控制做出贡献。社会公共转移支付项目的重新设计成为荷兰、智利、德国和波兰等国的整个大范围调整改革计划的组成部分。

(2)改善效率。通过改进支出效率,很多国家可以促进重要公共服务供给的同时节省资金。例如,至少 20% ~ 40% 的医疗支出一般是被浪费掉的(World Health Organization,2010),而且研究表明,在当前的医疗支出水平下,各项医疗数据指标存在很大的改善空间(Grigoli and Kapsoli,2013)。关于教育,许多发达国家的教师工资账单支出并不能说明教师与学生之间的比例在下降。实行一个根据学生数量的资金供给准则,如同荷兰所做的那样,可以保证工资成本与学生数量一致,从而可以潜在地节省费用,而这些节省的费用可用来提高学校基础设施及教材的质量。智利、坦桑尼亚和马来西亚对低效率的国有企业的改革和私有化,为财政改革提供了很大的财政空间。

9.3.4 解决环境负外部性的政策也能创造财政空间

在建设更绿色的经济体,通过为环境外部性定价促进环境可持续发展的经济增长,及改进资源配置上,财政政策扮演了重要的角色。与此同时,取消能源补贴及引入环境税收可以获得大量的财政资金。

(1)普遍存在的能源补贴扭曲了消费和生产决策,成为不利于收入分配的政策工具(Arze del Granado et al.,2012)。2015 年的能源补贴支出(根据税后收入)预计达到 5.3 万亿美元,即约占当年全球 GDP 的 6.5%。

(2)征收旨在减少温室气体排放或者污染的碳税和拥挤税。从这些环境税收取得的税收收入预计可达到全球 GDP 的 2.9%（Gupta and Keen，2016）。

9.4 财政政策改革需考虑经济增长与收入公平之间的权衡

收入分配不均以其自身的方式影响经济增长，因此，全面评估促进经济增长的财政政策改革需要考虑他们在收入分配方面的影响。虽然有一些促进经济增长的财政改革会对收入分配的公平有负面影响，国别研究显示，有一些策略却是可以缓解公平和效率之间的权衡。

9.4.1 收入分配公平可以通过更快的人力和实物资本的积累而带来更高的长期经济增长率

当一国收入水平较低时，一定程度的收入分配不均，可以通过提高储蓄和投资（Kaldor，1957），允许至少一部分人口开创企业和获得良好教育（Barro，2000），从而刺激经济增长。然后，随着收入分配不均程度的提高，这个关系可能变成负相关（Benhabib，2003）。最近的研究指出，水平较高的收入分配不均总体上对经济增长的路径和持续性是有害的（Berg，Ostry and Zettelmeyer，2012；Ostry，Berg and Tsangarides，2014）。在更公平的社会里，因为高个人所得、来自政府的更大的转移支付及更好的公共服务，穷人的教育和医疗效果一般也会更好。而这会导致更快的人力资本积累（Perotti，1996；Galor and Moav，2004；Aghion，Caroli，and Garcia－Penalosa，1999）。此外，收入分配更为均等可以扩大国内需求的规模并支持更高的实物资本积累（Murphy，Shleifer and Vishny，1989）。

9.4.2 一些可以提高效率的改革对收入分配的公平有不利影响

为了减少税收的扭曲和促进经济增长，而从直接税转向间接税，会减少税收制度的累进性并增加收入分配的不均等。而旨在鼓励劳动参与的社会转移支付的减少，可能同样对公平有不利影响。特别是诸如公共雇佣的减少和年金冻结，会增加失业和减少低收入群体的购买力，对于收入分配有不利影响（Ball et al.，2013；Woo et al.，2013）。在国别研究中，在智利和德国，特别是经常性支出的减少包括社会福利的减少时，收入分配不均的情况会恶化。在澳大利亚，收入分配不均扩大的部分原因在于，1980年的改革扩大了工资差异，21世纪初期，商品和服务税（goods and services tax，GST）的引入减少了税收制度的累进性（Singh et al.，1998；Greenville et al.，2013）。

9.4.3 如果设计合理，财政改革一揽子计划可以同时服务经济增长和收入公平目标

国别分析发现，收入分配不均程度的下降并不会降低财政改革和经济增长加速二者之间的联系。例如，如果一个累退的但是促进经济增长的税收改革的收入，被用来为更高的医疗和教育支出提供资金，那么其总体结果可能是更高的经济增长和降低了的收入分配不均程度（Murioz and Cho，2004；IMF，2014e）。尤其是提供和幼童学校教育挂钩的有条件现金转移支付，特别是女童，可以减轻收入分配不均及提高人力资本。减少逃税、税式支出和主要受益富人的税收漏洞，可以促进福利增加和收入公平（Blanchard and Cottarelli，2010）。而且更笼统地看，被视为是比较公平的那些税收制度往往还伴随着改善了的税收遵从（IMF，2015c）。爱尔兰20世纪80年代后期的改革，尽管公共支出下降较大，但并没有导致收入分

配的不均等显著提高。这反映了改革之后的财政调整的组成内容，特别是公共部门工资和非针对性转移支付的减少，更有累进性的事实，以及就业的较大增加的事实（Bastagli，Coady and Gupta，2012；IMF，2014e）。而在马来西亚，20 世纪 80 年代的后 5 年，当把减少基本公共支出制度化时，那些旨在减轻少数族裔收入不均等的支出是得到保护的。得到保护的原有政策，还包括：有助于减轻收入分配不均及贫困的措施，包括医疗和教育服务的公共供给，特别是在农村地区；以及使得劳动力能够更容易地从农业向高附加值的劳动转移的教育和技术培训。

9.5　如何设计和执行财政改革

如何设计和执行财政改革，是财政改革能否成功带来强劲且可持续经济增长的关键决定因素。在这方面，最重要的改革考虑因素应该包括围绕主要改革的社会对话、政策互补性、与结构性政策及宏观经济政策的一致性、政策可信度。

9.5.1　社会对话能增进改革得以执行并可持续的可能性

在发达经济体，进行社会对话的公共部门就业改革，结果是工资支出的更大幅度和更加可持续的减少（IMF，2014f）。荷兰和爱尔兰的改革就是这样的例子。荷兰的瓦瑟纳尔（Wassenaar）协定（1982）和爱尔兰的三党协定（1987）促进了政治上难以执行的政策措施，比如，福利削减和工资限制调整。

9.5.2　采取有助于提高公众对改革支持度的策略

跟那些利益相关者进行沟通，在沟通中突出改革试图要实现的社会福利，或者告诉他们维持现状的成本，这有助于缓解对改革的抵制。如果改革计划中包含对那些预计将在改革中受损的群体的补偿措施，则是获取公众支持一揽子改革计划的有效措施。在爱尔兰和荷兰，实际工资的减少通过减税进行补偿，以减轻对可支配收入的影响，而社会福利项目的缩减，通过承诺在私人部门多创造价值而让公众觉得更可取。不同政策具有民众关注的相同重点内容有助于达成共识。比如波兰，加入欧盟的前景带来的好处，对政府克服年金改革和减少社会福利的改革所遇到的民众抵制起到重要作用。在大多数财政改革中，各国一般都会采用各种策略做法组合，比如，采取具有互补性的政策组合来说服民众接受改革方案（Clements et al.，2013）。

9.5.3　成功的财政改革利用政策互补性来最大化改革对经济增长的影响，同时一般还包含有支持经济增长的结构性改革和宏观经济政策

1. 财政政策的互补性

国别研究发现，很多政策设计力图使财政措施之间能够互相强化。比如，在荷兰、爱尔兰和德国，对工作的激励，通过减少社会福利和个人所得税得以加强。一些国家同时减少企业所得税或者个人所得税及经常性支出，以在改善公共财政状况的同时刺激私人投资和就业，采取这些措施的国家包括波兰、澳大利亚、爱尔兰、荷兰、智利和马来西亚。财政改革要获得正面的结果，通常需要一些互补性措施，比如，对一个政府治理较为薄弱的国家而言，如果要扩大公共投资，必须先改善公共财政的管理，这正是坦桑尼亚所努力推行的改革实践。IMF对于促进经济增长的财政改革事项的研究，指明政策互补性的潜在好处，即当同时进行支出和收入改革时，经济增长加速的可能性较大。

2. 其他领域的支持经济增长的结构性改革

更为广泛的结构性改革有助于促进中期和长期经济增长，并且扩大财政改革的影响。在国别研究中发现，大多数国家的财政改革和其他结构性改革同时实施。为了促进就业，一些国家把强化工作激励的措施和旨在促进创造就业的劳动力市场改革结合在一起，比如，简化雇佣和解雇程序、工资谈判机制的改变和降低最低工资，这些国家包括荷兰、爱尔兰和德国。而在另外一些情形下，为企业所得税减税创造空间的财政紧缩政策，其政策组成同时还包括经济去监管和私有化的改革，荷兰、马来西亚和智利采取这样的措施。而在坦桑尼亚，包括通过贸易自由化进行的经济开放，帮助提高财政改革的效益，并且为私人部门的发展创造有利空间。

3. 与财政改革相符的宏观经济政策

财政改革计划需要一个同时支持结构性改革的宏观经济政策（Blanchard et al.，1985）。例如，一个暂时性的财政状况宽松可以为劳动力市场改革的实施获得有利时间。从这个角度看，需要放缓财政巩固的步骤来逐步吸收结构性改革的潜在成本（IMF，2014a）。

9.5.4　改革本身的可信度越高越能增强改革的效果及其对中长期经济增长的影响

发达国家的经验证明，对于注入市场信心而言，建立一个可信的中期财政调整路径比起最初的财政调整的努力本身更为重要（Harris et al.，2013）。由于政策存在可信度，因此，民众允许财政改革的努力可以依照时间发展不断调整，甚至推倒重来，这样可以使滞后效应对长期经济增长的潜在负面影响最小化。

第10章　政府债务与经济增长

莱因哈特和罗格夫（Reinhart and Rogoff，2010）研究了高公共债务水平、经济增长和通货膨胀之间的关系，他们的研究结果发现，在正常的债务水平下，经济增长和债务水平之间的关系看起来相对较弱。那些公债超过 GDP90％的国家的中位经济增长率大概低于其他国家一个百分点，而平均增长率则要低几个百分点。同时，他们的研究发现一个让人惊讶的结果，那就是在新兴市场国家和发达经济体，公债和经济增长之间的关系非常相似。在通货膨胀上，他们发现，在发达国家，高债务水平和通货膨胀之间没有系统的关系，尽管个别国家有例外。相比之下，在新兴市场国家，高债务水平就意味着高通货膨胀率。因为我们主要探讨政府债务和经济增长之间的关系，所以对通货膨胀不进行研究。在短期中，为了应对危机，政府常常会增加预算赤字，扩大政府债务规模，大规模的预算赤字在战胜经济深度衰退上是可以发挥重要作用的。但是，其长期宏观经济影响是什么呢？特别是在一些国家还有老龄化和不断提高的社会保险成本情况下，急剧上升的公共债务最后会不会是一个不可管理的政策挑战？这是很多人都担心的问题。一般说来，政府债务对于经济增长的影响，和一个国家的国民对于债务的容忍度存在一定的相关关系。

10.1　政府财政赤字与债务

10.1.1　政府财政赤字、债务、支出和税收组成预算约束

政府政策决策者考虑实施财政政策时，必然要面对预算约束，也就是赤字、债务、支出和税收之间的关系。假定起初政府收支处于平衡预算的状态，如果政府增加支出，则预算赤字也增加。而预算赤字只能用债务来融资，随着时间的推进，这个债务会如何演变，并且政府未来是否应该增加税收收入以偿还这个债务，增加的税收是多少，会产生怎么的扭曲效应，对于长期的经济增长会有什么样的影响。为了进一步理解这些问题，我们首先应该理解债务和赤字之间的关系。

首先，我们必须把财政赤字和政府债务的概念定义清楚。第 t 年的预算赤字可以表述如下：

$$D_t = rB_{t-1} + G_t - T_t \qquad (10-1)$$

假定以上的所有的变量都是实际变量，也就是不考虑价格因素的影响。B_{t-1} 是 t − 1 年度末的政府债务，或者说，是 t 年初的政府债务；r 是实际利率，在这里假定为不随时间而发生变动，因此，rB_{t-1} 是 t 年需要支付的政府债务利息；G_t 是 t 年政府在商品和劳务上的支出；T_t 是 t 年的政府税收收入减去政府转移支付。也就是说，财政赤字等于包括政府债务利息支付在内的政府支出，减去税收减转移支付的净值后余额。在这里，债务的利息支付是实际利息支付，也就是现有债务与实际利率的乘积，而不是数额上的实际支出值，也就是名义利率与现有债务的乘积。如果通货膨胀严重，那么官方的用名义利率计算的债务利息支出实际上是误导性的，这里用实际利率计算的财政赤字是一种正确度量，这种度量又称为通货膨胀调整的财政赤字。另外，在政府支出上，G 不包括转移支付，而把转移

支付从税收里扣除，定义 T 为税收扣除转移支付后的净值。但是，一般官方的政府支出度量都是包括转移支付支出和政府购买商品和劳务的支出，而收入度量里所说的税收则仅指税收，不减去转移支付。但这只是会计准则的处理问题，转移支付是加在支出里，或者是从收入里扣除，对于 G 和 T 的度量有影响，但是并不影响 G – T，也就是对赤字的度量不产生影响。政府的预算这个时候可以表示为 t 年的政府债务的变动，即 t 年的赤字：

$$B_t - B_{t-1} = D_t \qquad\qquad (10-2)$$

当政府财政赤字发生的时候，必须借债，为财政支出超出财政收入的部分提供融资支持，则政府债务增加。把式（10–1）所代表的赤字带入式（10–2），则政府预算约束可以表示为：

$$B_t - B_{t-1} = rB_{t-1} + G_t - T_t \qquad\qquad (10-3)$$

式（10–3）表示的政府预算约束，把政府债务的变化，与影响利息支付的政府起始债务水平联系在一起，同时，还与当前的政府支出及税收联系在一起。在这等式里，还可以把赤字分解为两个部分：为初始债务支付的利息，rB_{t-1}；财政支出和税收之间的缺口，$G_t - T_t$，这一项称为基本赤字，如果为负，则是基本盈余。在式（10–3）中，我们把 B_{t-1} 移到等式的右边，则可以得到：

$$B_t = (1+r)B_{t-1} + (G_t - T_t) \qquad\qquad (10-4)$$

式（10–4）表明，t 年末的政府债务，等于（1 + r）乘以（t – 1）年末的债务再加上 t 年的基本赤字（$G_t - T_t$）。

10.1.2　政府债务的演进路径

以上我们关注的是政府债务水平的决定，但是，任何经济体的产出随着时间的推移一般而言都是不断增长的，因此，如果我们关注政府债务与经济产出的比例则更有实际意义。式（10–4）的两边都除以 t 年的实际产出 Y_t，可以得到：

$$\frac{B_t}{Y_t} = (1 + r)\frac{B_{t-1}}{Y_t} + \frac{G_t - T_t}{Y_t} \qquad (10-5)$$

然后，把$\frac{B_{t-1}}{Y_t}$改写为$\left(\frac{B_{t-1}}{Y_{t-1}}\right)\left(\frac{Y_{t-1}}{Y_t}\right)$，则式（10-5）可以改写为：

$$\frac{B_t}{Y_t} = (1 + r)\frac{Y_{t-1}}{Y_t}\left(\frac{B_{t-1}}{Y_{t-1}}\right) + \frac{G_t - T_t}{Y_t} \qquad (10-6)$$

现在式（10-6）的各项都是产出的比例，为了进一步简化等式，假定产出增长率是固定的，并且假定产出增长率为 g，则$\frac{Y_{t-1}}{Y_t}$可以写为$\frac{1}{(1+g)}$，另外根据近似值，$\frac{1+r}{1+g} = 1 + r - g$，把这两个假设带入式（10-6），可得：

$$\frac{B_t}{Y_t} = (1 + r - g)\frac{B_{t-1}}{Y_{t-1}} + \frac{G_t - T_t}{Y_t} \qquad (10-7)$$

把$\frac{B_{t-1}}{Y_{t-1}}$这一项移到式（10-7）左边可得：

$$\frac{B_t}{Y_t} - \frac{B_{t-1}}{Y_{t-1}} = (r - g)\frac{B_{t-1}}{Y_{t-1}} + \frac{G_t - T_t}{Y_t} \qquad (10-8)$$

式（10-8）告诉我们，债务占经济产出的比例是如何随时间变化的，等式的左边即债务比例的变化，等于右边两项之和，一项是实际利率和经济增长率之差乘以年初的债务占产出的比例，另一项是基本赤字占 GDP 也即经济产出的比例。式（10-8）给出了债务占产出比例的演进决定因素，相比之下，式（10-4）则给出政府债务水平的演进决定因素。二者的差异是式（10-8）出现 r-g，而式（10-4）出现的是 r。出现这个差异的原因很简单。如果假定基本赤字为零，则债务将以实际利率 r 增长，也就是 t 年的债务仅取决于 t-1 年的债务。但如果 GDP 也增长，债务对 GDP 的比例将增长得相对更慢一些，其增长率等于实际利率减去产出增长率，r-g。

从式（10-8）看，实际利率越大，产出增长率越低，起始的债务比例越高，基本赤字占 GDP 比例越高，债务占 GDP 的比例将越高。

同时，政府债务的合适目标取决于各种政策关注点的性质。比如，当人均收入随着时间发展而提高时，代际间公平目标可能要求财政收入占 GDP 的比重提升。但是，如果代际间公平不受财政政策的影响，稳定上升的收入占 GDP 比例将导致边际税率上升及比需要的水平更大的税收扭曲，并因此对于最优债务路径的选择没有什么帮助。

10.1.3 政府债务水平上升的成本

1. 对私人投资的挤出效应

根据宏观经济学基本知识，政府举债将会挤出生产性的私人投资。在正常的经济条件下，政府债务的增加会挤出私人的厂房和设备投资，但是很多经济学家，包括凯恩斯都认为，当实际利率很低并且不会因为增加的政府举债行为而上升时，则这样的挤出效应就不会出现。

可是值得我们注意的是，这种挤出效应并不仅仅是取决于利率，还取决于企业对于未来的预期，如果企业认为政府的赤字和债务的增加预示着未来对企业利润和个人收入的税收增加，很多企业即便有大量流动资产，也不会愿意投资到新的厂房和设备上。这种政府赤字增加而减少的厂房和设备投资，将通过存量资本的变动而减少未来的收入，减少的收入等于减少的资本和实际资本边际产出的乘积，在具体计算中，实际资本边际产出的长期价值差不多是10%，但是赤字引起的企业家少投资而导致的资本存量减少的数量则难以估计。但是，这种影响的存在却是毫无疑问的。

2. 增加了经济的脆弱性

更高的政府债务水平会使得一国在受到外部利率上升冲击时，更为脆弱。而正是政府债务水平上升本身导致这样的冲击更可能发生，欧元区在2008 年之后的债务危机就是一个例子。因为这种利率上升的冲击，可能是由于债务国债务水平上升，从而外部市场对债务国的预算控制失去信心，或者是对于债务国未来通货膨胀率提高的预期引发的。特别是对于那些政府债务大量由国外投资者持有的国家更是如此。

因为固定收益证券供给和需求之间平衡的变化而导致的全球利率上升，使得政府债务水平越高的国家，将来的偿债成本受到的影响越大。因此，任何当前政府债务水平的上升，因为可能需要在未来面对更高的利率水平，所以将会提高未来的偿债水平。总的看来，源于债务增加的更高未来利率水平的这种可能性，适用于整个的不断展期的政府债务总存量，并且也适用于私人债务和股权市场。

3. 外国投资者持有政府债务带来的成本

早期的凯恩斯主义关于政府财政赤字及债务成本的争论中，常常有人持有这样的一种观点，认为债务是没有成本的，因为那是自己欠自己的钱。但是经济学家最终确认这个观点是错误的，因为偿还政府债务需要税收收入，而税收本身是扭曲经济行为的，必然会产生无谓成本（Dead-weight Cost），并且因为政府举债行为会挤出生产性的私人投资，如前所述，这也是政府债务需要承担的一个成本。不过，有些经济学家认为，在经济非常低迷从而市场利率极低的情况下，未来偿债需要的税收产生的成本可以确认，但是挤出私人投资的可能性可以排除。

但是，和早期的政府债务主要由国内投资者持有不同，现在很多国家的政府债务由外国投资者持有，美国就是这种情况，而且外国投资者可能购买未来可能的政府债务增量的更大份额，在未来偿还这些增加的债务将要求必须增加净出口，而以美国为例，这等于是要求美国的相对于贸易伙伴的货币贬值，需要美元的实际价值下降。这样一种美国贸易条件的下降，会通过提高进口品的成本而减少美国的实际收入，而且净出口的增加等于是放弃对一些在美国生产的商品和劳务的消费。

4. 政府债务的增加导致政府可进行操控的财政政策空间减小

在未来的各种原因下，比如反周期的财政政策实施或者国防支出等，美国可能会增加赤字。而增加赤字的能力取决于当时的政府债务的水平。当前债务水平的上升会降低政府应对未来难题的主动性。即当债务水平过高时，将影响财政收支本身的可持续性，当未来经济状况不好时，过高的债务情况下，政府继续举债的能力受到限制可能导致大规模的财政刺激计划不能实行。

以上这些关于政府赤字和债务成本的分析告诉我们，除了考虑未来偿还债务需要的税收带来的无谓损失（deadweight loss）及相关的未来利率成本，还需要考虑上述的四个方面的成本。在许多情况下，对于增加财政赤字和政府债务相关的财政政策，如果其收益大于上述的成本，则这样的财政政策实际上是可以实施的。

10.1.4 适当政府债务水平能带来的收益分析

财政赤字的运行及与之相关累积的政府债务，一直被视为财政政策的重要组成部分。特别是在短期应对经济危机中，政府通常通过增加赤字来实施财政刺激计划，但毫无疑问，这种债务融资支撑的财政刺激计划存在相应的经济成本，因此，政府必须做好成本效益分析。

一般说来，政府赤字和债务增加的收益主要有三个方面：一是短期的GDP的正向变化收益，这是通过财政赤字增加，也即支出增加而带来的，而且GDP和财政支出之间存在一个乘数效应，因此，政府赤字和债务增加带来的财政支出增加可以促进经济增长。二是GDP增加对人力资本和企业投资的影响，从而对长期的潜在产出产生影响。政府赤字和债务增加的成本，一般认为，对这些未来增加的债务，需要通过未来增加财政收入，主要是税收，来偿还，而税收的增加会产生无谓损失。三是可以产生一种抵消效应以提升劳动生产率，因为在经济下滑中，企业对于需求的下降或者后续的过于缓慢的需求复苏，往往采取解雇工人和改变生产的方法进行应对，但是政府赤字增加带来的财政支出增加可以一定程度抵消这种效应。而且还因为在时间较长的衰退中，因为工人经历长时间的失业，因而在人力资本上遭受损失，同时，这种衰退中企业对厂房和设备不愿意投资而导致劳动生产率遭受损失，这种时候，通过财政赤字和政府债务增加来支持财政刺激，会促进 GDP 增长，并且减少人力资本和实物资本的损失，减轻劳动生产率的损失。

10.2　政府债务水平和经济增长之间关系的实证经验证据

莱因哈特和罗格夫（Reinhart and Rogoff，2010）考查了政府债务水平与经济增长之间的关系。他们认为，关于债务对经济增长的效应总是要让人想到债务非容忍（debt intolerance）（Reinhart，Rogoff，and Miguel A. Savastano，2003），并且假定当一个国家达到其债务容忍极限时，这种效应与对市场利率的非线性的反应有关。急剧上升的利率反过来又会迫使这个国家进行痛苦的财政调整，要么是采取增加税收的方式，要么采取减少财政支出的方式，甚至在某种极端的情况下，直接违约。另外，在考虑这个效应的时候，原则上看，债务是以什么方式形成的也是重要的影响因素。比如，战时累积的债务可以认为对未来的经济增长和通货膨胀而言，相对不是大问题，比起那种和平时期累计起来的大量债务。战争之后的经济增长率一般是较高的，因为战时配置的那些人力和资源会被导向民用经济，有利于经济的快速增长。而且，战时的高政府支出，一般是债务累积的原因，在和平到来之后一般会自动结束。而相比之下，和平时期累积的债务爆发常常反映的是一种不稳定的政治经济情况，并且这种状态会持续很长时间。

10.2.1 部分发达国家政府债务水平与经济增长关系

莱因哈特和罗格夫（Reinhart and Rogoff，2010）研究 1946 ~ 2009 年 20 个发达国家不同政府债务水平下的经济增长率。年度观察对象被根据特定年份债务占 GDP 的比重分为四组：政府债务占 GDP 比重低于 30% 的年度，为低债务；政府债务占 GDP 比重在 30% ~ 60% 之间，为中等债务；政府债务占 GDP 比重为 60% ~ 90%，为高债务；政府债务占 GDP 比重超过 90%，为非常高债务。然后，考察每一个类别的平均和中位 GDP 增长率。在其总共 1186 个观测值中，被分到每一组的数目都很显著，这其中包括债务占 GDP 比重超过 90% 的 96 个观测值，比利时、希腊、意大利和日本四个国家均属于这一非常高债务组。观测结果告诉我们，政府债务和经济增长率之间没有明显的联系，直至债务占 GDP 的比重超过 90%。那些债务占 GDP 比重超过 90% 的观测值的中位经济增长率大约比低债务负担各组低 1%，而其平均经济增长率大约比低债务负担各组低 4%。而当莱因哈特和罗格夫引入更长的时间序列时，这个时间长度差不多是 1 ~ 2 个世纪，得到的也是非常相似的结论。在过去的近两个世纪里，那些政府债务占 GDP 比重超过 90% 的国家，其平均经济增长率为 1.7%，而那些政府债务占 GDP 比重低于 30% 的低债务国家的平均经济增长率为 3.7%。政府债务占 GDP 比重在 30% ~ 60% 和 60% ~ 90% 的两组国家的平均经济增长率均高于 3%（见表 10 – 1）。

表 10 – 1 　　　　　1790 ~ 2009 年若干发达国家联邦政府债务占
GDP 比重与经济增长率之间关系

政府债务占 GDP 比重	低于 30%	30% ~ 60%	60% ~ 90%	高于 90%
平均经济增长率	3.7%	3.0%	3.4%	1.7%
中位经济增长率	3.9%	3.1%	2.8%	1.9%

资料来源：莱因哈特和罗格夫（Reinhart and Rogoff，2010）（有些国家的数据没有全覆盖 1790 ~ 2009 年）。

10.2.2　新兴市场国家政府债务水平和经济增长关系实证经验证据

　　莱因哈特和罗格夫进一步研究 1946～2009 年和 1900～2009 年的 24 个新兴市场国家的情况，所用数据如同研究发达国家情况的数据一样，是中央政府债务数据。就研究得出的结论而言，上述的发达国家的情况可以说在新兴市场国家重复了一遍。在 1900～2009 年，那些债务水平占 GDP 比重低于 90% 的国家，中位和平均的 GDP 经济增长率大概在 4%～4.5% 之间，但是那些政府债务占 GDP 比重超过 90% 的高债务国家的中位经济增长率明显下降到 2.9%，平均经济增长率的下降甚至更大，下降到仅为 1%。而且因为比发达国家要快得多的人口增长率，新兴市场经济国家的人均 GDP 增长也相应地体现出和发达国家经济增长一致的情况。但是，这种相似性在通货膨胀上发生了改变，越高的政府债务水平，在新兴市场经济体国家就显著地出现越高水平的通货膨胀，这和发达国家的情况是不同的。同时，在他们对新兴市场经济体国家的研究中，因为新兴市场经济体国家通常较多地依赖向国外举债，因此，他们也单独对新兴市场经济体国家国外债务和经济增长的关系进行了研究，主要是考察世界银行报告的各国总国外债务和经济增长之间的关系。他们的研究发现一个很重要的结论，那就是在债务占 GPD 比重和经济增长之间的关系上，新兴市场经济体国家国外债务的经济增长恶化的门槛要低于总的公债债务的增长门槛。在国外债务水平占 GDP 比重超过 60% 时，经济增长显著恶化，而在国外债务水平占 GDP 比重超过 90% 时，进一步恶化，记录显示经济增长率大幅下降，而如果以总的公债债务占 GDP 的比例看，要超过 90% 才开始出现经济增长的恶化。根据这个实证研究发现的经验证据，那么有一个现象就是可以理解的，那就是自 1970 年以来新兴市场经济体国家所有的国外债务违约中，超过一半发生在即将触及马斯特里赫特条约的债务占 GDP 比例 60% 标准的国家。

10.3 政府债务与财政可持续性和经济增长

10.3.1 政府债务与财政可持续性和经济增长

政府债务可持续至为重要，主权债务的违约经常是灾难性的事件，其爆发对一国的金融部门、整体经济、政治体系和社会体系带来广泛的损害。

政府债务对财政可持续性和经济增长均会产生影响，当货币政策的作用受到一定程度的限制时，短期财政刺激计划更加有效，它能够提高的经济产出要大于增加的债务，从而减少债务占 GDP 的比重并且改善财政可持续性。有些文献仅仅从需求侧考虑通过扩大债务实施的财政刺激计划，在经济不景气且政府采用扩张性财政政策刺激经济时，如果货币政策反应函数没有对财政刺激计划做出收缩的反应，那么扩大的需求将使得通货膨胀向着货币政策的目标靠近，同时，名义经济产出也提高，这将有助于债务可持续性的提高，因为名义产出的提升带来税收的增加。但是，如果政府也能够将设计良好的公共投资的供给侧效应也考虑在内，那么，财政刺激计划实施的结果对财政可持续性的影响可能更强。经济学家的解释一般是，因为基础设施的投资会导致经济产出增加，从而导致税收的增加。或者另外一种解释是，目前增加的维护支出，将会减少未来的维护成本，假定维护成本的增长大于实际利率，则目前增加的投资，将会减少递延的传递给下一代的维护成本的数量，这可以改善政府的净现值计算的资产负债表，通过一个更小的明确的负债（政府债务）置换潜在的负债（递延的维护成本）。虽然财政扩张缩小债务占 GDP 比例的具体结果，还取决于不同的特定参数和假设，但是不同模型会发现相似的结果，表明财政扩张能够改善财政可持续性的思路是值得考虑的。并且这也告诉我们，财政扩张的成本可能并不是很多媒体所宣传的那样。从某些方面看，这个通过财政扩张解决政府债务问题的观点，在高债务国家，如日本和意大利，甚至可能更为重要。因为债务占 GDP 比重的改变取决于两个因素，一是利率 r 和经济增长率 g 之间的差，或者更严格地说，是利率 r 减去经济增长率 g，再与政府债务占 GDP 比重的乘积；二是基本财政余额，这是前述的政府财政收入减去政府非利息的支出。政府债务越多，r－g 的改变就在债务发展的决定因素中越显得比基本财政余额更为重要，因此，那些可以提高经济增长率 g，并且同时不必担心甚至会引发更多地提升利率 r 的政策，在改善财政可持续性上特别有效。

这一分析要成立的一个重要条件，并且在任何情况之下我们都不能认为这一条件就天然成立的是，利率 r 的增加不能超过经济增长率 g 的增加。在某种程度下，这是在政策制定者的控制下的，包括财政政策制定者和货币政策的制定者。财政政策的制定者可以让短期的财政扩张政策更加有效，通过匹配以长期的财政巩固措施；而货币政策制定者可以选择为财政扩张政策提供充分空间的货币政策。即便财政政策实施的方案不是那么理想，但是，这个需要财政政策与货币政策协调配合的观点和金融市场的想法也是一致的，进而政策制定者的意图可以影响金融市场决定的利率 r。比如，日本两次延迟其消费税的增税计划，这使得其政府债券的收益下降，而不是上升，因为金融市场预料，增税延迟带来的强劲的经济增长会让日本未来对政府债务的偿还更加容易。而在过去一些年欧洲主权债务危机中，发生在欧洲的许多例子里，其主权债务评级的下调，常常是因为金融市场对于这些国家的经济增长前景不佳的一种警报，而不是其财政支出的不负责任，这正是前述的影响政府债务可持续性第二个因素里，所包含的经济增长率 g 的影响的体现。而这和美国的情况是一致的，根据霍尔和萨金特（Hall and Sargent，2011）的研究，从美国的经验看，是名义经济增长，而不是财政巩固的各种措施，对美国实现政府债务的可持续性起到关键重要作用。

上述分析告诉我们，债务融资是财政支出的重要资金来源，特别是短期中，而这种支出从供给侧角度看，短期内能使得经济复苏，向着潜在产出靠近，而在长期中则可以提高一国经济的潜在产出，从而促进经济增长。同时，即便有挤出效应等不利因素，但是经济增长本身反过来却可以促进一国的财政可持续性。

10.3.2　政府债务与经济增长之间的传导机制

过高的政府债务常常会影响到一国经济增长，从过去的大量主权债务危机已经得到验证。政府债务与经济增长之间的联系主要有两个途径。

1. 影响私人部门的投资和储蓄

政府债务如果过高，就会把各种投资活动需要的资金吸收到政府债务，从而挤出私人投资。如果政府同时还实施一些试图减少债务负担的政策，比如通过高税收，或者投资者预期之外的通货膨胀及各种形式的金融压制，那么可能会进一步地影响私人部门的投资和储蓄。

2. 政府债务利率负担的风险升水增加

如果政府债务水平高到一定程度，将引发人们对于它将来能否足额偿还的担忧，并因此导致更高的风险升水，以及与之相联系的更高的长期利率，这反过来又会产生一些负面影响，比如，对投资、耐用品的消费和其他对利息敏感的部分如房产市场等的负面影响。

但是，值得注意的是，当政府面临很低的利率并且经济严重不景气时，政府大量举债，并且通过财政支出的乘数效应，可以对经济增长起到重要的作用。德龙和萨默斯（Delong and Summers，2012）认为，在大多数时候，经济实际产出是由供给决定的，并且趋于潜在产出。如果按照新古典增长模型那样的分析范式，在这种时候政府的支出常常对于经济产出是没有影响的。只有在比如较大的衰退及随后的经济产出长时间低于潜在产出时，并且短期内是需求驱动的时候，这样不景气的经济之下，政府支出才可以提高经济产出。他们的这个关于正常经济状况下财政支出对经济增长不能发挥作用的观点，从政府债务角度看，和李嘉图等价定理是一致的。同样地，当经济不景气时，利率较低，政府债务利率不会产生上述的负面影响，因此，可以通过财政支出的增加，传导到经济产出的增加，促进经济增长。

德龙和萨默斯还认为，当前的产出水平会对未来潜在产出产生影响，因而影响未来的那些由供给决定实际产出的经济正常发展时期的经济产出。这个滞后效应的影响最早是奥利维尔·布兰查德和拉里·萨默斯（Olivier Blanchard and Larry Summers，1986）提出的。在经济不景气时，如果由着经济下滑，且政府不实施财政刺激计划，将会影响未来的潜在产出，也就是说，如果政府对短期的衰退置之不理，这个衰退对未来的经济产生滞后的负面影响，因为工人经过长时间的失业会遭受人力资本损失，而工厂和设备投资的不足则会导致劳动生产率的下降。反之，如果通过政府债务增加来为财政支出融资，支持财政刺激，则短期内的就业和投资的恶化就会得到抑制，那么对于长期的潜在产出的损害将减少，这样虽然短期的政府债务增加，在长期中会因为其所带来的财政支出增加，而促进潜在产出和实际产出的增长，从而能够扩大税收来偿还政府债务。这样的结论对于财政扩张政策的颁布实施本身是有帮助的，即在经济深度不景气时，不应该因为害怕未来过大的政府预算赤字，而不让政府多举债来实施刺激总需求的财政刺激计划。这个结论实际上也是符合凯恩斯主义的传统，也与供给学派的思想一致，只是那时里根政府用的是减税政策，而不是财政支出政策，并认为减税政策足以刺激经济，以至于虽然税率是下降的，但是因为经济增长带来的税基增加，最后总体税收是增长的，这正是拉弗曲线要表达的内容。而实际上里根经济学减税的同时，因为财政赤字的增加，政府债务大幅增加，但是对于长期的潜在产出增长和实际产出增长的正面影响也是明显的。

10.3.3　短期的赤字和债务融资刺激计划带来的复苏转变成持续经济增长的影响因素

以上分析了政府债务和经济增长之间的传导机制，但是政府债务增加到实现经济增长还要受到哪些因素的影响，这是决策者必须考虑的重要因素。

1. 持续的总需求不足需要财政政策长期实施

按照凯恩斯主义的传统，一般认为短期的增加赤字为财政支出融资的相机抉择财政政策只能是短期的，并且之所以这么实施，还在于财政政策的扩张实际上相比于货币政策，能够有非常即时的效应，因此，能够迅速及时地填补总需求的不足（Elmendorf and Furman，2008）。但是近年来，有些经济学家认为，可以持续地实施这些扩张性财政政策，特别是当这些财政政策的实施是通过有效配置的投资进行时。而且在当前全球经济环境显现出一种长期持续不足的总需求拖累经济增长的症状下，很多经济学家认为，持续地实施财政政策也许是必需的。

2. 利率较低使得财政支出投资的回报超过政府债务的借贷成本时，可以考虑扩大政府债务促进经济增长

持续的财政政策不但在需求方面扮演重要角色，而且对于提高未来的劳动生产率和总供给也可以产生作用，但是必须有一定的条件。当各种项目的回报较大地超过政府的借贷成本时，则无论所面对的总需求情况如何，在政府投资上持续增加都完全是有理由的，政府也可以扩大政府债务来支撑这种投资。一些研究者发现，如果持续增加政府投资占 GDP 的1%，则可以通过持续增加的投资和消费，从而促进经济增长。而且这种财政支出会通过增加政府财政收入和缩小政府债务占 GDP 的比重，为未来创造实施财政政策的更大空间（Gasper，Obstfeld and Sahay，2016）。

3. 通过债务融资支持的正确政府投资可以促进长期经济增长

实际上，我们可以认为，债务融资支持的财政支出实现的经济复苏，转变为长期强劲经济增长的关键在于企业固定资产投资。只有企业强劲投资了，劳动力市场才会稳固，经济体才能重新创造大量工作。当然，我们在这里强调的是债务融资的财政支出，但是对投资的激励起到促进作用的还有长期的税收政策。特别是一些对于教育和科技的政府投资，这些投资能够有更高的长期回报，IMF 发现，在发达国家，如果在研发上以每年占GDP 0.4% 的财政成本的资金进行财政投入，可以提高长期产出水平 5%（IMF，2016）。

10.3.4　预算赤字的宏观效应分析

1. 李嘉图等价原理与预算赤字促进经济增长的关系

凯恩斯提供了一个政府财政赤字如何运作的基本框架，把财政政策和赤字作为总需求管理的组成部分，并且以此出发，凯恩斯主义者们认为，在经济衰退的时期没有必要平衡预算，而是应该在经济周期中总体平均上预算平衡就可以了，就是经济景气的时候预算盈余，而经济衰退的时候预算赤字，从而在长期中实现预算平衡，这被他们视为是政府财政行为的一个准则。但是，预算赤字并不是财政政策对总需求影响的一个明确衡量指标，比如，如果预算赤字不变，财政支出和财政收入都增加，实际上会提高总需求。而且预算赤字本身是内生的，它既受经济运行状况的影响，它自身也影响经济运行。这里，我们主要考虑预算赤字如何影响政府债务及对经济增长的影响。前面的等式（1），我们说明了预算赤字和债务之间的关系。经济理论的发展，对凯恩斯的财政政策宏观经济效应结论进行了部分修正，这个修正表现为以下两方面的内容。

首先是引入了更为复杂的储蓄行为模型，即关于消费的生命周期理论和永久收入理论。生命周期理论和永久收入理论都把当前的消费与永久或者一生的可支配收入联系在一起。相应的，税收的当前变化，在其他情况不变的前提下，如果不会改变整个税收的现值，将不会改变当前的消费。这样，暂时性的税收改变比永久性的税收改变对消费的影响要小。这意味着政府债务增加，或者说，通过预算赤字支出的效果，受到关于这个预算赤字的永久性与否的预期的影响。巴罗（Barro，1974）对此进行理论上的总结，在一系列的假设下，他的结论是，税收的暂时性总额变化对于消费的支出没有什么影响，而且，通过减税实现的可支配收入的增加，会伴随着自动实现的储蓄的增加，即暂时性的可支配收入增加被转化为储蓄增加，而不是用于消费。这就是所谓的李嘉图等价定理，就是说，赤字和税收在对消费的影响上是等价的，财政赤字融资支持的财政支出增加，必然带来未来的税收增加以偿还债务。因为本书研究财政政策对经济增长的影响，因此，必然研究财政政策效果，所以这一结论是本书需要关注的。也就是说，富有远见的消费者认为，因为赤字支出而累积的政府债务，最终将通过增加税收进行弥补，未来增加的税收的现值恰好等于现在减少的税收的价值。考虑到将来的税收的增加，他们将储蓄相同金额以备未来支付税收。因此，这样的财政政策实际上没有增加消费。本章考虑政府债务对经济增长的影响，从前述的传导机制看，政府债务主要是通过诸如利率、相关联的财政支出对于消费者行为的影响、对投资决策的影响等，传导到对总体经济产出影响的。为分析这一问题，有必要引入宏观经济学的储蓄投资恒等式。这一等式实际上也是一国经济体面对的资金约束等式，表示如下：

$$预算赤字 = 私人储蓄 - 私人投资 + 经常账户赤字 \qquad (10-9)$$

式（10-9）的左边相当于是公共部门收入和支出资金的合并项，如果在充分就业并且储蓄率给定的情况下，式（10-9）这一储蓄投资恒等式等于揭示了政府投资的挤出效应，即等式左边预算赤字的增加的结果，比如，当政府支出增加或者减税导致政府赤字增加，那么对应的是，要么是等式右边投资的减少，要么就是经常账户赤字的增加。如果上述的李嘉图定理成立，则预算赤字不会影响国家储蓄、利率或者国际收支平衡；养老金的筹资方式也不会影响资本的积累。而李嘉图定理的这个假说如果从式（10 - 9）看，等式右边预算赤字的增加，将伴随着等式右边私人储蓄的增加，这样私人投资和经常项目赤字也就是国际贸易余额将不受影响。但是，若干实证研究都拒绝了李嘉图等价定理，表明其至多只是一个有趣的理论上的可能性罢了（Bernheim，1987；Haque and Montiel，1987）。并且从美国 2008 年经济危机后的财政政策措施实施看，减税确实能够增加总需求，尽管其效果一定程度上取决于对于税收改变永久性与否的预期。结合前面所述，在经济不景气的时候，如果放任不管，因为劳动力人力资本的损失及整个社会劳动生产率的下降，将会影响到未来的潜在产出和实际产出，因此，如果能够短期通过预算赤字，也即增加债务，不管是减税或者增加政府支出，都可以在短期内增加总需求，而在长期中促进经济增长。

其次，影响凯恩斯主义者对于财政政策作用分析的理论发展，和凯恩斯的模型的极端短期的假设前提的性质有关。在凯恩斯的模型里，资产存量被假设为固定，所以对预算赤字进行融资的方法的重要性就不那么值得研究了。

2. 政府债务可持续性

前面我们结合财政收支的其他因素分析政府债务和财政可持续性关系。这里，我们仅分析债务可持续性。如同前面分析的债务演进路径所述，债务的发展和可持续性受到实际利率 r 和 GDP 或者 GNP 增长率 g 之间差额的影响（Morley and Fishlow，1987）。如果一开始实际利率是高于经济增长率的，那么债务将是不可以持续的，不可能永远维持一个超过政府铸币税收入的基本赤字，在这种情况下，政府债务占 GDP 的比重将会不断上升。到一定的时候，因为过高的政府债务占 GDP 比重，投资者出于对风险的防范，将不再买入政府发行的债券，这将使得政府不得不削减赤字。至于什么时候这个过程走到终点，政府开始削减赤字，则取决于投资者的预期。当投资者认为政府的财政政策是不可以持续的，将会停止购买政府债券，从而逼迫政府财政政策发生改变，削减赤字。

并且在债务可持续性上还会通过利率和经济增长率之间互相影响实现政府债务对经济增长的影响。有些经济学家认为，实际利率正常情况下应该低于经济增长率，而这如果最终成为常态，就可以保证不会发生政府债务危机。但实际上，这样的免费午餐是不可能的，实际利率可能短暂地低于经济增长率，也可能在快速增长的经济体中，长时间地低于经济增长率，后者是经济增长的良性循环。但是市场本身的力量会阻止实际利率长时间地低于实际经济增长率。因为随着债务的累积，其对政府债券市场形成的压力会推高利率，而利率的上升则令经济增长率下降。如果一个快速增长的经济体试图利用明显有利的债务发展情况，即前述的快速发展经济体利率低于经济增长率的情况，而让政府过度借债，那么最终将会使得经济增长逐步下降，从而经济增长率低于实际利率。从整个世界的情况看，实际利率是高于经济增长率的（Fischer and Easterly，1990）。这里说明的是政府债务数量的变化，通过对利率的影响，进而影响经济增长率。归结起来，就是政府债务的可持续性取决于它的规模和经济体多快增长。一个经济体快速经济增长率则可以允许更大的财政赤字存在。

10.4　政府举债应该考虑的三个影响因素

奥尔巴赫（Auerbach，2009）认为，把对政府债务的各种顾虑分为三个领域是有实际意义的，这三个领域分别为：代际间的公平、经济表现和财政可持续性。也就是说，人们担心政府债务会对未来下一代及其以后各代施加以不公平的财政负担；或者担心因为如挤出生产性投资或者未来高税率产生的负激励等因素，而使经济增长下降；或者担心当前的财政政策做法不可持续从而导致剧烈财政危机的可能性，以及与之相关的对经济的扰乱而使得债务累积的总体经济成本更加恶化。

这三个领域的某些内容实际上是重叠的，他们的相对重要性则取决于经济运行方式。三个领域的各自重要性的不同情况体现如下。

（1）上一代如果有很强的代际间的利他性，则对于政策可能把负担转移给未来各代的不公平做法的担忧，就可以少一点，但是代际间的联系对于减少未来高边际税率带来的经济扭曲毫无作用。

（2）如果政府有很强的信用，或者如果一国的私人部门有高储蓄率并且愿意持有国内债务，那么更高水平的债务和赤字依然可以保证政府能够维持稳定的财政。

（3）如果反周期的财政政策在减少宏观经济波动上富有成效，那么可以让赤字目标随经济周期相应变动以反映这个事实。同样地，如果有其他原因，也可以让财政赤字的社会价值随着时间的不同而予以变动，即在不同的情况下，允许政府运行不同的财政赤字，比如，如果发生战争，或者存在高价值的社会投资机会时，允许政府有更高的财政赤字，从而可以为必要的财政支出提供融资支持。但是对财政赤字发生变动所允许的灵活性的程度，应该取决于社会对政府的评估和政府动机相互之间合拍的程度，也就是说，在允许政府有这样的运行财政赤字的灵活性的时候，在多大程度上我们可以信任政府会沿着合理的财政政策方案进行。

（4）是否需要控制财政支出、财政赤字，或者财政支出与赤字，取决于每个政策措施对于所要影响的经济行为的反应程度。但是对支出政策措施的直接控制相对低效，因为这些财政支出可以绕开支出科目，而通过税式支出的方式有效进行。而债务这个指标也是政府责任的一个比较差的衡量指标，这些政府责任将对政府的预算产生压力并要求将来进行增税。既然财政支出和财政赤字都是不完美的度量，那么预算规则最好是与二者都挂钩。

第11章　预算约束与财政政策

　　经济政策常常对社会经济运行产生多方面影响，既有正面的，也有负面的。因此，一个有效促进长期持续经济增长的财政政策必须在一个合理的宏观政策框架之下实施。财政政策通过多个途径影响经济的运行，比如，计量经济模型就一般从其可能带来的总需求和总供给的变化来归纳财政政策的效应，从而形成预测。从需求侧看，政府公共基础设施投资支出的上升、鼓励消费者更多支出的减税措施等，均会提高需求。而同样地，通过税收政策，也可能提供劳动的激励，这样财政政策也将影响总供给。财政政策的具体效应，特别是一揽子计划的财政政策对经济增长的影响，需要正确评估其在需求侧和供给侧产生效应的时间和规模。所以，必须根据经济情况考虑如何实施财政政策。但是财政政策的实施，必然带来财政收支之间的缺口的变化，或盈余或赤字。从过去的情况看，主要是赤字。预算制度则被视为合理公共财政管理的重要工具，预算制度不是政治意愿的替代，但它是一项公认的有效财政政策的基础工具。预算规则通过对预算总量的数量限制，从而形成长期的对政府财政收支的约束，因此，也是各国和各个经济组织通常使用的控制财政纪律和确保债务可持续性的工具。

11.1　预算规则对财政政策的影响

11.1.1　预算规则产生原因

　　紧随着大萧条而来的凯恩斯革命使得预算赤字逐渐成为一个重要的宏观经济变量，即便没有凯恩斯理论来为其提供支持，政府在此之前也已经有通过预算赤字为财政支出提供资金支持的行为。凯恩斯之前的经济理论通常假定，在和平时期，政府预算一般应该是平衡的或者是有一定盈余的，以备偿付战时赤字支出产生的政府债务。这种分析主要都是短期的，虽然每个年度的预算加总起来和中长期预算规则一起，将影响中长期的财政收入和支出，进而影响某个时点的财政政策和特定时期财政政策实施的空间。

　　预算规则本身就是设计来约束财政政策选择的，但是人们还是常常要问一个问题，就是其对财政政策的影响效果究竟怎样。奥尔巴赫（Auerbach，2012）认为，实际上预算规则对于财政政策的影响可能是有限的，主要原因有三点。一是预算规则可能根本没有被执行，因此对财政政策的实施没有任何影响。二是因为这些预算规则缺乏长期约束力，规则存在之本身就是体现某种有意制定和执行的政策，也就是和政策之间是相符的，比如，政府如果要增强财政纪律，然后就出台和这个计划相一致的预算规则，能保证预算规则与这些计划一致。在这种情况下，预算规则和财政纪律吻合，但是预算规则本身对财政政策将没有独立影响。三是可能貌似遵守预算规则，但实际上绕过其既定目的。比如，对于那些直接规定财政支出上限的规则，可以通过使用税式支出进行规避，而限制当前政府预算赤字的预算规则，可以通过会计准则只记录将来赤字的财政扩张来克服，在这种情况下，只要对预算规则做一些会计上的回应，但实际政策并没有受到预算规则的影响。

11.1.2 预算规则作用效果的实证研究结论

另外一些经验研究也支持预算规则无用的假说。为了评估欧元区的马斯特里赫特条约（Maastricht Treaty）和稳定与增长条约（stability and growth pact，SGP），加利和帕罗蒂（Gali and Perrotti，2003）估计 1980~2002 年间用于相机抉择预算赤字的预算规则，使用欧盟经济与货币联盟国家的数据，及作为对照组的非经济与货币联盟欧盟国家的数据，和其他的非欧盟 OECD 国家的数据进行估计。把这一时期分为前马斯特里赫特期间（1980~1991 年）和后马斯特里赫特期间（1992~2002 年），他们发现，用相对于产出缺口的周期性调整的赤字的敏感度，来度量的经济与货币联盟国家的相机抉择财政政策，在预算规则引入之后，变得更加的反周期。这一结果显示，稳定与增长条约（SGP）对成员国的财政积极主义没有什么影响。这并不是令人震惊的发现，观察 2002 年之后的各种经济波动事件，我们可以发现各种对于稳定与增长条约所规定的预算规则的偏离现象。

但是，对于这个预算规则无用的结论也许要保持谨慎，因为周期性调整的赤字并不必然与实际的政策变动紧密联系，如同奥尔巴赫（Auerbach，2003）指出的那样，存在大量的可以影响周期性调整的盈余但却并不涉及实际政策变动的因素。事实上，奥尔巴赫发现，美国在大致与上述两个区间一样的时间里，周期性调整赤字的反周期敏感度有一个相似的上升。但是，如果使用根据国会预算办公室（congressional budget office，CBO）的数据对政策变化进行的明确度量，则可以发现在政策敏感度上没有这样的变化。

而支持预算规则能够产生作用的经验研究，来自于美国各州的财政政策差异。美国各州都有与预算平衡相关的年度要求，尽管这些限制的严格程度不尽相同，有些州只有关于初始政策预测的相对较弱的预算规则要求，另外的极端情况是，有一些州实际上要求每个财政年度以一个平衡预算结束，必须在年度内采取措施抵消年度内遇到的财政冲击。这些州自行施加于自己身上的预算限制规则，是各州自己独自做出的选择，并且一般都已经超过一个世纪了，因此毫无疑问，不仅仅是当前财政政策意图的反映。而实际上，他们的出现是因为各州提升自己信用可信度从而可以在金融市场融资的需要。其对于未来的意义是，让我们明白，我们应该记住美国联邦政府在这个过程里并没有起到什么作用。即便这些预算规则有一些共同的特征，但是这种相似性是来自于以各州的自身利益为基础而采取的各自的财政行为，而不是源于任何或明或暗的政策协调或者来自联邦政府的统一规定。

波特巴（Poterba，1994）使用各州预算规则的财政稳固规定上的差异来进行一项自然实验，他估计各州对于初始预算缺口的反应，发现从迅速地颁布赤字紧缩财政政策的角度看，越严格预算规则的州的反应越严厉。而且这些政策反应显然并不仅仅只是会计上的变化。同样，使用各州在预算规则关于财政稳固规定上的变动作为顺周期政策反应强度的预测，有的研究发现，这样的政策差异对各州的收入有乘数效应，但是除非政策差异反映实际政府行为的差异，否则这几乎是一个不可能出现的结果（Clemens and Miran，2012）。

在美国联邦政府层面上，过去几十年有一系列的预算制度，每个都有自己的规则。然而，这些预算规则经常发生变动，因为当达到这些预算规则的条件在经济上或者政治上很困难时，规则就会改变，但这就有了一个问题，就是他们是否能够真的有什么影响。奥尔巴赫（Auerbach，2008）认为，这些制度下政府行为的改变，说明他们实际上是有一定影响的。比如 20 世纪 80 年代后期的格拉姆·拉德曼·霍林斯（GRH，Gramm – Rudman – Hollings）法，这个法律规定年度的预算赤字并且没有规定周期性经济环境因素，明确规定财政政策改变必须是顺周期的，而财政政策改变与否的衡量依据是前述更早前的 CBO 数据描述。在 20 世纪 90 年代的预算执行法（budget enforcement act，BEA）下，这一法案又称为 PAYGO 规则，该法案不适用于已采用的预算，即如果是按照既定的预算规定执行的，则无须受此法案约束，但适用于由于采用某些法案的原因而直接引起的赤字的变化，即如果预算赤字发生变化，则必须遵守该法案的相关规定。在这个法案下，财政政策对于产出缺口和预算盈余的反应要弱于 2000 年之后的时段，当时预算执行法已经到期不再具有法律效力，也没有其他的相应可比较的预算规则。同时，政府对于预算规则也会有一些行为上的反映，这显然是行为经济学的范畴，政府会试图绕开国会的这些预算规则法案的影响。例如，在 20 世纪 90 年代后期，当预算盈余不断累积，并且提高赤字的政治压力不断增加的时候，紧急相机抉择支出这一科目出现巨大的增加，而这一支出科目不受制于预算执行法案的相机抉择支出上限规定，并且实际上这些所谓的紧急相机抉择支出几乎和紧急事件毫无关系。

从以上分析可以看出，预算规则确实是有效果的，其所带来的不仅仅是对规则进行回避的各种调整，或者只是对规则的侵犯。预算规则如何产生及如何或者是否执行，改变预算规则的难易程度等问题，毫无疑问影响着它们的有效性。同时，这些预算规则有一定的影响并不必然就是成功的一个标志，预算规则要成功，还需要对规则进行精心设计。比如，前述美国的 GRH 预算制度转变为一种预算要求时，要求财政政策进行力度较大的顺周期政策调整，而实际上，在 GRH 预算制度实施期间，这些政策调整确实发生了，这表明，这种影响在逻辑上是符合 GRH 预算制度的初衷，但是这些影响效果政策本身的有意的或者无意的结果就不是那么明确。也就是说，如果没有很好地进行预算规则设计，那么预算执行的结果未必就能够和规则的目的向一致的方向发展。

11.1.3　预算规则与社会福利和经济增长的矛盾

预算规则通常对年度的预算赤字或者支出以及债务水平，实施限制或者提出目标。另外，在某些情况下，也提出多年度限制的预算规则，比如在美国预算执行法案的规定中，使用一个 5 年的预算窗口来评估对 PAY-

GO 预算规则的遵守情况，甚至最终把时间窗口拓展为 10 年。这看起来似乎是合理的，特别是如果目标是为了控制过度的政府债务积累，但是控制政府债务增长并不是一个符合逻辑的基本政策目标。也就是说，可能出于减少政府债务增长的企图而设计预算规则，但是政府债务水平本身并不能告诉我们关于社会福利的情况。但是可能存在一种感觉，那就是减少债务本身可以提高社会福利，可事实上，这种减少债务的结果有时也可能是减少社会福利的，比如，在一个深度的经济衰退中或者是战争的时候。同样，预算规则有时候更多的只是影响财政政策和财政收支可持续性，而对经济增长的影响则需要根据具体情况加以分析。下面分析预算规则约束下，预算规则如何影响财政政策，进而影响经济增长。

11.2　预算规则约束下的财政状况和经济产出演变

　　一般情况下，政府经历短期的财政扩张之后，都会累积一定的债务。而在财政规则的约束之下，会要求财政实施一定的措施来减少财政赤字和债务水平，通常是增加税收或者减少财政支出，但是这些措施不但在短期，甚至可能在长期或者可能永远地减少经济产出，这主要是因为这些政策的实施影响一个经济体的潜在产出。而经济产出的减少又会使这些出于维护预算规则而巩固财政的目的更难以实现，因为它们会提高债务占 GDP 的比重，减少税收收入。以下说明维护预算规则的措施与经济产出之间互相影响的基本原理（Blanchard and Leigh，2013）。

　　假定 D_t、G_t、T_t、Y_t 分别为第 t 年的政府债务水平、政府支出、政府税收和 GDP 水平。假定政府遵照预算规则，实施减少财政支出的财政巩固措施。则减少的支出如下：

$$\Delta G_t = G_{t+1} - G_t \qquad (11-1)$$

这里，G_{t+1} 指的是政府预算计划的下一年度政府支出，并且我们假定它能够得到切实的执行。但是政府支出的这个改变可能在下一年给 GDP 带来负面的影响。因为财政支出的变化而带来的 GDP 的改变取决于财政支出乘数 μ，体现如下式：

$$\Delta Y_t = \mu \Delta G_t \qquad (11-2)$$

而政府债务减少的数量可以表示如下式：

$$\Delta D_t = \Delta G_t - \Delta T_t = \Delta G_t - \mu \tau \Delta G_t = (1 - \mu \tau) \Delta G_t \qquad (11-3)$$

这里，τ 是边际税率。而减少的政府债务将会对未来的政府财政头寸产生一个压力，表示如下：

$$(r-g)\Delta D_t = (r-g)(1-\mu \tau)\Delta G_t \qquad (11-4)$$

这里，r 是政府借债的利率，g 是长期的 GDP 增长率。

假定由于这个减少财政支出的财政巩固措施带来一些永久性的经济衰退因素。并且假定潜在的经济产出的改变量为 ΔY_t^p，并且与之相联系的周期性的经济产出的改变量为 ΔY_t^c，因而由于减少财政支出的财政巩固政策引起的潜在经济产出的减少数量可以表示如下：

$$\Delta Y_t^p = \eta \Delta Y_t^c = \eta \mu \Delta G_t \qquad (11-5)$$

式（11-5）的 η 是滞后参数，表示当前的财政紧缩政策会产生滞后的对潜在经济产出的影响。同样地，潜在产出的减少会引起政府财政收入的永久性减少，财政收入减少的数量如下：

$$\tau \Delta Y_t^p = \tau \eta \mu \Delta G_t \qquad (11-6)$$

比较式（11-4）和式（11-6），我们发现，减少财政赤字和政府债务水平的财政支出紧缩政策，一方面使债务水平减少 $(r-g)(1-\mu \tau)\Delta G_t$，另一方面使税收收入减少 $\tau \eta \mu \Delta G_t$，而这二者作用方向正好是相反的，如果 $(r-g)(1-\mu \tau)\Delta G_t < \tau \eta \mu \Delta G_t$，即，$\tau \eta \mu > (r-g)(1-\mu \tau)$，则试图遵守预算规则的财政支出减少措施，并没有能够达到最终减少赤字和债务水平的目的。也就是说，减少财政赤字和政府债务的预算规则在某种情况下，既对长期经济增长产生不利影响，因为规则的实施导致经济体潜在产出减少，又因为减少的债务少于减少的税收收入，因此并没有达到改善财政状况的目的。

以上的推导告诉我们，在财政预算规则之下，很多国家会对短期的应对经济波动而上升的政府债务实施财政紧缩，但是这种紧缩措施将对长期经济增长产生负面影响。而且我们也看到，这种财政紧缩的巩固财政措施对 GDP 的长期影响，在时间上要长于传统上所分析的财政政策乘数，因为它近乎永久性地影响到潜在经济产出。不过值得我们注意的是，潜在经济产出的变化，也就是永久性的 GDP 变化，可能是因为经济条件的结构性变化，比如，劳动生产率的突然变动的冲击或者人口结构发生变化，因此探讨此问题时，必须采取合适的研究方法以保证所离析出的实际和潜在 GDP 的变动，是因为财政紧缩政策的实施而产生的直接结果。这说明预算规则的实施，通过财政支出乘数或者税收乘数对当前的经济产出产生影响，同时通过滞后效应，也会对潜在的 GDP 产生影响，而总体影响则取决于财政支出乘数 μ、滞后系数 η、边际税率 τ，政府借债的利率 r 和经济增长率 g。至于对财政头寸的影响，则主要看 $\tau\eta\mu$ 和 $(r-g)(1-\mu\tau)$ 的对比哪一个更大，当前者大时，不可能通过财政紧缩政策巩固财政状况反而会令财政和债务的可持续性向坏，反之，则可以通过财政紧缩的巩固政策减少财政赤字和政府债务水平，提高财政的可持续性。另外，因为影响变量里有利率 r，因此，财政巩固政策实施的效果还受货币政策的影响，政策实施时应该充分考虑当时的货币政策环境。

11.3　中期预算框架及其设计

在具体的预算制度建设上有一个重要的制度，就是关于中期预算的设计问题。这一预算制度框架称为中期预算框架（medium-term budget framework，MTBF），这个框架能够在中期的确定性与适应不断变化的经济环境灵活性之间进行合理的平衡。中期预算框架具体设计内容如下。

1. 多年度预算编制作为一个良好的实践做法，而一直被各方倡议实施

多年度的预算编制，可以让人们更好地理解当前政策决策和未来的计划之间的相互联系，并且说明在这样的一个可持续的中期预算包里，二者是如何互相适应的。而且中期预算框架也有助于减少因没有充分规划而引起的财政风险。相比于那些实施有约束力中期预算框架的国家，如瑞典和英国，没有实施一个具有约束力或者可信的中期预算框架的国家，一般会伴随着高得多的财政收支预测误差。因为一个有约束力的中期预算框架要求政府对多年度支出参数（比如支出上限）负责，意味着如果有证据显示以前确定的参数将被超过，政府就会被要求采取一些正确的行动（Harris et al.，2013）。

2. 有效的中期预算框架对于财政政策的有效性有所帮助

多数情况下，当发生危机之类的冲击时，中期预算框架通过提供一个成熟的平台，这个平台可用于计划、解释和传达财政刺激计划和后续的财政调整计划，因而改善了财政政策的可信度，从而有助于政府对危机的应对。哈里斯等（Harris et al.，2013）的研究显示，无论其 2011 年的债务水平如何，那些有具约束力中期预算框架的政府，都能够更好地让市场相信，他们可以在危机发生后兑现他们的中期财政调整计划。

3. 中期预算框架应该足够灵活从而能对不利的经济冲击做出反应

成功的中期预算框架能够将多年的财政纪律与对冲击的反应结合在一起。并且通过以下几种方式予以实现。

（1）从多年支出的上限中排除对经济周期敏感的支出，比如利息支出和失业福利。

（2）用实际（扣除价格因素）或者数量术语表述所设定的目标，从而支出限制将自动调整以适应价格的变化或者受益者数量的变化。

（3）把一些未明确分配用途的资金加入总支出的上限中，在必要的时

候这些支出可用于满足意料之外的支出。

（4）允许在多年度支出的上限中对支出进行重新安排，可以在经济下滑的时候提出一些基础设施建设支出。

（5）设计例外条款以应对未曾预料的严重冲击。如果冲击严重到需要对财政政策进行根本性的改变，这一条款将允许选择对整个中期预算框架进行修改。在这种情况下，为了保证整个框架的可信度，政府应该提供一个关于中期预算框架修改的明确描述，并且描述应该把经济冲击的影响从其他因素的影响里面独立出来。同时，规定谁在何时启动例外条款也是很重要的。在这点上，一些国家议会的财政委员会扮演着重要的角色，包括审议中期预算框架的修改。

值得注意的是，需要更多关注如何在应对经济的周期性波动灵活性的需要上，把中期预算框架与预算规则统一起来。二者应该都可以进行重新规划，主要是进行结构性调整。这将有助于避免财政政策的顺周期。要把相机抉择的财政政策包含在中期财政框架更加困难，中期预算框架实际上是为了给未来的财政政策操作提供某种确定性。但是明确界定在什么条件下，中期预算框架可以修改，比如，预计经济产出出现较大的偏离时，还是有用的，特别是如果还能够规定这种增加的灵活性不得滥用的制度安排。同时，还应该注意提高财政的透明度，透明度的提高将有助于各方更好地理解潜在的财政情况及相关的风险。

11.4　长期中财政缺口不确定性及其对经济增长的影响

财政缺口（fiscal gap）的概念最早是奥尔巴赫（Auerbach，1994）提出的，指的是一种核算度量指标，这一度量指标反映一个政府的长期预算状况。财政缺口可以回答这样的问题，就是如果一个政府想在某一特定的年度开始一项财政政策变革，并且在未来既定的年度里实现规定好的政府债务占 GDP 的比率，那么应该要求政府的每一年度的财政收支应该是怎样的，即每年在税收上应该按照 GDP 的多大固定份额增加，及又或者在非利息财政支出上应该按照占 GDP 的多大的固定份额减少，或者应该二者同时进行。比如，如果要求 30 年后一国的政府债务占 GDP 的比重和现在的一样，那么，需要马上进行的及连续进行的财政政策改变应该是哪些。或者如果要 30 年后的政府债务占 GDP 的比率回到前 30 年的平均水平，那么从 5 年后开始，每年税收或者支出占 GDP 应该为多大的固定份额。时间长度越是扩大，则财政缺口也越大，因为在一个更为漫长的未来期间，预算可能会产生更大的赤字。归结起来，就是财政缺口向我们展示了，如果要在特定的年份令政府债务占 GDP 的比重达到一个特定的水平，则税收和财政支出应该做怎样的改变。而决策者实施这个财政调整等待的时间越长，在特定年份实现特定水平的政府债务占 GDP 比重而需要做出的财政调整就会越大。

但是，预算预测本身是不能全信的，或者是根本就不能信的。预算预测至多只是有充分信息的一些人的专业推测，预算预测中不确定性的作用不应该被低估，特别是如果是在时间更长的情况下。从美国国会预算办公室的实践看，有时候过于乐观，有时候又过于悲观。

导致预算预测不确定性的原因包括利率行为、医疗保险支出的发展趋势、人口结构的变化和政策决策者的政策选择等。每一种情况下，不确定性都会令结果发生很大变化，因为各种错误随着时间的推移混合在一起并且趋复杂化。虽然关于预算的未来展望存在大量的不确定性，但合理的关于预算的估计也足以告诉我们，不可持续的财政路径如果没有得到解决，那么将引发严重问题。

既然存在预算预测的不确定性，那么预算的这种不确定性将如何影响我们在何时及如何进行财政政策的调整呢？有一种观点认为，既然对未来的预算预测结果是不确定的，那么我们应该等待，最终财政的问题将会消失。但是，有几个理由告诉我们，无视财政问题的存在并不是最优的策略。

第一，无论长期结果最终被证明比预测的情况好一些还是糟糕一些，债务问题都是已经存在的。比如，美国 2017 年的政府债务占 GDP 的比重已经从早先的低点翻倍，达到77%。让预算赤字处于政府可控制之下，对经济增长和财政灵活性都是有好处的，不管未来长期财政问题是否将证明如同主流预测表明的情况那么糟糕。如果维持高政府债务占 GDP 的比例在经济上和政治上是无成本的，那么 2008 年的全球经济危机之前，会有更多的国家会这么做。但是实际上，30 个经济合作与发展组织国家里面，只有 3 个国家政府净债务超过 GDP 的 75%，而且还都是特例，希腊以一场金融危机告终，日本则是因为陷在持续 20 年的经济减速，意大利是因为长期以来在财政上就是不谨慎的（OECD，2015）。

第二，如果不尽早进行财政调整，等待的时间越长，最终的财政政策解决方案就越大规模并且对经济活动的扭曲影响也越大，除非财政情况已经有一个明显的改善。而解决问题并不意味着大量缩减长期的支出或者提高当前的税收或者最终将必须这么做，而是要在当下以比较可信可靠的方式解决未来的财政支出和税收现金流问题。

第三，不确定性导致未来的现实可能对未来预算的实际情况不利，也可能对未来预算的实际情况是有利的，不确定性越大，我们越是想现在就解决至少部分问题。如果问题被证实比预计的更糟，而不是更好，那么在这种情况下，拖延解决问题只能使未来的解决方案在政治上更难实现，在经济上则更为痛苦，即经济上的损失更大。如果人们是风险规避型的，则不确定性的存在，正常情况下会带来预防性行为，即马上对预算难题颁布至少部分解决方案，这本质上就是通过马上解决部分问题，以减少未来问题潜在的严重性，为未来长期中的现实可能的坏结果买保险。

那些以当前或者近期的债务和财政赤字为基础的预算规则往往比较有灵活性，因为要应对短期的经济周期波动的影响，需要允许债务和财政赤字依经济产出实际情况而调整，但同时，我们看到这种相对短期的预算规则缺乏应对长期预算问题的考虑，而这些长期预算问题实际上对于主要的经济体国家而言又是至为重要的。因此，这里从财政缺口角度，对未来的长期财政状况要求和相关的财政支出及税收，进行规划和预测，是非常有必要的。但是，考虑到预测的不确定性、表示各种预算的潜在政策目标本身度量指标的不完整，我们也发现这是一项非常复杂的任务。除此之外，针对财政缺口，提出实现预定预算目标的举措也很重要，特别是当需要解决已经存在的预算失衡时，这可能需要改革财政支出结构、提高税收收入或者重组税收收入结构、形成一些新的项目计划和减少当前的财政支出等。但支出减少和税收改革都不需要是全面的，也就是在减少某些支出的同时，另一些支出实际上是可以增加的，而且政策制定者必须谨慎地选择改革的项目，比如，即便支出减少了，但也可能基础设施投资和针对儿童的项目投资支出增加了。

遵循预算规则，并对短期、中期和长期的预算进行详细规划，意义重大，因为从预算失衡对经济增长的影响看，持续的赤字和不断上涨的政府债务将挤出未来的投资，降低经济增长的预期，并对未来的世代形成负担。

11.5　财政刺激政策与财政可持续性

本章探讨预算管理对于财政政策的约束，一方面是未来在财政可持续性、财政政策的实施与经济增长之间建立良性联系。在各国的财政政策实践中，财政政策更多地被用作应对经济衰退的需求管理工具。而这种扩大财政支出或者减税以应对衰退的财政刺激政策常常会带来政府债务占 GDP 比例上升的结果，比如，2008 年的美国大衰退（great recession）和全球大金融危机（great financial crisis）使得许多发展中国家处于低利率和高水平的政府债务之中，而这必然限制政策制定者应对下一个经济衰退的能力。因此，人们通常会担心应对下一个经济衰退的财政刺激计划的效果是否会被这些公共债务已经过大的负担所影响。

虽然，经济学家并不相信财政扩张政策已经不会再如同以往那样实施，也并不相信美国的长期的财政扩张政策迟早会结束，但他们对美国及其他发达国家战胜下一场经济衰退的能力颇为担忧。相比大衰退之前，各国中央银行现在能用的政策工具有限得多，因此，扩张性货币政策不可能像上一次危机中那样激进，并且也不可能那么有效果。马丁和米拉斯（Martin and Milas，2012）的研究表明，额外一轮的量化宽松政策的收益将递减。同样地，也不可能指望中央银行能够适度地降低利率以力挽狂澜，因为已经遇到名义利率 0 边界的限制或者已经进入到负利率了。而相比之下，虽然在大衰退中，财政政策也是反周期政策的组成部分，但是，如果就衰退的深度而言，财政政策并没有把它的潜力发挥出来（Coibion et al.，2013）。因为中央银行已经面对如此硬约束，因此，如果下一次衰退到来，人们或许会希望财政政策能够更积极地应对。然而，如果考虑到过去 10 年来，发达国家政府已经累积了高水平的政府债务，这个期望可能太乐观了。可以想象得到，一个较大的政府财政刺激计划可能会引发一些疑问（Aguiar et al.，2017），一是怀疑政府偿还其债务的能力，二是其结果导致政府债务借贷成本上升以至于政府发现其债务不可持续进而违约。因此，不仅有必要研究财政刺激政策下的政府支出对产出和价格的影响，还有必要研究对诸如政府债务占 GDP 比重及政府债务利率这样的财政可持续指标的影响。

　　基于上述考虑，奥尔巴赫和戈罗尼琴科（Auerbach and Gorodnichenko，2017）研究一个由某些国家组成的样本中扩张性财政支出冲击对政府债务占 GDP 比重和对借贷成本的影响，研究结果发现，并没有带来这二者的持久顽固的上升，特别是当经济运行处于较不景气时，这个结论更为明显。而且根据他们的研究及所提出的度量方法，实际上，当经济不景气时，财政刺激政策有助于改善一个经济体的财政可持续性。但是经验研究的证据表明，随着政府债务占 GDP 比重上升，这一效应会逐步削弱。而且对那些正经历着历史性高债务水平的发达国家而言，高政府债务占 GDP 比重给他们带来的惩罚显得并不大，也就是说，即便在政府债务占 GDP 比重较高的国家，对积极的相机抉择财政政策的负面惩罚影响也是较小的。

　　奥尔巴赫和戈罗尼琴科认为，其研究所得出的上述结论并不能被解读成无条件地呼吁用激进的政府支出应对经济体的恶化。事实上，希腊和其他南欧国家的经历是关于政治风险和财政政策局限性的严重警告。在基础设施建设上随意花钱，如建桥到无处可建（bridges to nowhere），利益集团喜欢的"宠物"项目，及其他的浪费支出，可能超过财政支出本身反经济周期所带来的收益。而且可能更为重要的是，我们面对着相当大的不确定性，这个不确定性为在近代历史上少见的政府高债务水平之下及大量没有资金来源的隐性债务下到底经济体对财政刺激计划会如何做出反应。因此，在考虑预算管理和财政可持续性时，还必须超越这二位作者的研究，并对其样本之外将来经济环境下不具代表性的数据进行预测。而这种不确定性，使得那些有助于令将来进行财政调整的政府承诺更为可信的财政制度，在未来担负着更重要的任务。而这也契合本章试图在预算约束与财政政策之间建立良性联系的出发点，通过正确的预算规则建立可信的财政制度，对财政政策制定与实施形成制约，从而通过预算规则和财政制度实现政府对财政可持续性的承诺。

第12章　促进经济增长财政政策选择的制度分析

在财政政策实施的实践中，我们会发现，有的国家选择促进经济增长的财政政策，但是有些国家却选择了不利于经济增长的财政政策，并且相似的社会可能选择完全不同的制度和政策，从而导致截然不同的经济增长结果。虽然在本书前面的分析中，从生产函数的角度看，经济学家更强调的是资本积累、人力资本和技术在经济增长中的作用。从最初的把一些变量作为外生的，到后面的各种新经济增长模型里，实物资本的水平、人力资本的发展程度及社会的技术进步水平都被视为是内生的，在模型里可以对各种激励做出反应。由此，不同社会有的不同经济增长，其根本问题主要在于，不同的社会对工人和企业提供不同的激励。而在不同社会里，决定这些不同激励的，以及决定在实物资本、人力资本及技术上的投资的差异的，正是其不同的制度。那么制度是如何影响对工人和企业的激励及相关投资的，并且为什么不同的社会会选择不同的制度，以下将对此进行分析，并且主要关注为什么不同社会选择不同的财政政策，并且有着不同的经济增长效应。

12.1 制度对经济增长的作用分析

12.1.1 制度与不同社会的制度差异

关于制度的定义，在不同的背景之下可以有不同的界定，并且可以涵盖很多内容。这里，我们仅从本书的财政政策与经济增长的主题出发，主要指的是社会制度安排，比如，企业和公民产权的保护制度；契约制度，也即企业和个人签订契约以促进经济交易的能力；新企业准入市场的障碍；个人投资于人力资本所要面对的社会予以的成本和障碍；政治家提供公共产品的激励机制。进一步地，可以把这些社会制度安排分为经济制度或者政策及政治制度。经济制度或政策指的是税收（包括财政支出及转移支付）、产权保护、契约制度、市场准入和其他的一些经济制度安排。政治制度指的是影响政治决策整个过程的各种规则和监管，包括对总统、总理和一些独裁者的制衡制度，以及对社会上不同个人和群体的偏好、观点进行加总的方法；等等。至于经济制度和经济政策，有时候是一致的，有时候又是有区别，比如产权保护一般说制度，又比如具体的税率一般说税收政策。经济制度相对于经济政策的主要区别：一是前者时间一般更为持久；二是经济制度常常是提供一个框架，而在这个框架之下，可以设定相应的经济政策。

从长时间的理论研究和实证研究结论看，制度对于经济增长是有影响的，至少很直观地观察，我们可以发现，经济制度和政策是会影响经济资源配置的。就前面所提到经济制度和政策看，契约制度和信贷市场结构会影响技术选择和生产效率；税收和财政补贴政策以及市场结构，则会影响实物资本的积累、人力资本投资和技术进步。而前面所研究的所有的经济增长模型，我们都把市场经济有序运转当作是约定俗成的天然假设。可是，如果没有这些经济制度的存在和得到实施，比如，如果产权相当程度上得不到保护、市场准入制度排斥更有生产效率的企业的经营活动等，那么必然会损害社会效率，那么经济增长也许就不能顺利实现。美国及经济合作与发展组织国家的企业家所面对的，是比一个欠发达国家的企业家所面对的，要更有保障的产权制度，及一个更为稳定有序的市场环境；并且企业和个人创立新企业也会面临相对较小的准入障碍。同时，美国和经济合作与发展组织国家的大多数人可以获得大量的公共服务并且有能力投资于他们的人力资本，可是很多欠发达国家的居民在这方面却做不到，公共基础设施存在大量缺口并且也缺乏自身人力资本投资的能力。这就是现实存在的不同国家之间的制度差异。

12.1.2　选择不利于经济增长的制度或者政策的原因

前面我们分析了各国的制度差异，并且也说明了制度和制度差异在经济增长起到重要作用，那么为什么有些国家依然选择不利于经济增长的制度和政策呢？或者说，为什么有些国家选择阻碍技术进步和经济进步的制度和政策？主要的原因有两点。

1. 社会群体间的冲突

很少有什么经济变迁能够惠及整个社会的所有人群。也就是说，经济制度和政策的改变，或者政治制度的改变，所带来的经济社会变革，相对于现状而言，会有成功者从中受益，也会有失败者遭受损失。如果取消市场准入的限制，以前垄断的市场将会变成竞争性的。那些以前拥有特权地位并且获得高利润的垄断者将遭受损失，而消费者则因为更低的价格而成为这个政策的受益者。这一政策变动对工人的影响则取决于市场结构，如果劳动力市场是竞争性的，那么工人也会从中受益，因为随着新企业的进入，对劳动力的需求会增加。但如果市场是不完全的，原先的工人作为垄断者的雇员，实际上也分享到垄断企业所得到的租金，随着政策的改变，这些工人因不再能分享垄断租金，从而也是受损者。因为各个不同群体的人从取消市场准入限制这一政策的受益和受损各不相同，政策的实施，有人是成功者，有人是失败者。所以即便取消市场准入限制有利于经济产出的增长，这一政策也不可能在所有人中获得一致同意。归纳起来就是，因为经济制度或者政策带来的不同的资源配置情况，因此，对于某个经济制度和政策，不同个体有着不同的甚至是冲突性的偏好。财政决策机制的形成，实际上就是政治经济学，就是部分解决这种集体决策机制问题的。也就是当个人之间存在冲突性的偏好时，制度和政策如何进行集体选择。

那么如上述的垄断者和消费者之间存在着偏好冲突，垄断者希望保留市场准入限制，而消费者则希望取消。在不同的政治制度之下，这种偏好冲突会通过不同政治过程的均衡来决定最后的结果。在民主制度下，可以通过有序的程序来完成；而在其他政治制度下，可能是无序的或者是无政府的过程，甚至可能是人类历史上频繁出现的内战的形式来解决的过程。无论是民主还是非民主的集体选择机制，利益冲突各方的政治权力大小都在均衡结果的决定中发挥重要作用，他们的相对权力将决定最后的结果。而不同制度下政治权力的获得是有所不同的，在民主制度下，垄断者可以能用自己的财富和收入游说政治家以获得政治权力，而消费者也可能通过投票或者形成自己的游说集体以获得政治权力，从而抑制垄断者的利益和垄断愿望。而在非民主的国家里，因为缺乏法治，垄断者可能直接用暴力或者准军事的一些做法压制反对意见。

2. 制度或者政策的承诺难题

承诺难题是低效率的原因，并且会扩大社会冲突所带来的各种扭曲问题。每个时点的政治决策都是由当时握有政治权力的群体控制的政治过程来完成的。政治决策结果的这种产生机制说明，对于未来的政治或者经济做出的承诺本身实际上是不可能也是不可靠的，除非这种承诺恰好和未来政治过程决策的均衡结果一致。

本书主要探索财政政策与经济增长的关系，实际上有些财政政策可能是不能促进经济增长的，但是却不是帕累托低效率的，因为这种制度或者政策均衡是整个社会的加权社会福利函数的一个解，其所对应的资源配置正好落在该经济体的社会约束帕累托曲线边界上。而这样的资源配置正好包含着一些扭曲政策及不能促进经济增长的政策。因此，经济体可能实现帕累托效率，但是，帕累托效率下的政策却不能促进经济增长。比如，一些财政政策可能有利于改善社会公平，但是也许以牺牲经济产出的增加为代价，但是可能在加权社会福利函数里，这种权衡确实能够实现社会效用的最大化，因而是帕累托效率的。

但涉及承诺难题时，政治均衡也可能是帕累托低效率的，也就是说，可能存在将来的政策组合，这种政策组合也许能够使各方的状况都变好，但是实际的执行上并不是按照均衡的政策组合来执行的，也就是不能履行承诺，这样实际上政策如果能履行承诺，就可以实现不损害他人福利的前提下，提高某些社会成员的福利，即实现帕累托改善，因此，社会尚未达到帕累托效率。比如，如果政治权力掌握在政治精英手里，不管精英是个人还是团体，这些精英就可能制定在资源配置上有利于他们自己的政策，那么此时的政治均衡，就是把所有的权重都给予精英集体的社会福利函数的解。即便这种政治均衡不是帕累托低效率的，但是一般也会是不利于经济增长的。值得探讨的一个问题是，在什么情况下，精英所控制的政治权力会导致其选择扭曲性的政策。这和本书探讨如何令财政政策可以促进经济增长是有极大相关性的。

12.1.3　掌握政治权力的人选择扭曲性财政政策的原因

拥有政治权力的精英集团选择扭曲性财政政策的原因主要有两点：

1. 获得收入

掌握政治权力的精英从其他社会成员那里获得收入的需要，是扭曲性财政政策实施的原因之一。因为这种社会存在两个特征：一是掌握在精英手里的政治权力和企业家、工人手里的经济机会之间是分离的；二是整个社会的财政政策工具是有限的。因此，精英只能通过有限的财政政策工具把社会资源从其他社会成员那里转移到他们手里。也就是当精英不能用无扭曲性的财政政策工具比如总额税（lumpsum tax）获得收入时，就只能使用这些扭曲性的财政政策工具，比如下文将要分析的线性税收，那就必然要阻碍经济体的经济增长。而总额税虽然没有扭曲效应也不会阻碍经济增长，但是在实施上是不可行的。而扭曲性的财政政策会阻碍经济增长的根本原因在于，这些政策的实施，其对资源的再分配，通过减少对劳动供给或者工作努力的激励，以及通过对投资行为的一定程度的抑制，从而产生对经济行为的扭曲，进而阻碍经济增长。

2. 与其他社会团体的竞争

经济上，精英团体可能出于要素价格操纵的动机，而采用扭曲性的经济政策，比如从事生产的精英集团，通过对其他生产者进行征税，从而抑制其产出，减少对要素的需求，降低要素价格，最终间接提高精英集团的利润。政治上，其他社会群体的发展，可能在未来对精英团体使用政治权力及从政治权力中获益能力形成威胁。扭曲性税收政策则是让精英的竞争者贫穷的一种方式，以令精英集团保持竞争优势。达龙·阿西莫格鲁（Daron Acemoglu，2009）称这为政治替代动机产生的扭曲性政策。并且他分析认为，要素操纵动机和政治替代动机会带来更大的扭曲，对一个社会的经济增长潜力的损害，要大于获得收入的动机形成的扭曲性财政政策。

除了承诺问题，可能还存在着其他的导致低效率的问题。因为精英团体无法对未来的政策做出承诺，因此，可能存在套牢问题。套牢问题指的是投资一旦实施了，就可能被征用，或者被以极高的税率征税。在许多情况下都可能存在套牢问题，特别是那些相关投资是投资于长期项目的，因为很多与投资项目相关的政策都是在投资之后决定的，因此，套牢问题出现可能性更大。而且出于同样的这些动机，经济制度本身在某些情况下也会影响均衡时的政策选择。

以上分析的一个社会选择扭曲性制度或者政策，从而产生不利于经济增长的原因，归结起来，可以认为是精英团体和其他社会成员之间在收入分配上的冲突产生的。以下本书将借助阿西莫格鲁、约翰逊和罗宾逊（Acemoglu，Johnson and Robinson，2005）的模型，来说明精英和其他社会成员之间的分配冲突是如何影响财政政策的选择，进而影响经济增长的。

12.2　制度决定的分配冲突对经济增长的影响模型

接下来的模型说明在一个社会里，群体间的分配冲突如何在特定财政政策工具下影响经济增长。假定社会由三个群体组成：一是工人，工人无弹性地提供劳动；二是企业家群体，他们获得生产技术，并且进行投资决策；三是精英群体，他们进行政治决策，或者也可能同时进行企业活动。在这个模型里假设每个个人被永久性地分到三个群体中的某一个，这一假定等于是排除了个人的职业选择和个人在社会阶层的流动性，而这样的假设在一定程度上可以简化模型。分配冲突主要表现在群体之间，这是因为假定每个群体内的个人事前是一致的，并且假定能够使用的财政政策工具是有限的，因此，不可能在群体内进行不同个体之间的资源再分配。

这一模型的这些假设有利于模型能够比较容易地对模型的个人偏好进行加总。模型首先假定社会的政治制度是由精英主导的寡头政治。

12.2.1　模型

假定经济体由一个连续系列的个人组成，这些个体是风险中性的，总数为 $1 + \theta^e + \theta^m$，这包含三个群体，第一个群体是工人，把工人的数量标准化为 1，工人无弹性地提供劳动力；第二个群体是精英群体，表示为 e，起初这个社会的政治权力由精英掌握，精英的总数为 θ^e，同时，假定精英不参与生产性活动；第三个群体是中产阶层，由 m 表示，指的是经济体中的企业家，可以获得生产技术。精英和中产阶层生产者的集合分别表示为 s^e 和 s^m。i 用来表示某个个人或者群体，其中，i 用作上标是代表群体，用作下标时代表某个个人。每个个体的身份，也即他们归于哪个群体的属性不随时间演进而发生变化。个体每个不同阶段的效用如果换算成现值，都有一个贴现因子 $\beta \in (0, 1)$。社会的最终产品为唯一的一个非储藏品的产品，标为 Y。个体 i 在起始时间 0 时的预期效用由下式给出：

$$E_0 \sum_{i=0}^{\infty} \beta^t C_i(t) \qquad (12-1)$$

式（12 - 1）中，$C_i(t) \in R$，表示个体 i 在时间 t 的消费，E_t 则表示其在时间 t 可获得的各种信息基础上的各种预期的运算符号。这也显示了个体 i 的偏好，这里因为假设个体是风险中性的，因此，其偏好是线性的，这是模型的一个重要特征。模型的线性偏好的假设，使得模型更为简化，这个简化虽然似乎让模型不能全面概括各种偏好，即不能解释变迁过程的动态变化，但是却使得模型能够全面地描述政治和经济均衡。如上假设，社会中获得生产技术，组织生产的是中产阶层企业家，每个企业家，即中产阶层个体 $i \in s^m$，其用于生产最终产品的生产函数如下式：

$$Y_i(t) = F(K_i(t), L_i(t)) \qquad (12-2)$$

式（12 - 2）中，$Y_i(t)$ 是企业家 i 生产的最终产出，$K_i(t)$ 和 $L_i(t)$ 则分别是企业家 i 在生产中使用的资本和劳动的数量，生产函数 F 符合两个基本假设，一是边际产出递减且为正的，同时，规模报酬不变，即

$F_K(K, L) = \dfrac{\partial F(K, L)}{\partial K} > 0$，$F_L(K, L) = \dfrac{\partial F(K, L)}{\partial L} > 0$，$F_{KK}(K, L) = \dfrac{\partial^2 F(K, L)}{\partial K^2} < 0$，$F_{LL}(K, L) = \dfrac{\partial^2 F(K, L)}{\partial L^2} < 0$；二是符合稻田条件，即 $\lim\limits_{K \to 0} F_K(K, L) = \infty$，并且对于所有的 $L > 0$，$\lim\limits_{K \to \infty} F_K(K, L) = 0$，$\lim\limits_{L \to 0} F_L(K, L) = \infty$，并且对于所有的 $K > 0$，$\lim\limits_{L \to \infty} F_L(K, L) = 0$。因为生产函数 F 规模报酬不变，同时没有其他约束条件，所以某个企业家是可以雇用整个社会的劳动力和资本存量的，但是为了保证企业活动足够分散，模

型假定每个企业有个最大规模限制，比如，每个企业家只能有有限的时间管理自己的雇员。并且假定对于某个 $\bar{L} > 0$，$L_i(t) \in [0, \bar{L}]$，这样至少在一定的雇用人数之后，每个企业家增加的资本投资存在边际收益递减现象。因为前面已经明确整个经济体的总劳动力等于 1，因此，时间 t 劳动力出清的条件如下式：

$$\int_{S^m} L_i(t) \, di \leqslant 1 \qquad (12-3)$$

这里，$L_i(t) \leqslant \bar{L}$，式（12-3）的左边是所有企业家使用工人的加总，右边则是代表工人总数。同时，与新古典增长模型下的假设一样，这里假设资本的某个份额 δ 为资本折旧率。在没有征税的情况下，并且在不考虑政治经济学也就是集体决策机制的影响时，这个经济体的竞争性均衡是很直观的。用小写 k 代表人均资本，$k = \dfrac{K}{L}$，也表示的是资本和劳动力的比率，并且由于资本边际报酬不变，所以在总生产函数的两边同时除以总劳动 L，可以得到人均资本的生产函数，$f(k) = F\left(\dfrac{K}{L}, 1\right)$，那么在没有征税的情况下，追求利润最大化的企业家选择的每个时点的资本劳动比率 k 为：

$$k_i(t) = k^* = (f')^{-1}(\beta^{-1} + \delta - 1) \qquad (12-4)$$

在每个时间点 t，$(f')^{-1}(\cdot)$ 是资本边际产出的逆函数，资本边际产出是生产函数对资本 k 求导的结果。式（12-4）实际上等同于新古典经济增长模型下的稳态均衡条件，等同于可以令总资本边际产出，$f'(k^*) + 1 - \delta$，等于贴现因子的倒数 β^{-1}。同时，在这里因为假设个体是线性偏好，所以式（12-4）适用于任何时间点，而不仅仅是稳定状态。因此，也就没有动态变迁问题。

此经济体还有一个问题，就是可能无法实现充分就业，前面假设总的劳动力也就是工人为 1，但是因为对于企业最大规模有限制，因此，每个中产阶层雇主的雇员数量被严格限制在少于 $\dfrac{1}{\theta^m}$，如以下式（12-5）所示，在这种情况下，将有 $1 - \theta^m \bar{L}$ 数量的工人失业，他们的工资为 0。当存在劳动力过度供给时，每个中产阶层企业家 $i \in s^m$ 将雇用最大数量的工人 $\bar{L}$，而总的就业低于总劳动供给。当劳动力不存在过度供给时，所有的劳动力都被雇用，完全就业。因为此时所有的企业家的盈利为 0（竞争市场的均衡条件），所以这些工人在企业家之间的配置是任意的。假定所有的企业家都雇用同样数量的工人，那么在时点 t 对于每个 $i \in s^m$，$L_i(t)$ 符合以下条件：

$$L_i(t) = L^* = \min\left\{\bar{L},\ \frac{1}{\theta^m}\right\} \tag{12-5}$$

但如果在这里，模型还另外假设：

$$\theta^m \bar{L} > 1 \tag{12-6}$$

则可以确保能够出现充分就业，并且充分就业时，$L^* = \dfrac{1}{\theta^m}$。同时，在这一假设下，在没有征税的竞争性均衡下的 t 时点的均衡工资如下：

$$w(t) = w^* = f(k^*) - k^* f'(k^*) \tag{12-7}$$

这里的 k^* 由式（12-4）给出。

12.2.2　引入财政政策的模型均衡解

以上模型说明的是没有征税的情况，也就是说，没有实施财政政策的时候，模型给出了均衡状态下的资本劳动比率或者人均资本 k^* 和工资率 w^*。接下来描述政治经济均衡，必须先明确能够使用的财政政策工具，而这些财政政策工具是政治过程赋予的，然后对于给定的财政政策确定其经济意义上的均衡。然后给定政策下的经济均衡则等同于新古典经济增长模型下的竞争性均衡。不同政策下的经济均衡，必然对于不同的个体有着其不同水平的福利结果，因此，潜在的界定会决定人们对于政策和经济制度的偏好，而这些政策和经济制度又进一步决定经济均衡。政治均衡则实质上就是把这些不同经济制度和政策下的偏好进行加总。但在本模型下，这种加总被简化了，因为这是精英直接支配结果的社会，也就是精英支配政治过程。

假定社会可以获得四个不同的财政政策工具。对产出以线性税率 $\tau(t) \in [0, 1]$ 征税，及对工人、中产阶层和精英的总额转移支付（lump-sum transfer）。三种转移支付 $T^L(t) \geqslant 0$，$T^m(t) \geqslant 0$，$T^e(t) \geqslant 0$。因为总额转移支付是非负的，必须有财政收入做支撑，因此，不可能使用非扭曲性的总额税，获取财政收入就只能通过对产出征收线性税。虽然总额税也许有时候是可能的，但是个人可能会选择进入非正式部门或者停止工作，也就是说，即便用了，也可能无法收到足够的税收，这限制了总额税的使用。然而，一个有局限性的简单线性税率本身在征税上很受限制。实际上，存在着一些更为有效的获取财政收入的方法。但是在政治经济模型里，这样的局限性有时候是为了获得均衡结果存在。而在这里，这种局限性的存在，凸显了相互分离的政治权力和经济权力，与有限的财政政策工具之间的互动，是如何导致扭曲性政策产生的。

关于财政政策的选择，界定好财政政策工具之后，接下来必须在模型的基础上，明确在每个时点上各个事件的时间先后。其中，最重要的是税收相对于投资的时间确定问题。这里，假定在相关投资决策之前，税收的相关制度和政策规定就已经明确规定、实施。那么，在每一个时间点 t，对产出就可以有一个预先确定的税率 $\tau(t)$ 对其征税，同时，也有一个企业家的资本存量 $K_i(t)$，$i \in s^m$。并且由企业家决定要雇用多少劳动 $L_i(t)$，$i \in s^m$，而在这个过程中，劳动力市场会出清，也就是实现充分就业。生产出来的产出中被征税拿走的部分占产出总份额的百分比为 $\tau(t)$。而后通过政治过程，主要是有决定性政治权力的社会群体来决定，如何进行转移支付。如前所述，主要采取三种转移支付方式，$T^L(t) \geqslant 0$，$T^m(t) \geqslant 0$，$T^e(t) \geqslant 0$，并且这三种转移支付应该服从以下政府预算约束等式：

$$T^L(t) + \theta^m T^m(t) + \theta^e T^e(t) \leqslant \tau(t) \int_{S^m} F(K_i(t), L_i(t)) di$$

$$(12-8)$$

式（12 - 8）的左边表示作为转移支付的政府支出的总额，右边则是产出乘以预先确定的税率 $\tau(t)$，也就是政府的税收收入。为了说明政治过程的情况，接下来，说明从 t 向着 t + 1 时段的整个均衡是如何形成的。通过政治过程，具有支配能力的社会群体在时间 t 宣布在 t + 1 时点，政府将以 $\tau(t + 1)$ 的税率向产出征税。而企业家会根据这个预先确定的税率，决定 t + 1 时段的投资决策，这一投资选择决定了 t + 1 时段的资本存量，$K_i(t+1)$，$i \in s^m$。因为在 t 期末预先设定税率，企业家明确在下一期进行投资时需要面对的税率。而如果没有事先确定的税率，企业家等于是在明确税率之前进行投资决策，一般而言，这种对未来税率不确定的选择常常会基于过去的税率进行决策，导致的对经济行为的扭曲更为严重，也就是前面提高的会产生套牢问题。

下面，更为详细分析政治过程的财政政策选择。假定 $p^t = \{\tau(s),$ $T^L(s)$，$T^m(s)$，$T^e(s)\}$，表示从时间 t 开始到 ∞ 的某个时间的可行的政策集合。在给定的政策 p^t 和时间 t 时的资本存量在企业家中的分布 $K_i(t)$、$i \in s^m$ 情况下，经济均衡是竞争性的均衡。这一经济均衡确定了每个企业家的资本存量和劳动雇佣的决策情况，即在给定的 $K_i(t)$、$i \in s^m$，p^t，和 $w(t) = w(s)$，s 为 t ~ ∞ 的某一时段，每个企业家将决定资本存量 $K_i(s + 1)$，$L_i(s)$、$i \in s^m$ 和工资率 $w(s)$，s 为 t ~ ∞ 的某一时段，以实现企业家 $i(i \in s^m)$ 效用的最大化，在这一决策下，劳动力市场 $L_i(s)$、$i \in s^m$，s 为 t ~ ∞ 的某一时段，该劳动力市场将出清。

因为劳动力市场的供给是无弹性的，因此无论工资如何，工人都只能选择接受，唯一的非竞争性选择是由企业家来做决策的。给定可行的政策组合 p^t 和均衡工资率 w^t，时段 t 时的资本存量为 $K_i(t)$ 的企业家的效用，可以表示为这些政策的函数，具体函数如下：

$$U_i(\{K_i(s), L_i(s)\} \mid p^t, w^t) = \sum_{s=t}^{\infty} \beta^{s-t} [(1 - \tau(s))F(K_i(s), L_i(s))$$
$$- (K_i(s + 1) - (1 - \delta)K_i(s))$$
$$- W(s)L_i(s) + T^m(s)] \qquad (12 - 9)$$

因为偏好是线性的，所以式（12-9）表示的效用的表达式可以将企业家的效用以其消费水平的折现值加总求出。方括号里给出的是企业家的消费。因为 t 期的产出被以税率 τ(t) 征税，并且因为折旧率 δ，上期的资本存量的 (1-δ) 的部分留到下一期，因此，下一期的增加的投资为 $K_i(t+1) - (1-\delta)K_i(t)$。还得再减去当期工资下的劳动成本，再加上对中产阶层企业家的总额转移支付。式（12-9）是根据给定的政策 p' 计算的企业家的效用。但是，模型更加关注的是未来政策没有明确承诺，或者说，未来政策是不确定的情况下的政治经济均衡。从单个企业家的角度看，政策组合 p' 是给定的。对式（12-9）关于资本存量和劳动选择求导，或者最大化，可以获得的一阶条件如下：

$$\beta\left[(1-\tau(t+1))f'(k_i(t+1)) + (1-\delta)\right] = 1 \qquad (12-10)$$

$k_i(t+1)$ 表示在 t+1 期的税率为 τ(t+1) 的情况下，企业家 i 选择的资本劳动比率，其中，税率 τ(t+1) 在企业家做投资决策时就已经承诺或者宣布。而根据前述稻田条件（Inada Condition），对于任何的 τ(t+1) $\in [0, 1)$，这个一阶条件的等式都成立。式（12-10）决定了均衡时的资本劳动比率。又因为 $\theta^m \bar{L} > 1$，所以整个经济体充分就业，因此，总资本存量也由式（12-10）给出，只要把式（12-10）给出的资本劳动比率，也即是人均资本，乘以总劳动力，即可得出总资本存量。

如果式（12-10）的税率为 0，就是对于任何的 t，τ(t) = 0，则式（12-10）的解与式（12-4）的解是一致的，都是最优的资本劳动比率 k^*。同时，当税率为正时，资本劳动比率的水平则小于 k^*。并且因为线性偏好的原因，式（12-10）求解出的均衡时的资本劳动比率，这个资本劳动比率是由每个企业家在 t+1 时段选择的，仅仅取决于税率 τ(t+1)，而与未来的税率无关。因此，时间 t 的所有的企业家的均衡资本劳动比率可以写成：

$$\hat{k}(\tau(t)) = f'^{-1}\left(\frac{\beta^{-1} + \delta - 1}{1 - \tau(t)}\right) \qquad (12-11)$$

式（12-11）的导数如下：

$$\hat{k}'(\tau) = \frac{f'(\hat{k}(\tau))}{(1-\tau)f''(\hat{k}(\tau))} < 0 \qquad (12-12)$$

式（12-12）由式（12-11）直接求导获得。导数为负，因为根据前面的资本的边际收益递减假设，$f'(k) > 0$，$f''(k) < 0$，可以推导出。根据式（12-11）表示的均衡资本劳动比率和式（12-6）所隐含的充分就业情况，时期 t 的均衡工资可以由以下等式给出：

$$\hat{w}(\tau(t)) = (1-\tau(t))[f(\hat{k}(\tau)) - \hat{k}(\tau(t))f'(\hat{k}(\tau))] \qquad (12-13)$$

式（12-13）表达的是在对社会产出征收税率 τ 后的均衡工资的表达式，这一等式与式（12-7）表示的工资相似，只是多了方括号前的 1 减去税率部分。

以上的分析告诉我们，如果式（12-6）充分就业的假设成立，那么，对于任何起始的企业家的资本存量的分布 $k_i(0)$，$i \in S^m$，并且对于任何的可行政策集 $p^t = \{\tau(s), T^L(s), T^m(s), T^e(s)\}$，S 为 $0 \sim \infty$ 的时间的各个时期 t，存在一个唯一的竞争性均衡，并且在竞争性均衡里，每个企业家的资本劳动比例为 $\hat{k}(\tau(s))$，s 为 $0 \sim \infty$ 的时间的时期 t，每个工人均衡工资为 $\hat{w}(\tau(s))$，S 为 $0 \sim \infty$ 的时间的各个时期 t。$\hat{k}(\tau(t))$ 和 $\hat{w}(\tau(t))$ 分别由式（12-11）和式（12-13）表示。

12.3 精英控制之下的财政政策选择

在前面的模型和引入财政政策的均衡解的分析中，我们假设，社会由精英所控制及精英群体内部各成员之间无差异，极大地简化了模型，一是精英控制导致不存在政治权力更换问题，或者精英需要选择政策来讨好选民或者其他社会群体的问题；二是不存在精英之间分配收入的财政政策工具，因为假设精英内部成员无差别。因此，这里的政治过程的选择，只涉及最大化代表性精英个体效用现值的财政政策的选择。

揭示精英控制下的财政政策选择，必须展现动态政治博弈过程，这里模型用马科夫完美均衡（markov perfect equilibrium，MPE）进行说明。前面关于均衡解的分析提到，均衡要求政策组合 p^t 如此，以令政策仅取决于时期 t 的相关收益变量，此收益变量为企业家的资本存量。当前的政策则取决于当前的资本存量的分布。线性偏好的假设则再一次使得模型的分析简化了，因为我们不必把整个资本存量的分布作为状态变量进行考察。而且可以假定精英根本不会选择向中产阶层和工人进行再分配，这又进一步简化模型，也就是后面我们可以不关注关于 $T^L(t)$ 和 $T^m(t)$ 的政策问题，因为对于任何时期 t，$T^L(t) = 0$，$T^m(t) = 0$。在这些假设的基础上，再结合式（12 - 8）的政府预算约束等式，可以得到对于精英的转移支付情况。同时，这里必须以式（12 - 8）作为必须成立的约束等式，否则如果没有预算约束，精英将提高对自己的转移支付，以提高自己的消费和效用。在政府预算等式约束下的精英转移支付表示如下：

$$T^e(t) = \frac{1}{\theta^e}\int_{S^m} F(K_i(t), L_i(t))di$$

$$= \frac{1}{\theta^e}\tau(t)f(\hat{k}(\tau)) \qquad (12-14)$$

式（12 - 14）的第一行是根据式（12 - 8）的政府预算恒等式得出的结果，而第二行则是根据上面分析的引入财政政策后得出的均衡解的结论，并且结合充分就业和工人的数量等于 1 这两个前述模型事实而得出的。

精英的效用最大化问题可以由以下等式给出：

$$V^e(\tau(t), K_i(t)) = \max_{\tau(t+1) \in [0,1]} \{T^e(t) + \beta V^e(\tau(t+1), K_i(t+1))\}$$

$$(12-15)$$

式（12 - 15）中，$i \in S^m$，$V^e(\tau(t), K_i(t))$ 则是精英在给定上一期 t - 1 时宣布的 t 期税率 $\tau(t)$ 和企业家的 t 期资本存量分布 $K_i(t)$ 下的某个企业家的最大效用值。当期，也即 t 期的人均转移支付 $T^e(t)$ 在式（12 - 14）的第一行给出，是 $\tau(t)$ 和 $K_i(t)$ 的函数。精英选择下一期的税率 $\tau(t+1)$ 来最大化他们本期的效用，这也确认了式（12 - 14）第二行所揭示的税率对企业家投资的影响。关于各期的均衡税率的确定，因为模型告诉我们，$T^e(t)$ 仅仅取决于时期 t 的税率。因此，可以让精英的效用最大化的各期税率，就是在所有的时期内的税率都一样，并且其解 $\hat{\tau}$ 体现在以下的一阶条件里：

$$f(\hat{k}(\hat{\tau})) + \hat{\tau}f'(\hat{k}(\hat{t}))\hat{k}'(t) = 0 \qquad (12-16)$$

这个税率 $\hat{\tau}$ 将会使得从中产阶层企业家那里获得的税收收入最多，并且让精英处于拉弗曲线的顶端，也就是高于或者低于此税率都会导致税收收入的减少。把式（12-12）的 $\hat{k}'(\tau)$ 带入式（12-16），可以得到：

$$f(\hat{k}(\hat{\tau})) + \frac{\tau}{1-\tau}\frac{f'(\hat{k}(\hat{t}))^2}{f''(\hat{k}(\hat{t}))} = 0 \qquad (12-17)$$

式（12-17）告诉我们，精英效用最大化的税率，如果从税率的小幅上涨而获得收入的增加为 $f(\hat{k}(\hat{\tau}))$，但是又必须以因为税率的增加而减少的均衡资本劳动比率所带来的收入的减少为代价，减少的收入为 $\hat{\tau}f'(\hat{k}(\hat{t}))\hat{k}'(t)$。税率 $\hat{\tau}$ 在 0~1 之间，但是，因为精英效用最大化问题的函数并不是凹函数，因此，可能有不止一个解，在这种情况下，$\hat{\tau}$ 对应的是令精英的效用有整体最值的那个税率。

以上分析告诉我们，如果式（12-6）假设的充分就业成立，那么对于任何的企业家间的资本存量起始分布，$k_i(0)$，$i \in S^m$，存在着一个唯一的马科夫完美均衡，在每个时期，即 t 从 0 起，直至 ∞，精英依照式（12-16）设定税率 $\tau \in (0, 1)$ 征税，而每一个企业家选择式（12-11）给出的资本劳动比率 $\hat{k}(\hat{\tau})$ 投资，均衡工资则为式（12-13）给出的 $\hat{w}(\hat{\tau})$。则我们可以得出 $\hat{k}(\hat{\tau}) < k^*$，其中，$k^*$ 由式（12-4）给出，$\hat{w}(\hat{\tau}) < w^*$，其中，$w^*$ 由式（12-7）给出。

这个模型告诉我们，唯一的政治均衡涉及的就是由精英来确定对企业家所征收的税收的税率。征税之后的资本劳动比率、产出水平和工资率都低于更早前模型所分析的没有征税的情况，也就是说，精英选择的是低效率的扭曲性财政政策。如果引入生产函数，则还可以进一步看到财政政策会影响到均衡时的经济增长率。

12.4　精英选择的低效率扭曲性财政政策如何影响经济增长

12.4.1　生产函数和精英效用最大化

根据迈克尔·彼得斯和阿尔普·西姆塞克（Michael Peters and Alp Simsek，2009）的计算结果，可以说明这一问题。首先，他们引入罗默（1986）的模型，假定一个企业家面对的生产函数如下：

$$Y_i(t) = F(K_i(t), A(t)L_i(t)) \qquad (12-18)$$

其中，$A(t)$ 是知识存量，和资本存量成一定的正比例关系，表示如下：

$$A(t) = B\int_0^1 K_i(t)di = BK(t) \qquad (12-19)$$

在前面模型的既有的个体风险中性和 AK 模型本身所隐含利率不变的情况下，他们引入中产阶层企业家的效用函数 $u(c) = \log(c)$，然后，在精英对中产阶层企业家的产出征税的情况下，考虑企业家的效用最大化决策下，研究精英支配下实施的财政政策的重要变量税率本身对经济增长的影响。企业在时期 t 的选择决定于未来的一系列税率 $\tau(s)$，s 为 $0 \sim \infty$ 的各个时期，而后在这个最大化决策里，税率就成为一个状态变量，因为是由精英决定的，所以企业家视之为给定的。之后的整个最大化决策就是企业家将决定资源在资本存量和消费之间配置的路径 $[C_i(t), K_i(t)]$，其中，t 为 $0 \sim \infty$ 的所有时期。为了进一步明确对企业家征税的经济增长效应，必须确定时期 $0 \sim \infty$ 的各期的最优税率 $\tau(t)$。首先，政府的预算约束等式由以下等式给出：

$$T^L(t) + \theta^m T^m(t) + \theta^e T^e(t) \leq \tau(t) \int_{S_m} F(K_i(t), A(t)L_i(t)) di$$

$$(12-20)$$

式（12-20）和式（12-8）的唯一区别在于生产函数发生变化，这里，现在产出还取决于外生的全要素生产率项 $A(t)$。精英的收入唯一来源就是税收收入，并且不对工人和企业家进行转移支付，即 $T^L(t) = 0$，$T^m(t) = 0$。因此，精英的消费水平如下：

$$C^e(t) = T^e(t) = \frac{\tau(t)}{\theta^e} \int_0^1 F(K_i(t), A(t)L_i(t)) di \quad (12-21)$$

把式（12-19）代入式（12-18）的生产函数可得 $F(K_i(t), A(t)L_i(t)) = F(K(t), BK(t)) = K(t)F(1, B)$，并代入式（12-21）得以下的精英消费水平：

$$C^e(t) = T^e(t) = \frac{\tau(t)}{\theta^e} K(t) F(1, B) \quad (12-22)$$

如果假定精英也依然如模型前面所述，是风险中性的，则精英的效用最大化问题可以表示为：

$$\max_{|\tau(t)|_{t=0}^{\infty}} V^e(\tau(t)) = \max_{|\tau(t)|_{t=0}^{\infty}} \sum_{t=0}^{\infty} \beta^t \left(\frac{1}{\theta^e} \tau'(t) K(t, \{\tau'(t)\}_{t=0}^{\infty}) F(1, B) \right)$$

$$(12-23)$$

这里的 β 是贴现因子。式（12-23）的 $K(t, \{\tau'(t)\}_{t=0}^{\infty})$ 代表给定的一系列税率 $\{\tau'(t)\}_{t=0}^{\infty}$ 下，企业家的最优资本选择。因为企业家是根据整个的各期税率来决定资本选择，因此，当他们面对同样的各期税率时，每个企业家就会选择一样的资本水平。按照式（12-23），一般会有一个内解（interior solution），$\{\tau^*(t)\}_{t=0}^{\infty}$，并且可以认为存在一个均衡，在均衡处税率为常数，比如 $\tau^*(t) = \tau^* > 0$。

12.4.2 扭曲性财政政策对经济增长的影响

下面，说明引入财政政策后，扭曲性税率 $\tau^* > 0$ 是怎么降低经济增长率的。首先，经济体存在着均衡增长路径（balanced growth path，BGP），经济体增长率由资本的增长率给出，而当中产阶层企业家面对扭曲性税收时，资本的增长率将下降。以下式（12 - 24）为经济总产出的生产函数：

$$Y(t) = \int_0^1 Y_i(t)di = \int_0^1 F(K_i(t), A(t)L_i(t))di = F(1, B)K(t)$$

$$(12 - 24)$$

式（12 - 24）告诉我们，产出以和资本存量相同的增长率增长。根据式（12 - 22），如果税率不变，精英的消费水平和资本存量是成一定比例的，因为 $C^e(t) = \dfrac{\tau^*}{\theta^e}K(t)F(1, B)$。而工人只有依靠劳动力要素禀赋获得收入，他们的消费水平只能由当前的工资率决定。工人的工资由以下等式给出：

$$w(t) = A(t)F_L(K_i(t), A(t)L_i(t)) = A(t)F_L(K(t), A(t))$$
$$= BK(t)F_L(K(t), BK(t)) = BK(t)F_L(1, B) \qquad (12 - 25)$$

也就是工人的工资也和资本存量成一定比例，而中产阶层企业家的消费的预算约束等式如下：

$$C(t) = (1 - \tau(t))F(K(t), A(t)L) + (1 - \delta)K(t) - K(t+1) - w(t)L(t)$$

$$(12 - 26)$$

把 $w(t)$ 代入式（12 - 26）得到以下等式：

$$C(t) = (1 - \tau^*)F(K(t), A(t)) - K(t+1) - BK(t)F_L(1, B)$$
$$= (1 - \tau^*)F(1, B)K(t) - K(t+1) - BK(t)F_L(1, B)$$

$$(12 - 27)$$

因此，可以得到中产阶层企业家消费和资本存量的比率：

$$\frac{C(t)}{K(t)} = (1 - \tau^*)F(1, B) - BF_L(1, B) - \frac{K(t+1)}{K(t)} \qquad (12 - 28)$$

因为经济增长沿着均衡增长路径进行，最终产出 $Y(t)$ 以一个固定的增长率增长，因此 $\dfrac{K(t+1)}{K(t)}$ 是不变的。由此，式（12 - 28）的右侧是不变的，这说明企业家的消费也和资本成固定比例。因此，沿着均衡增长路径，我们可以得到经济增长率表示如下：

$$g^* = \frac{Y(t+1)}{Y(t)} = \frac{C(t+1)}{C(t)} = \frac{K(t+1)}{K(t)} \qquad (12-29)$$

而根据中产阶层企业家的效用最大化下的消费选择，具体推导过程可以根据前面的中产阶层企业家的效用函数和预算约束进行计算，本书此处略去，可以得到：

$$\frac{C(t+1)}{C(t)} = \beta \left[(1-\tau(t+1))F_K(1, B) + (1-\delta) \right] \qquad (12-30)$$

因此，

$$g^* = \beta \left[(1-\tau(t+1))F_K(1, B) + (1-\delta) \right] \qquad (12-31)$$

对 g^* 求关于 τ^* 的导数，则可以得出税率 τ^* 的变化如何影响经济增长率 g^* 的变化，也就是财政政策选择如何影响经济增长率，所得导数如下：

$$\frac{\partial g^*}{\partial \tau^*} = -\beta F_K(1, B) < 0 \qquad (12-32)$$

因为 β 和 $F_K(1, B)$ 均为正，所以等式 $\frac{\partial g^*}{\partial \tau^*}$ 为负。式（12-32）揭示的 g^* 和 τ^* 的关系，因为求出的说明二者关系的导数值为负，说明扭曲性的税率会减少经济的增长率。因为在这个模型下，经济增长的来源在于外生的劳动推动的技术进步 $A(t)$，而这又是由中产阶层企业家的投资决策决定的。在均衡处，这个模型和 AK 模型下的经济体是一致的，因此，资本积累是经济增长的唯一来源。扭曲性税收降低资本回报，从而资本家减少储蓄导致整个社会的资本积累减少，而这将降低经济增长率。

12.5　精英为什么选择扭曲性财政政策

上述模型描述政治权力控制在精英手里的情况下，精英将选择从企业家那里通过扭曲性税收政策取得收入。根据可以使用的各种财政政策看，精英实现从企业家那里获得收入的唯一选择就是征收会对经济行为产生扭曲影响的税收，而根据模型的计算，在这种扭曲性税收之下，资本劳动比例、产出水平和工资均低于原来的不征税时的水平，可见，这种精英选择的扭曲性财政政策是低效率的。并且模型最后还引入生产函数，具体分析扭曲性征税对于经济增长的影响情况，研究结果也表明，扭曲性财政政策带来了负面影响。这给我们的启示就是，财政政策实施的低效率，原因在于政治上的当权者的征税获取收入的动机与有限的财政政策工具共同作用所致。

这些分析告诉我们，扭曲性财政政策为什么会在一个社会中出现的制度原因，以及扭曲性财政政策是如何减少投资水平和产出水平，并使得它们都处于次优选择之下的。但是值得注意的是，这种次优选择不代表均衡就是帕累托无效率。因为根据我们前面的分析，均衡结果依然是在效用最大化的分析框架下得出的。只是在给定的财政政策工具下，均衡时资源是按社会福利函数最大化的解来进行配置的，但是这个社会福利函数把所有的权重都给了精英，即精英的效用决定整个社会福利。如果是帕累托无效率，则说明在既有的财政政策和信息条件约束下，可以进行帕累托改进，也就是存在可行的替代配置情况，可以让每一个个体相比于起始的状况，在有些人状况不变的情况下，另外的人状况变好。可是根据前面模型关于线性税收的假设条件，不可能在精英群体的福利不下降的情况下，改善中产阶层企业家和工人的福利，这就是说，没有帕累托改进的可能，已经是实现帕累托效率了。也就是，如果把财政政策涉及的再分配功能考虑进去，那么不会有免费午餐的，很难有令所有的微观经济主体都满意的财政政策，并且收入再分配带来公平的改善也常常是以效率为代价的，即并不是再分配政策就能够促进整体社会产出，而很可能会导致社会总产出的减少。至于采用怎样的财政政策，这取决于制度，也就是政治经济学里的社会福利函数的决定，因为社会制度决定了不同人群在政策形成中的偏好权重，进而决定了其在社会福利函数里的权重。

因此，如果从本模型看，在扭曲性财政政策实施之后，从社会制度本身看，因为精英的主导地位，选择了有利于精英的扭曲性财政政策，并且从社会福利函数的视角看，因为精英的权重最大，所以纯粹从社会福利函数的最大化看，即便资本劳动比率、产出水平、工人工资是次优的，但依然可以说是实现了效率上的帕累托最优。只是相比于没有扭曲性财政政策情况看，即相对于最优资源配置下的产出，扭曲性财政政策实施后的社会总产出减少了，所以我们可以说这个结果是低效率的，即便如果从特定制度下模型本身的社会福利函数看是社会福利最大化的，是实现了帕累托效率的，但社会总产出依然是低于没有扭曲性财政政策的情况。

　　本章以上的分析，给我们提供了一个关于财政政策选择与经济增长之间相互关系的重要制度分析框架。但是也存在一些明显不足，一是可供选择的财政政策过于局限，并没有考虑是否可以有替代财政政策或者可能出现更为扭曲的财政政策；二是假定政治权力为精英所支配，但是如果政治权力掌握在工人或者中产阶层企业家手里，而不是在不从事生产的精英手里，那么财政政策工具的选择可能会大不一样；三是假定财政政策是给定的扭曲性的财政政策，如果精英可以对中产阶层企业家使用非扭曲性的总额税征税，那么如果制度设计合理使得税收能够成功征收，也可能在不产生对经济活动扭曲影响情况下，获得相关财政收入。

12.6　分配冲突竞争下的财政政策与经济增长

　　以上的模型是政治权力掌握在精英手里，但没有考虑政治权力的获取存在竞争的情况。达龙·阿西莫格鲁（Daron Acemoglu，2009）进一步研究发现，实际上如果在市场和政治领域都存在竞争，比如，拥有政治权力的精英与工人及中产阶层企业家之间的竞争，那么将会导致比前面的精英的获取税收收入动机而产生的财政政策更为扭曲的政策。在其他各个基本假设和前面所述模型一致情况下，达龙·阿西莫格鲁进一步放宽原先的假设，从而引入冲突与竞争，首先，假定精英和中产阶层一样可以成为企业家，只是各自有不同的劳动生产率，因为从事不同经济活动或者因为不同的人力资本和才能；其次，假设对精英的产出和中产阶层的产出分别征收不同的税，即适用不同税率。由此，在这个新模型包含的市场竞争和政治领域的竞争中，将会产生两种效应：要素价格操纵效应和政治替代效应。

12.6.1　要素价格操纵效应

在这个模型的分析之下，每个企业家，包括精英和中产阶层，他们的均衡资本劳动比率取决于工人的工资。而精英控制的政治权力则可以通过税收政策来施加对均衡工资的影响。这样就给财政政策的选择引入了前述的获得收入动机之外的竞争动机。在要素价格操纵机制下，精英的目的是减少作为政治和经济领域竞争对手的中产阶层的盈利能力。然而，对于获取收入动机而言，精英希望中产阶层多投资，从而精英可以从对中产阶层产出的征税获得更多收入。这样，在收入获取方面的税率令精英处于拉弗曲线的最顶端，才能获得最多的税收收入；而要素价格操纵则希望税率尽量高，以竭力尽可能多地损害中产阶层企业家，减少他们的劳动需求，进而降低均衡工资，减轻精英企业家生产中投入劳动力要素的价格，所以，如果把要素价格操纵动机考虑在内，税率会提升到超过精英收入动机下的拉弗曲线顶点的税率。在这种情况下，与纯粹的获取收入的情况不同，精英的这种要素价格操纵的税收政策还间接地从工人身上获得收入，因为高税率抑制了中产阶层企业家对劳动力的需求，工人的工资降低了。要素价格操纵动机下，对中产阶层的征税应该尽可能地高。而获取收入动机则会减少这种效应的作用，原因在于过高的税收会减少精英的税收收入，也就是会从拉弗曲线的顶点下移。

如果中产阶层的劳动生产率高于精英，则精英会放弃生产，让中产阶层从事所有的盈利生产活动，而只是寻求从中产阶层那里获得最多的税收收入。如果中产阶层的劳动生产率不高于精英的劳动生产率，那么精英将自己也从事生产，精英的收入包括自己从事生产获得的收入和对中产阶层征税获得的收入。

但是值得注意的是，一是均衡税率一定是低于 1 的，否则中产阶层也不生产；二是税率随国家能力的增加而下降，也就是说，制度对应的国家能力的提升，精英通过税收获得收入的能力也得到强化，因此，他们通过使竞争对手变弱的动机，也就是要素价格操纵动机，就相对弱化，要素价格操纵动机的弱化，则精英提高税率以削弱中产阶层的劳动需求的需要减轻；三是均衡税率随着精英数量的增加而上升，因为精英数量越多，也即精英生产者就越多，那么相对于获取税收收入而言，降低要素价格就显得更为重要。这说明当要素价格操纵动机相对于获取收入动机更为重要时，税率就越高，财政政策对经济活动的扭曲也就更严重。

12.6.2 政治替代效应

上面说明了要素市场的竞争如何导致精英选择扭曲性的财政政策，以减少中产阶层企业家的劳动力需求，从而达到操纵要素市场价格，降低精英企业家雇佣的劳动力要素价格的目的。下面诠释政治领域的竞争。前面我们假设精英控制政治权力，而引入政治领域的竞争就是允许政治权力在不同群体之间进行转换。比如，政治权力如果从精英手里转移到中产阶层手里，则中产阶层将会寻求实施能够使他们自身效用最大化的财政政策。在模型设定的条件里，可以假定精英的权力转移到中产阶层手中存在某种或者外生的或者内生的概率，一般说来可以设定为内生的，因为这种概率显然受模型内变量变化的影响，并且可以假定，精英的政治权力转移到中产阶层手里的概率本身是中产阶层净收入水平的函数。中产阶层的净收入水平又决定其消费。这一函数的设定意味着，中产阶层越富有，他们就越有可能获得权力，因为收入越多，他们在解决他们内部的集体行动问题上就将越成功，或者可以提升他们在军事方面的权力。

在政治替代效应下，假定为了分析的简化，先剔除要素价格操纵效应。那么如果没有政治替代效应，并且剔除要素价格操纵效应，则精英征税的唯一需求就是获得收入，而如果考虑进政治替代效应，则精英就不仅仅追求当前的收入最大，在仅追求当前的收入最大时，精英将希望税率落在拉弗曲线的顶端，但实际上，税率是超过这个顶端的，因为精英还要考虑巩固他们的政治权力。越高的税率对精英就越有用，因为可以减少中产阶层的收入和政治权力。从而精英有更大的概率在未来依然掌握权力，并且获得控制财政政策的好处。这还涉及国家能力问题，国家能力越强，则控制政治可以得到越大的好处，也会导致更为扭曲的财政政策。

在本章上述的分析中，我们看到，因为制度本身的原因，社会可能选择不会促进经济增长的扭曲性的财政政策，但是，这种政策选择依然符合特定社会的社会福利函数，依然实现函数的最大化，并非帕累托低效率的。

达龙·阿西莫格鲁在上述模型基础上，总结制度对财政政策选择的影响时指出，一是如果中产阶层企业家对资本的需求是无弹性的，税收可能更高，因为这种情况下，精英追求收入最大化的税率可能更高；二是要素价格操纵效应如果比收入获取效应更重要，那么精英更多考虑的不是拉弗曲线的税率与税收的关系，而是如何尽量提高税收以减少中产阶层企业家劳动需求，操纵要素价格，则税收更高；三是当精英的政治权力被挑战，并且如果减少竞争群体的收入可以巩固精英的政治权力时，精英将尽力提高税率，减少竞争对手的收入，税收更高；四是如果中产阶层企业家的投资是长期的，且有事前采用技术的决策，那么将存在显著的套牢问题，被征税后中产阶层企业家的应对能力显然减弱，这样税收可能更高更具扭曲性；五是如果没有政治替代效应，国家能力越强，则税收越低，因为国家能力越强，越能令转移支付采取更为有效的形式，从而改善资源配置的方式，这样可能在更低的税率实现精英对中产阶层企业家征税的税收收入的最大化；六是当政治替代效应存在时，则更强的国家能力和更多的来源于自然资源的租金，会导致更为扭曲的政策，因为他们提高了控制政治权力能获得的好处，从而精英会更对中产阶层提高税率以减少其收入水平，进而削弱其控制政治权力的可能。

但是前面的模型假设各个主体的偏好是线性的，并且精英决定政治过程。如果个体有异质性的劳动生产率和偏好，并且政治决策是民主化的，那么决策的结果将反映中间投票人的政策偏好。但是如果中间投票人比起社会的普通人即中产阶层穷，那么他们可能会希望通过扭曲性的财政政策向自己进行转移支付，这种收入差距越大，则从转移支付财政政策获取收入的动机就越强，政策也就可能越扭曲。中间投票人的这种收入获取在本质上和精英从中产阶层企业家那里获取收入是相似的。

以上分析的是财政政策的决定机制，就是财政政策是怎么选择的，主要是税收政策的情况，而税收政策的选择会影响到投资和资本的积累，进而影响经济增长。但实际上，税收这样的财政政策并不是唯一影响经济增长的财政政策。通过政府支出提供公共产品也会影响经济增长。这些公共产品包括保障法律和秩序、基础设施投资、适当的监管措施等。而政府是否会提供这些可以提高经济增长率的公共产品，则取决于对那些控制国家的政治上强大的群体是否有提供这类公共产品的激励。只有当政治或者经济上的精英预期他们未来将从这些公共产品投资中获益，他们才会进行投资。从税收政策角度看，对那些经济和政治上掌握权力的人征税，将更有利于促进经济增长财政政策的实施，因为他们希望能够从经济增长中弥补政府对自己的征税。而从公共产品支出看，国家能力越弱的经济体越不愿意对公共产品进行投资，因为控制国家的精英认为，他们在未来将不能对这些公共产品投资产生的收入征税，而那些国家能力比较中等的国家，往往是最有利于该国采用促进经济增长的财政政策的。制度和政策实施对经济增长的影响的研究，应该同时考虑对个人投资的激励和对于政府公共产品供给的激励。并且财政政策应该致力于为社会提供广泛而公平的环境，包括全面的人力资本投资和产权保护制度等，这些都将有利于经济增长。

第 13 章 结　　语

本书主要研究在长期经济增长中的财政政策的作用。由于反周期财政政策在短期内的稳定经济作用，主要是对产出和就业的影响，在一定程度上对长期经济增长也是会有影响，因此，本书列出一章专门研究应对短期经济周期的财政政策。本书的 5、6 两章，分别考察对消费、劳动所得、资产收入征税对经济增长的影响和基础教育财政支出对经济增长的影响，特别是结合中国的国情，对二者进行理论和实证上的研究。

从现代经济增长的经验和宏观经济模型的结论看，技术进步均是长期持续经济增长的重要因素，因此，本书第 7 章诠释技术进步驱动的内生经济增长，说明研究部门和最终产品生产部门如何使得技术进入生产，推动经济增长。并且探讨税收政策如何激励创新，主要分析政府的创新政策并着重比较研究试验税收抵免与创新盒两种不同的激励创新税收政策。

经济学最新研究和政策经验告诉我们，收入分配和经济增长的关系实际上非常复杂，远不止是传统经济学家认为的此消彼长的关系。财政政策中包含大量的收入分配相关内容，第 8 章探讨收入分配与经济增长的关系、财政政策如何促进收入分配公平以促进经济增长并且使得经济增长为更多的人群所共享。中产阶层及底层民众的收入形成主要受到劳动生产率的增长、劳动力参与及产出分配公平情况的影响。推动这三个要素的合理发展，则可以实现包容性经济增长。通过促进机会的公平及解决经济租金的影响，同时努力促进总需求及保护工薪阶层家庭，则可以实现长期经济增长是强健、可持续和共享的。

财政改革可以通过影响劳动供给、人力资本、实物资本和全要素生产率来促进经济增长。财政政策则可以通过有针对性的政策设计和实施影响这四个变量，进而达到促进经济增长的作用。值得注意的是，财政改革必须充分考虑是否具备改革的财政空间，并且需要在经济增长和收入分配公平之间进行适当权衡。如何设计和执行财政改革，是财政改革能否成功带来强劲且可持续经济增长的关键决定因素。在这方面，最重要的改革考虑因素应该包括围绕主要改革的社会对话、政策互补性、与结构性政策及宏观经济政策的一致性、政策可信度。第9章阐释财政改革促进长期经济增长的作用机制和相关政策。

政府债务会影响预算和未来实施财政政策的空间，影响私人部门的投资和储蓄，其规模过大会导致利率负担的风险升水上升因而影响政府举债和政府债务的可持续性。第10章说明政府债务的演进过程，政府债务水平上升带来的成本如对私人投资的挤出效应、增加经济脆弱性、提高外国投资者持有政府债务的成本、缩小财政政策的可控空间等。第10章还描述政府债务水平与经济增长之间的实证关系，分析政府债务带来的预算赤字的宏观效应，以及政府举债应该关注的三个问题，即代际间公平、经济表现和财政可持续性。

预算管理是重要的财政工具，各项财政政策的实施必须在一个可持续的预算框架下进行。第11章分析预算规则对财政政策的影响及在预算规则下财政状况和经济产出的演变，并且探讨如何中期预算框架，说明长期预算缺口不确定性及其对经济增长的影响。

在财政政策实施的实践中，我们会发现，有的国家选择促进经济增长的财政政策，但是有些国家却选择了不利于经济增长的财政政策，并且相似的社会可能选择完全不同的制度和政策，从而导致截然不同的经济增长结果。在各种新经济增长模型里，实物资本的水平、人力资本的发展程度及社会的技术进步水平都被视为是内生的，在模型里，可以对各种激励做出反应。决定这些不同激励的，以及决定在实物资本、人力资本及技术上的投资的差异，正是其不同的制度。第12章分析财政政策是怎么选择的，主要是税收政策的情况，而税收政策的选择会影响到投资和资本的积累，进而影响经济增长。但实际上，税收这样的财政政策并不是唯一影响经济增长的财政政策。通过政府支出提供公共产品也会影响经济增长。这些公共产品包括保障法律和秩序、基础设施投资、适当的监管措施等。而政府是否会提供这些可以提高经济增长率的公共产品，则取决于对那些控制国家的政治上强大的群体是否有提供这类公共产品的激励。只有当政治或者经济上的精英预期他们未来将从这些公共产品投资中获益，他们才会进行投资。从税收政策角度看，对那些经济和政治上掌握权力的人征税，将更有利于促进经济增长财政政策的实施，因为他们希望能够从经济增长中弥补政府对自己的征税。而从公共产品支出看，国家能力越弱的经济体越不愿意对公共产品进行投资，因为控制国家的精英认为，他们在未来将不能对这些公共产品投资产生的收入征税，而那些国家能力比较中等的国家，往往是最有利于该国采用促进经济增长的财政政策的。制度和政策实施对经济增长的影响的研究，应该同时考虑对个人投资的激励和对于政府公共产品供给的激励。并且财政政策应该致力于为社会提供广泛而公平的环境，包括全面的人力资本投资和产权保护制度等，这些都将有利于经济增长。

综合全的分析，可以得出一个结论，那就是如果要维持持续的长期经济增长，劳动生产率扮演着最重要的作用。巴罗等经济学家基于内生经济增长模型对财政政策影响长期经济增长的解释表明，一般各国都会采取一些合理的财政政策来提高劳动生产率，进而在长期中促进经济增长、提高人们的生活水平，而且根据新古典模型的研究结论，资本积累是经济增长的动力，但是会达到稳定状态，可见终究是不可持续的，只有持续不断的劳动生产率增长，才能保证持续的产出增长和人均消费的增长。政府的财政政策一般从以下几个方面提高劳动生产率。

第一，改善基础设施。研究表明，劳动生产率和一个国家公共拥有的公路、桥梁、机场等实物资本，也就是基础设施，有着很大的相关性。比如，我国的高速公路和高铁系统的建设，极大地减低了运输成本，并且刺激了旅游和其他产业的发展。在过去的1/4世纪里，美国政府对基础设施的投资一直在下降，使得公共资本的数量和质量都在下降，经济增长率也下降。有些经济学家认为，改变这种倾向可以提高劳动生产率。但是，另外一些经济学家并不认为需要更多的基础设施投资，他们的理由一是劳动生产率的增长和基础设施之间的联系并不那么确定，两者的因果关系值得怀疑，既然富国更可能建设道路和医院，也许是更高的劳动生产率导致更多的基础设施投资，而不是后者是前者的原因；二是有些人担心政府的基础设施投资更多涉及的是政治方面的考虑，比如，倾向于投向国会里有影响力的议员的选区，而不是为了提高经济效率。但是从中国这些年的经济发展实践看，加大对基础设施的投资确实能提高劳动生产率，而且加大基础设施的投资还有一个作用，那就是能够提高资本收益率，这个也在中国俗语里"要致富，先修路"体现出来，一个直接的例子就是1998年应对亚洲金融危机中国政府采用积极财政政策，大力推进基础设施建设，在劳动生产率的提升上取得很大成就。

第二，促进人力资本的形成。许多研究都指出，劳动生产率的增长和人力资本之间有着很强的相关性。政府财政政策影响人力资本形成的方式多样，比如，通过教育财政投入政策、工人培训项目或者医疗健康项目等。在考虑具体项目时，应该认真地审查是否收益高于成本。人力资本的一个重要形式是企业家技能，在经济增长中，那些有能力创立一个成功的新企业或者能给市场带来新产品的人扮演的重要的角色。如果政府通过财政支出政策提供更好的服务，取消一些对创业行为不必要的障碍，比如一些很烦琐的手续，那么劳动生产率会得到提高，政府还应该通过财政政策激励有企业家才能的人把他们的技能用到生产中。关于人力资本的形成中财政应该发挥的作用，中国的"十二五"规划关于转变经济发展方式、落实科学发展观的具体要求中多有提及，前文对我国分地区基础教育财政投入的研究也表明，在促进人力资本形成的基础教育上加大财政投入能够促进经济增长。

第三，鼓励研发活动。政府还应该通过能影响科学技术进步的财政政策的实施，来提高劳动生产率。美国政府直接支持基础科学研究活动，如国家科学基金，中国政府也有类似财政拨款，如国家自然科学基金和国家社会科学基金。绝大多数经济学家赞同此类政策，因为科学进步的好处，就像人力资本的发展一样，会在整个经济体传播。从社会的视角看，基础科学研究是很好的投资，即便没有公司发现可以从这样的研究中获利。有些经济学家甚至认为，一些更加应用型的、商业主导的研究也应该获得政府的资助。《中华人民共和国经济和社会发展第十二个五年规划纲要》明确提出，"坚持把科技进步和创新作为加快转变经济发展方式的重要支撑"。可见，创新是实现我国经济发展方式转变的重要途径，在我国加快经济发展方式转变刻不容缓的时代要求下，推动创新更富时代意义。要推动创新，就要促进科研机构和企业加大研发投入，财政政策在鼓励企业和科研机构加大研发投入上可以发挥巨大作用。2006 年 2 月，国务院颁布《国务院关于实施〈国家中长期科学和技术发展规划纲要（2006～2020）〉若干配套政策的通知》（国发〔2006〕6 号）提出，营造激励自主创新的环境、推动企业成为技术创新的主体、努力建设创新型国家的若干配套政策。我国目前已有若干鼓励企业研究开发活动的财政政策，如鼓励企业自主创新、增加企业研发投入的企业研究开发费用税前加计扣除政策等，但还需要进一步完善。

参 考 文 献

[1] 姚先国等. 教育、人力资本与地区经济差异 [J]. 经济研究, 2008 (5).

[2] 蔡增正. 教育对经济增长贡献的计量分析 [J]. 经济研究, 1999 (2).

[3] 韩文婧. 政府教育投入产出效率的区域差异——基于东、中、西部的面板数据 [J]. 经济研究导刊, 2011 (1).

[4] 于凌云. 教育投入比与地区经济增长差异 [J]. 经济研究, 2008 (10).

[5] 廖楚晖. 中国人力资本和物质资本的结构及政府教育投入 [J]. 中国社会科学, 2006 (1).

[6] 金戈. 中国教育补贴率的变动趋势——基于教育个人收益率的分析 [J]. 经济学季刊, 2009 (3).

[7] 郭志仪, 逯进. 教育人力资本积累与外溢对西北地区经济增长影响的实证分析 [J]. 中国人口科学, 2006 (2).

[8] 刘晔, 黄承键. 我国教育支出对经济增长贡献率的实证研究——基于省际面板数据时空差异的分析 [J]. 教育与经济, 2009 (4).

[9] 宋光辉. 关于教育对经济增长作用的简要述评 [J]. 人口与经济, 2005 (6).

[10] 贾康. "十二五": 中国税制改革展望 [J]. 国家行政学院学报, 2011 (4).

[11] 陈静, 倪鹏. 主权政府债务规模影响因素的传导路径及定量分

解——以美国为例 [J]. 世界经济研究, 2012 (4).

[12] 邓淑莲, 彭军. 地方政府债务风险控制的国际经验及启示 [J]. 财政研究, 2013 (2).

[13] 邓群钊, 付莲莲, 翁异静, 马超. 江西省社会保障水平影响因素及其经济效应 [J]. 南昌大学学报 (理科版), 2013 (1).

[14] 方红生, 张军. 中国财政政策非线性稳定效应: 理论和证据 [J]. 管理世界, 2010 (2).

[15] 伏润民, 缪小林, 师玉朋. 政府债务可持续性内涵与测度方法的文献综述——兼论我国地方政府债务可持续性 [J]. 经济学动态, 2012 (11).

[16] 高铁梅, 李晓芳. 我国财政政策乘数效应的动态分析 [J]. 财贸经济, 2002 (2).

[17] 龚强, 王俊, 贾坤. 财政分权视角下的地方政府债务研究: 一个综述 [J]. 经济研究, 2011 (7).

[18] 郭庆旺, 吕冰洋, 何乘. 积极财政政策的乘数效应 [J]. 财政研究, 2011 (8).

[19] 蒋琳. 我国宏观税负与劳动报酬关系研究 [J]. 价格理论与实践, 2013 (9).

[20] 李生祥, 丛树海. 中国财政政策理论乘数和实际乘数效应研究 [J]. 财经研究, 2003 (1).

[21] 林晓宁. 基于财政视角下我国地方政府债务危机再探讨 [J]. 东北师大学报 (哲学社会科学版), 2013 (1).

[22] 马金华, 王俊. 地方政府债务问题研究的最新进展 [J]. 中央财经大学学报, 2011 (11).

[23] 沈坤荣, 滕永乐. "结构性" 减税下的中国经济增长 [J]. 经济学家, 2013 (8).

[24] 孙璐. 江苏省财政社会保障支出分析 [J]. 南京人口管理干部学院学报, 2013 (4).

［25］王光宇，刘志红．我国最优宏观税负水平的估计——基于巴罗模型的实证分析［J］．地方财政研究，2013（12）．

［26］王志扬．消费型税种减税的经济增长影响：一个模型分析［J］．财政研究，2012（8）．

［27］王志扬．地方政府自行发行债券：必要性与制度完善［J］．投资研究，2013（3）．

［28］王志扬．新一轮财税体制改革下预算管理改革方向［J］．中国财政，2015（3）．

［29］王志扬．个人所得税改革探讨［J］．中国财政，2015（16）．

［30］王志扬．基础教育财政投入的经济增长效应［J］．地方财政研究，2016（3）．

［31］王志扬，张平竺．地方税体系建设：理论基础和主体框架分析［J］．税务研究，2016（8）．

［32］张平竺，王志扬．财税政策激励对企业研发指出影响探讨［J］．说收经济研究，2017（3）．

［33］项后军，周宇．财政政策对私人消费非线性效应的存在性及触发条件研究［J］．财经研究，2013（9）．

［34］朱军．地方政府债务预算的困境摆脱与策略选择［J］．改革，2012（10）．

［35］巴罗．中级宏观经济学［M］．北京：机械工业出版社，2011．

［36］亚当·斯密．国富论［M］．北京：商务印书馆，2004．

［37］Abbas, A. and A. Klemm, with S. Bedi and J. Park, 2012, "A Partial Race to the Bottom: Corporate Tax Developments in Emerging and Developing Economies", IMF Working Paper No. 12/28 (Washington: International Monetary Fund).

［38］Acemoglu, Daron, Simon Johnson, and James A. Robinson, 2005, "Institution as a Fundamental Cause of Long – Run Growth". In *handbook of Economic Growth*, Philippe Aghion and Steven N. Durlauf (editors), Amsterdam: North – Holland, pp. 384 –473.

[39] Acemoglu, Daron, and James A. Robinson, 2012, "Why nations fail: The Origins of Power, prosperity, and Poverty", Crown Business.

[40] Acemogle, Daron, 2008, "Introduction to Modern Economic Growth", Princeton University Press.

[41] Acemoglu, Daron, and James A. Robinson, 2006, "Economic Origins of Dictatorship and Democracy", Cambridge University Press.

[42] Adam, C. and D. Bevan, 2013, "Fiscal deficits and growth in developing countries", *Journal of Public Economics*, Vol. 89 (4), pp. 571 – 597.

[43] Agénor, P – R. , 2010, "A Theory of Infrastructure-led Development", *Journal of Economic Dynamics and Control*, Elsevier, vol. 34 (5), pp. 932 – 950.

[44] Aghion, P. , E. Caroli, and C. Garcia – Peñalosa, 1999, "Inequality and Economic Growth: The Perspective of the New Growth Theories", *Journal of Economic Literature*, Vol. 37 (4), pp. 1615 – 1660.

[45] Aghion, P. , D. Hémous and E. Kharroubi, 2014, "Cyclical Fiscal Policy, Credit Constraints, and Industry Growth", *Journal of Monetary Economics*, Vol. 62, pp. 41 – 58.

[46] Aghion, P. , P. Howitt, and F. Murtin, 2010, "The Relationship between Health and Growth: when Lucas Meets Nelson – Phelps", NBER Working Paper No. 15813 (Cambridge, Massachusetts: National Bureau of Economic Research).

[47] Aguiar, Mark, SatyajitChatterjee, Harold Cole, and Zachary Stangebye, 2017, "Self – Fulfilling Debt Crises, Revisited: The Art of the Desperate Deal", NBER Working Paper No. 23312.

[48] Akcigit, Ufuk, Douglas Hanley, and Nicolas Serrano – Velarde. 2013. "Back to Basics: Basic Research Spillovers, Innovation Policy, and

Growth". NBER Working Paper No. 19473.

[49] Alesina, A. and S. Ardagna, 2012, "The Design of Fiscal Adjustments", NBER Working Paper Series, No. 18423 (Cambridge, Massachusetts: National Bureau of Economic Research).

[50] Alesina, A., Ardagna, S., Perotti, R. and F. Schiantarelli, 2002. "Fiscal Policy, Profits, and Investment", *American Economic Review*, 92 (3), pp. 571 – 589.

[51] A. R. J a Naini, 2000, "Economic Growth and Fiscal Policy", Working Paper, http: //www. erf. org. eg.

[52] Arrow, Kenneth J. 1962. "Economic Welfare and the Allocation of Resources for Inventions". In *The Rate and Direction of Inventive Activity: Economic and Social Factors*, edited by R. R. Nelson, 609 – 626. Princeton, NJ: Princeton University Press.

[53] Arrow, K. J., 1970, "Public Investment, the Rate of Return, and Optimal Fiscal Policy", Johan Hopking Press.

[54] Arze del Granado, F. J., D. Coady, and R. Gillingham, 2012, "The Unequal Benefits of Fuel Subsidies: A Review of Evidence for Developing Countries", *World Development*, Vol. 40, Issue 11, pp. 2234 – 2248.

[55] Auerbach, Alan J., 2003, "Is There a Role for Discretionary Fiscal Policy?" in Federal Reserve Bank of Kansas City, *Rethinking Stabilization Policy*, 109 – 150.

[56] Auerbach, Alan J., 2008, "Federal Budget Rules: The U. S. Experience", *Swedish Economic Policy Review*, Spring, 57 – 82.

[57] Auerbach, Alan J., 2009, "Long – Term Objectives for Government Debt", *FinanzArchiv 65*, December, 472 – 501.

[58] Auerbach, Alan J., and Yuriy Gorodnichenko, 2017, "Fiscal Stimulus and Fiscal Sustainability", manuscript.

[59] Baldacci, E., B. Clements, S. Gupta, and C. Mulas – Granados,

2004, "Persistence of Fiscal Adjustments and Expenditure Composition in Low – Income Countries", in *Helping Countries Develop*, *The Role of Fiscal Policy*, Editors. S. Gupta, B. Clements and G. Inchauste, (Washington: International Monetary Fund).

[60] Baldacci, E. , Gupta, S. and C. Mulas – Granados Debt, 2015, "Debt Reduction, Fiscal Adjustment, and Growth in Credit – Constrained Economies", *Journal of Applied Economics*.

[61] Ball, L. , Furceri, D. , Leigh, D. and P. Loungani, 2013, "The Distributional Effects of Fiscal Austerity", IMF Working Paper No. 13/151 (Washington: International Monetary Fund).

[62] Baier, Scott L. & Glomm, Gerhard, 2001. "Long-run growth and welfare effects of public policies with distortionary taxation", Journal of Economic Dynamics and Control, Elsevier, vol. 25 (12), pages 2007 – 2042, December.

[63] Baldacci, E. , B. Clements, S. Gupta, and Q. Cui, 2008, "Social Spending, Human Capital, and Growth in Developing Countries", *World Development*, Vol. 36 (8), pp. 1317 – 1341.

[64] Barr, N. , 2012, *Economics of the Welfare State* (Oxford: Oxford University Press).

[65] Barro, Robert J, 1974, "Are Government Bonds Net Wealth?" *Journal of Political Economy*82 (6): 1095 – 1117.

[66] Barro, R. J. , 1990, "Government Spending in a Simple Model of Endogenous Growth", *Journal of Political Economy*, 98, S103 – S125.

[67] Barro, R. J. , 1991, "Economic Growth in a Cross Section of Countries", *Quarterly Journal of Economics*, 106, 407 – 443.

[68] Barro, R. J. , 1992, "Public Finance in Models of Economic Growth", *The Review of Economic Studies*, 59, 645 – 661.

[69] Barro, R. J. , 2000, "Inequality and Growth in a Panel of Coun-

tries", *Journal of Economic Growth*, Vol. 5 (1), pp. 5 – 32.

[70] Barro, R. J. , 2001, "Human Capital and Growth", *American Economic Review*, 91 (2), pp. 12 – 17.

[71] Benhabib, J. 2003, "The Tradeoff Between Inequality and Growth", *Annals of Economics and Finance*, *Society for AEF*, Vol. 4 (2), pp. 491 – 507.

[72] Bernheim, Douglas, 1987, "Ricardian Equivalence: An Evaluation of Theory and Evidence". *NBER Macroeconomics Annual*, Vol. 2, pp. 263 – 303.

[73] Berg, A. , J. D. Ostry, and J. Zettelmeyer, 2012, "What Makes Growth Sustained?" *Journal of Development Economics*, Vol. 98 (2), pp. 149 – 66.

[74] Black, Sandra, Jason Furman, Emma Rackstraw, and Nirupama Rao, 2017, "The Long – Term Decline in U. S. Prime – Age Male Labour Force Participation", VoxEU.

[75] Blanchard, O. , Dornbusch, R. , Dreze, J. , Giersch, H. , Layard, R. , M. Monti, 1985, "Employment and Growth: A Two – handed Approach", *Center for European Policy Studies*, Economic Papers No. 36, June 1985. II/344/85 – EN.

[76] Blanchard, O. and Cottarelli, C. , 2010, "Ten Commandments for Fiscal Adjustment in Advanced Economies", IMFdirect, Global Economy Forum.

[77] Blanchard, Olivier, and Roberto Perotti. , 2002, "An Empirical Characterization of the Dynamics Effect of Changes in Government Spending and Taxes on Output", *Quarterly Journal of Economics*, 117 (November), 1329 – 1348.

[78] Blanchard, O. and Cottarelli, C. , 2010, "Ten Commandments for Fiscal Adjustment in Advanced Economies", IMFdirect, Global Economy Fo-

rum.

[79] Bloom, Nicholas, Mark Schankerman, and John Van Reenen. 2013. "Identifying Technology Spillovers and Product Market Rivalry". *Econometrica* 81 (4): 1347 – 1393.

[80] Bom, P. R. D. , J. E. Ligthart, 2009. "How Productive is Public Capital? A Meta – Regression Analysis", Working Paper No. 0912, International Center for Public Policy, Andrew Young School of Policy Studies, Georgia State University.

[81] Bovenberg, A. L. , Hansen, M. I. and P. B. Sorenson, 2012, "Efficient Redistribution of Lifetime Income Through Welfare Accounts", *Fiscal Studies*, Vol. 33, No. 1, pp. 1 – 37.

[82] Bradford, Scott C. , Paul L. E. Grieco, and Gary Clyde Hufbauer, 2005, "The Payoff to America from Global Integration", in C. Fred Bergsten ed. The United States and the World Economy, Institution for International Economics, Washington DC.

[83] Branstetter, Lee G. , Raymond Fisman, and C. Fritz Foley, 2006, "Do stronger Intellectual Property Rights Increase International Technology Transfer? Empirical Evidence from U. S. Firm – Level Panel Data", *The Quarterly Journal of Economics* 121, no. 1: 321 – 49.

[84] Brown, D W, A E Kowalski, and I Z Lurie (2015), "Medicaid as an Investment in Children: What is the Long-term Impact on Tax Receipts?" National Bureau of Economic Research Working Paper No. 20835.

[85] Case, Anne and Angus Deaton, 2017, "Mortality and Morbidity in the 21st Century", Brookings Papers on Economic Activity.

[86] Cass, D. , 1966, "Optimum Growth in an Aggregative Model of Capital Accumulation: A Turnpike Theorem", *Econometra*, 34, 838 – 50.

[87] Cecchetti, S. G. , Mohanty, M. S. and F. Zampolli, 2011, "The Real Effects of Debt", BIS Working Paper No. 352. (Basel: Bank for Interna-

tional Settlements).

[88] Chamley, C. P. , 1986, "Optimal Taxation of Capital Income Optimal Taxation of Capital Income in General Equilibrium with Infinite Lives", *Econometrica*, 54 (3) (May), 607 – 622.

[89] Chetty, R, J N Friedman, and J Rockoff , 2011, "New Evidence on the Long – Term Impacts of Tax Credits", Internal Revenue Service Statistics of Income Working Paper.

[90] Chetty, Raj, David Grusky, Maximilian Hell, Nathaniel Hendren, Robert Manduca, and Jimmy Narang, 2016, "The Fading American Dream: Trends in Absolute Income Mobility Since 1940", NBER Working Paper 22910.

[91] Clements, B. , R. Bhattacharya, and T. Q. Nguyen, 2004, "External Debt, Public Investment, and Growth in Low Income Countries", in *Helping Countries Develop, The Role of Fiscal Policy*, eds. S. Gupta, B. Clements and G. Inchauste (Washington: International Monetary Fund).

[92] Clemens, Jeffrey P. and Stephen I. Miran, 2012, "Fiscal Policy Multipliers on Sub – National Government Spending", *American Economic Journal: Economic Policy* 4, 46 – 68.

[93] Clements, B. , Coady, D. , Fabrizio, S. , Gupta, S. , Serge, T. , Alleyne, C. , and C. A. Sdralevich, 2013, *Energy Subsidy Reforms: Lessons and Implications* (Washington: International Monetary Fund).

[94] Coibion, Olivier, Yuriy Gorodnichenko, and Dmitri Koustas, 2013, "Amerisclerosis? The Puzzle of Rising U. S. Unemployment Persistence", *Brookings Papers on Economic Activity* 2013 (Fall): 193 – 241.

[95] Corak, Miles, 2013, "Income Inequality, Equality of Opportunity, and Intergenerational Mobility", *Journal of Economic Perspectives*, Volume 27, Number 3, pp. 79 – 102.

[96] Cubeddu, L, Bauer, A. Berkman, P. , Kandil, M. Nassar, K.

and P. Mullins, 2008, "Tax Incentives and Foreign Direct Investment: Policy Implications for the Caribbean", in *The Caribbean: Enlarging Economic Integration*, ed. by Andreas Bauer, Paul Lashin, and Sanjaya Panth, pp. 44 – 84 (Washington: International Monetary Fund).

[97] Cuberes, D. , and M. Teignier, 2014, "Aggregate Costs of Gender Gaps in the Labor Market: A Quantitative Estimate" . UB Economics Working Paper 2014/308.

[98] Dabla – Norris, E. , J. Brumby, A. Kyobe, Z. Mills, and C. Papageorgiou, 2012, "Investing in public investment: an index of public investment efficiency", *Journal of Economic Growth*, 17 (3), pp. 235 – 266.

[99] Das, S. , Jain – Chandra, S. , Kochhar, K. and N. Kumar, 2015, "Women Workers in India: Why So Few Among So Many?" IMF Working Paper No. 15/55 (Washington: International Monetary Fund).

[100] De Loecker, Jan and Pinelopi K. Goldberg, 2014, "Firm Performance in a Global Market", *Annual Review of Ecnomics*6, No. 1: 201 – 27.

[101] Delong, J. Bradford and Lawrence H. Summers. 2012. "Fiscal Policy in a Depressed Economy" . *Brookings Papers on Economic Activity* 43 (1): 233 – 297.

[102] Devarajan, S. , Swaroop, V and Zou H. F. , 1996, "The Composition of Public Expenditure and Economic Growth", *Journal of Monetary Economics*, 37, 313 – 344.

[103] Devereux, M. and D. Love, 1994, "The Effects of Factor Taxation in a Two – Sector Model of Endogenous Growth", *The Canadian Journal of Economics*, Vol. 27 (3), pages 509 – 536.

[104] Dhont, Tine and Heylen, Freddy, 2009 , "Employment and Growth in Europe and the US – the Role of Fiscal Policy Composition", Oxford Economic Papers, Oxford University Press, 61 (July), 538 – 565.

[105] Easterly, W. , and S. Rebelo, 1993, "Fiscal Policy and Eco-

nomic Growth: An Empirical Investigation", *Journal of Monetary Economics*, Vol. 32 (December), pp. 417 – 58.

[106] Elmendorf, Douglas and Jason Furman. 2008. "If, When, How: A Primer on Fiscal Stimulus". The Hamilton Project.

[107] Everaert, G. , Heylen, F. and R. Schoonackers, 2014, "Fiscal policy and TFP in the OECD: Measuring Direct and Indirect Effects", Working Paper Research 274 (National Bank of Belgium).

[108] Fatas, A. , and I. Mihov, 2013, "Policy Volatility, Institutions and Economic Growth", *The Review of Economics and Statistics*, Vol. 95, No. 2, pp. 362 – 76.

[109] Fiaschi, D. , 1999 , "Growth and Inequality in an Endogenous Fiscal Policy Model With Taxes on Labor and Capital", *European Journal of Political Economy*, 15, 727 – 746.

[110] Fisher, W. H. , and C. Keuschnigg, 2002, "Public Policy for Efficient Education", *Metroeconomica*, Vol. 53, Issue 4, pp. 361 – 390.

[111] Fischer, Stanley, and William Easterly, 1990 "The Economics of the Government Budget Constraint", The World Bank Research Observer, Vol. 5, No. 2, pp. 127 – 42.

[112] Fischer, Stanley, 1993, "The Role of Macroeconomic Factors in Growth", *Journal of Monetary Economics*, 32, pp. 485 – 512.

[113] Fiszbein, A. , and N. Shady, 2009, Conditional Cash Transfers: Reducing Present and Future Poverty (Washington: World Bank).

[114] Furman, J and P Orszag , 2015, "A Firm – Level Perspective on the Role of Rents in the Rise in Inequality", Presentation at "A Just Society" Centennial Event in Honor of Joseph Stiglitz Columbia University, October 16, 2015.

[115] Furman, Jason. 2016 "Dynamic Analysis, Welfare, and Implica-tions for Tax Reform". Remarks at the National Bureau of Economic Research

Tax Policy and the Economy Conference.

[116] Futagami, K. , Y. Morita and A. Shibata, 1993, "Dynamic Analysis of an Endogenous Growth Model with Public Capital", *Scandinavian Journal of Economics*, Vol. 95, pp. 607 – 25.

[117] Galí, Jordi and Roberto Perotti, 2003, "Fiscal Policy And Monetary Integration In Europe", *Economic Policy* 18, October, 533 – 572.

[118] Galor, O. , and O. Moav, 2004, "From Physical to Human Capital Accumulation: Inequality and the Process of Development", *Review of Economic Studies*, Oxford University, Vol. 71 (4), pp. 1001 – 1026.

[119] Gaspar, Vitor, Maurice Obstfeld, and Ratna Sahay. 2016. "Macroeconomic Management When Policy Space is Constrained: A Comprehensive, Consistent and Coordinated Approach to Economic Policy". IMF Staff Discussion Note.

[120] Gerhard, Glomm, B. Ravikumar. , 1997, "Productive government expenditures and long-run growth", *Journal of Economic Dynamics and Control*, 21, 183 – 204.

[121] Greenville, J. , Pobke, C. , and N. Rogers, 2013, "Trends in the Distribution of Income in Australia", Productivity Commission Staff Working Paper (Canberra).

[122] Griffith, Rachel, Helen Miller and Martin O'Connell. 2014. "Ownership of Intellectual Property and Corporate Taxation", *Journal of Public Economics*, 112: 12 – 23.

[123] Grigoli, F. , and J. Kapsoli, 2013, "Waste Not, Want Not: The Efficiency of Health Expenditure in Emerging and Developing Countries", IMF Working Paper 13/87 (Washington: International Monetary Fund).

[124] Grossman, G. and E. Helpman, 1991, "Innovation and Growth in the Global Economy", Cambridge: MIT Press, chapters 1 – 5.

[125] Gupta, S. , B. Clements, E. Baldacci and C. Mulas – Granados,

2005, "Fiscal policy, expenditure composition, and growth in low-income countries", *Journal of International Money and Finance, Elsevier*, Vol. 24 (3), pages 441 – 463.

[126] Gupta, S., Kangur, A., Papageorgiou, C. and A. Wane, 2014, "Efficiency – Adjusted Public Capital and Growth", *World Development* Vol. 57, pp. 164 – 178.

[127] Gupta, S., and M. Keen, 2016, "Global Energy Subsidies: An Update", Blog (Washington: International Monetary Fund).

[128] Haque, Nadeem, and Peter Montiel, 1987, "Ricardian Equivalence, Liquidity Constraints, and the Yaari – Blanchard Effect: Tests for Developing Countries". International Monetary Fund Research Department, Washington, D. C.

[129] Harris, J., Hughes, G. Ljungman, and C. Sateriale, 2013, "Medium – Term Budget Frameworks in Advanced Economies: Objectives, Desigh, and Performance" in *"Public Financial Management and its Emerging Architecture"* editors, M. Cangiano, T. Curristine, and M Lazare (Washionton, D. C.: International Monetary Fund).

[130] Harris, J., R. Hughes, G. Ljungman, and C. Sateriale, 2013, *"Medium – Term Budget Frameworks in Advanced Economies: Objectives, Design, and Performance"* in "Public Financial Management and its Emerging Architecture" editors, M. Cangiano, T. Curristine, and M. Lazare (Washington, D. C.: International Monetary Fund).

[131] Heckman, J. and P. Klenow, 1997, "Human Capital Policy", Mimeo, University of Chicago (December).

[132] Hijzen, A., and D. Venn, 2011, "The Role of Short – Time Work Schemes During the 2008 – 09 Recession", OECD Social, Employment and Migration Working Papers No. 115 (Paris: Organisation for Economic Co-operation and Development).

［133］Hochschild, Arlie Russell, 2016, "Strangers in Their Own Land: Anger and Mourning on the American Right", The New Press.

［134］Hoynes, H W, D Whitmore Schanzenbach, and D Almond, 2012, "Long Run Impacts of Childhood Access to the Safety Net". National Bureau of Economic Research Working Paper No. 18535.

［135］Hynes, T. and B. O'Connor, 2014, "An Economic Approach to Evaluate the R&D Tax Credit in Ireland", Working Paper, An Roinn Airgeadais Department of Finance.

［136］International Monetary Fund (IMF), 2013 (October), *Fiscal Monitor: Taxing Times* (Washington: International Monetary Fund).

——, 2014a, (October), *Fiscal Monitor: Back to Work, How Fiscal Policy Can Help* (Washington: International Monetary Fund).

——, 2014b, World Economic Outlook, October 2014 (Washington: International Monetary Fund).

——, 2014c, "Spillovers in International Corporate Taxation" (Washington: International Monetary Fund).

——, 2014d, *Getting Energy Prices Right; From Principle to Practice* (Washington: International Monetary Fund).

——, 2014e, "Fiscal Policy and Income Inequality", Policy Paper, (Washington: International Monetary Fund).

——, 2014f, (April) *Fiscal Monitor: Public Expenditure Reform, Making Difficult Choices* (Washington: International Monetary Fund).

——, 2015a, *Fiscal Monitor: Now Is the Time: Fiscal Policies for Sustainable Growth* (Washington: International Monetary Fund).

——, 2015b, "Current Challenges in Revenue Mobilization: Improving Tax Compliance" (Washington: International Monetary Fund).

——, 2015c, "Fair Taxation," Presented at the Meeting of Arab Ministers of Finance and Central Bank Governors, April 7, Kuwait City, Kuwait.

——, 2016, "Debt: Use It Wisely". *Fiscal Monitor*, October 2016.

[137] James, S. , 2013, "Tax and Non – Tax Incentives and Investments: Evidence and Policy Implications", FIAS, World Bank Group, Washington, DC.

[138] Jamison, D. , L. H. Summers, G. Alleyne, K. J. Arrow, S. Berkley, A Binagwaho, F. Bustreo, and others, 2013, "Global Health 2035: A World Converging within a Generation", *Lancet*, Vol. 382, pp. 1898 – 1955.

[139] Judd, Kenneth, 1985, "Redistributive Taxation in a Simple Perfect Foresight Model", *Journal of Public Economics*, 28 (1), 59 – 83.

[140] Kaldor, N. , 1957, "A model of economic growth", *The Economic Journal*, Vol. 67, No. 268, pp. 591 – 624.

[141] King, R. and S. Rebelo, 1990, "Public Policy and Economic Growth: Developing Neoclassical Implications", *Journal of Political Economy*, Vol. 98 (5).

[142] Kleiner, Morris M and Alan B Krueger , 2013, "Analyzing the Extent and Influence of Occupational Licensing on the Labor Market", *Journal of Labor Economics* 31 (2): S173 – S202.

[143] Koopmans, 1965, "On the concept of optimal economic growth". In Study Week on the Econometric Approach to Development Planning, 7 – 13 October, Rome: Pontifical Academy of Science.

[144] Krueger, Alan B , 2012, "The Rise and Consequences of Inequality in the United States", Remarks at Center for American Progress, 12 January.

[145] Krugman, P. , 1988, "Financing vs. Forgiving a Debt Overhang", NBER Working Paper No. 2486 (Cambridge Massachusetts: National Bureau of Economic Research).

[146] Kumar, M. and J. Woo, 2010, "Public Debt and Growth",

IMF Working Paper No. 10/174 (Washington: International Monetary Fund).

[147] Kydland Finn and Adward Prescot, 1982, "Time to Build and Aggregate Flunctions", *Econometra*, 50, 1345 – 1371.

[148] Lucas R. , 1988, "On the Mechanics of Economic Development", *Journal of Monetary Economics*, Vol. 22, pp. 3 – 42.

[149] Lileeva, Alla and Daniel Trefler, 2010, "Improved Access to Foreign Markets Raises Plant – Level Productivity For Some Plants", *The Quarterly Journal of Economics*125 (3): 1051 – 1099.

[150] Martin, Christopher, and Costas Milas, 2012, "Quantitative Easing: A Skeptical Survey", *Oxford Review of Economic Policy*28 (4): 750 – 764.

[151] Mirrlees, J. , Adam, S. , Besley, T. , Blundell, R. , Bond, S. , Chote, R. , Gammie, M. , Johnson, P. , Myles, G. and J. Poterba, 2011, *Tax by Design* (Oxford: Oxford University Press).

[152] Morley, Samuel, and A. Fishlow, 1987, "Deficits, Debt, and Destabilization", *Journal of Development Economics* 27: 227 – 44.

[153] Muñoz, S. and S. S. Cho, 2004, "Social Impact of a Tax Reform: The Case of Ethiopia", in *Helping Countries Develop*, *The Role of Fiscal Policy*, Editors. S. Gupta, B. Clements and G. Inchauste (Washington: International Monetary Fund).

[154] Murphy, K. , A. Shleifer and R. Vishny, 1989, "Industrialization and big push", *Journal of Political Economy*, Vol 87, pp. 1003 – 25.

[155] Nelson, Richard R. 1959. "The Simple Economics of Basic Scientific Research". *Journal of Political Economy* 67 (3): 297 – 306.

[156] Okun, Arthur M. , 1975, "Equality and Efficiency, the Big Tradeoff", Washington D. C: Brooking Institution Press.

[157] Organization for Economic Co-operation and Development (OECD),

2010, "Tax Policy Reform and Economic Growth" (Paris: Organization for Economic Co-operation and Development).

——, 2014a, "OECD/G20 Base Erosion and Profit Shifting Project: Explanatory Statement" (Paris: Organization for Economic Co-operation and Development)

——, 2014b, "Part 1 of a Report to G20 Development Working Group on the Impact of BEPS in Low Income Countries" (Paris: Organization for Economic Co-operation and Development).

——, 2014c, "OECD Economic Surveys: Germany" (Paris: Organization for Economic Co-operation and Development).

——, 2015. "Annex Tabale 33: General Government Net Financial Liabilities". In OECD Economic Outlook 98 Database. OECD: Paris.

[158] Ostry, J. D., Berg, A. and C. G. Tsangarides, 2014, "Redistribution, Inequality and Growth", IMF Staff Discussion Note SDN/14/02 (Washington: International Monetary Fund).

[159] Ostry Jonathan D, Andrew Berg, and Charalambos G. Tsangarides, 2014, "Redistribution, Inequality and Growth", MF Staff Discussion Note.

[160] Pattillo, C., Poirson, H., and L. A. Ricci, 2011, "External Debt and Growth", *Review of Economics and Institutions*, Vol 2 (3).

[161] Pecorino, P., 1993, "Tax Structure and Growth in a Model with Human Capital" *Journal of Public Economics*, Vol. 52, pages 251 –271.

[162] Perotti, R., 1996, "Growth, Income Distribution, and Democracy: What the Data Say", *Journal of Economic Growth*, Vol. 1 (2), pp. 149 –87.

[163] Piketty, Thomas, 2014, "Capital in the Twenty – First Century", Belknap Press.

[164] Poterba, James, 1994, "State Responses to Fiscal Crises: The

Effects of Budgetary Institutions and Politics", *Journal of Political Economy* 102, August, 799 – 821.

[165] Ramsey, Frank, 1927, "A Contribution to the Theory of Taxation", *Economic Journal*, 37 (March), 47 – 61.

[166] Ramsey, Frank, 1928, "A Mathematical Theory of Saving", *Economic Journal*, 38 (December), 543 – 59.

[167] Reeves, Richard V. , 2017, "Dream Hoarders: How the American Upper Middle Class Is Leaving Everyone Else in the Dust, Why That Is a Problem, and What to Do About It", Brookings Institution Press, Washington D. C.

[168] Reinhart, Carmen M. , and Kenneth S. Rogoff, 2010. "Growth in a Time of Debt," *American Economic Review* 100 (2): 573 – 78.

[169] Reinhart, Carmen M. , Vincent R. Reinhart and Kenneth S. Rogoff, 2012. "Public Debt Overhangs: Advanced – Economy Episodes Since 1800", *Journal of Economic Perspectives*, vol. 26, No. 3 (Summer).

[170] Reinhart, Carmen M. , Kenneth S. Rogoff, and Miguel A. Savastano, 2003, "Debt Intolerance". *Brookings Papers on Economic Activity (I)*, ed. William C. Brainard and George L. Perry, 1 – 62.

[171] Hall George J. and Thomas J. Sargent. 2011. "Interest Rate Risk and Other Determinants of Post – WWII US Government Debt/GDP Dynamics". *American Economic Journal: Macroeconomics* 3 (3): 192 – 214.

[172] Romer, Christina D. , and David H. Romer, 2010, "The Macroeconomic Effects of Tax Changes: Estimates Based on a New Measure of Fiscal Shocks", *American Economic Review*, 100 (June), 763 – 801.

[173] Romer, Paul M. , 1986, "Increasing Returns and Long – Run Growth", *Journal of Political Economy*, 94, 1002 – 1037.

[174] Romer, Paul M. , 1990, "Endogenous Technological Change", *Journal of Political Economy*, 98 (5), S71 – S102.

[175] Samuelson, P. A. , 1954, "The Pure Theory of Public Expenditure", *Journal of Political Economy*, 82, 755 – 782.

[176] Schultz, Theodore W. , 1963, "The Economic Value of Education", Columbia University Press, New York.

[177] Singh, A. , Felman, J. , Brooks, R. , and T. Callen, 1998, *Australia*: *Benefiting from Economic Reforms* (Washington: International Monetary Fund).

[178] Solow, Robert. M. , 1956, "A contribution to the theory of economic growth", *Quarterly Journal of Economics*, 32, 65 – 94.

[179] Solow, Robert M. , 1994, "Perspective on Growth Theory", *Journal of Economic Perspectives*, 8, 45 – 54.

[180] Solow, Robert M. , 2007, "On Macroeconomic Models of Free – Market Innovation and Growth", In E*ntrepreneurship*, *Innovation*, *and the Growth Mechanism of the Free – Enterprise Economies*, edited by Eythan Sheshinski, Robert J. Strom, and William Baumol, Princeton, Nj: Princeton University Press.

[181] Stephen, Kosempel, 2004, "Lifetimes and government spending in an endogenous growth model", *Journal of Economies and Business*, 56, 197 – 210.

[182] Swan, T. , 1956, "Economic growth and capital accumulation", *Economic Record*, 66, 334 – 61.

[183] Summers, Lawrence H. 2016. "The Age of Secular Stagnation". *Foreign Affairs*. March/April 2016.

[184] Turnovsky, S. , 2000, "Fiscal Policy, Elastic Labour supply and Endogenous Growth", *Journal of Monetary Economics*, Vol. 45, pages 185 – 210.

[185] Villela, L. , Lemgruber, A, and Jorratt, M. , 2010, "Tax Expenditure Budgets: Concepts and Challenges for Implementation", Inter –

American Development Bank Working Paper No. IDB – WP – 179.

[186] Western, B and J Rosenfeld, 2011, "Unions, Norms, and the Rise in U. S. Wage Inequality". *American Sociological Review* 76 (4): 513 – 537.

[187] Woodhall, M. , 2007, "Funding Higher Education: the Contribution of Economic Thinking to Debate and Policy Development", Education Working Paper Series, No. 8 (Washington: World Bank).

[188] World Health Organization (WHO), 2010, *The World Health Report* 2010—*Health Systems: Improving Performance* (Geneva: World Health Organization).

[189] World Bank, 1991, Comparative Assessment of Malaysia's Incentive System, Foreign Investment Advisory Services (Washington, World Bank).

——, 2000, Malaysia Public Expenditures: Managing the Crisis; Challenging the Future, Report No. 20371 – MA (Washington: World Bank).

——, 2013, "Bolsa Família: Brazil's Quiet Revolution", Opinion by Wetzel, D (Washington: World Bank).

[190] Wang, Zhiyang, and Sizhong Sun, 2016. "Transportation Infrastructure and Rural Development in China". China Agricultural Economic Review vol. 8, no. 3: 516 – 525.